亚当的肚脐

Adam's Navel

人体从头到脚的趣闻和秘密

A Natural and Cultural History
of THE HUMAN FORM

[美] 迈克尔·西姆斯 著
(Michael Sims)

侯福莉 王欣然 译

中信出版集团 · 北京

图书在版编目（CIP）数据

亚当的肚脐 /（美）迈克尔·西姆斯著；侯福莉，王欣然译．-- 北京：中信出版社，2019.1

书名原文：Adam's Navel

ISBN 978-7-5086-9438-2

I. ①亚… II. ①迈… ②侯… ③王… III. ①世界史－文化史－通俗读物②进化论－通俗读物 IV. ① K103-49 ② Q111-49

中国版本图书馆 CIP 数据核字（2018）第 202995 号

亚当的肚脐

著　　者：［美］迈克尔·西姆斯

译　　者：侯福莉　王欣然

出版发行：中信出版集团股份有限公司

（北京市朝阳区惠新东街甲 4 号富盛大厦 2 座　邮编　100029）

承 印 者：北京通州皇家印刷厂

开　　本：880mm × 1230mm　1/32　　印　　张：13　　字　　数：260 千字

版　　次：2019 年 1 月第 1 版　　印　　次：2019 年 1 月第 1 次印刷

京权图字：01–2018–7473　　广告经营许可证：京朝工商广字第 8087 号

书　　号：ISBN 978–7–5086–9438–2

定　　价：68.00 元

名人推荐语

自然与文化真是那么泾渭分明吗？

——盖伊·达文波特，美国作家、艺术家

虽然人类的思维能力和社会习惯对其自身极为重要，但身体结构的重要性也决不能小觑。

——查尔斯·达尔文，英国生物学家

我们存在的载体似乎不是细胞和肌肉，而是形影不定的思维和行为痕迹。

——约翰·厄普代克，美国小说家、诗人

埃塞人说他们的神都是阔鼻、黑肤，色雷斯人则说他们的神有着浅蓝色的眼睛和红头发。

——色诺芬，古希腊哲学家

亚当的肚脐
Adam's Navel

目录

第 二 部 分 | 世 界 之 重

第 三 部 分 | 傲 然 挺 立

前　言

完整之躯

我咏颂人之躯体，从头到脚，

不单单是面目，不仅仅是大脑；

完整之躯更值得称扬，

女人和男人一样。

——沃尔特·惠特曼，

美国著名诗人、人文主义者

尼安德特人打过哈欠，图坦卡蒙[①]曾经哭泣，阿基坦的埃莉诺[②]打过饱嗝，不用说，紫式部[③]也梳过头，阿斯基亚·穆罕默德一世也曾喜欢把脚高

① 图坦卡蒙（前 1341—前 1323），是古埃及新王国时期第十八王朝的法老。——编者注

② 阿基坦的埃莉诺（1121—1204），欧洲中世纪最有财富和权力的女人之一。——编者注

③ 紫式部（约 973—？），日本平安时代著名女作家。——编者注

高翘起，路易十五的侍从也渴望能坐下休息。蒙特苏马的士兵们踩过彼此的脚趾、挠过头、眨过眼、吃过饭，他们受伤也会流血，被挠痒也会大笑。不论贵贱，这些人无一不是通过身体来体验人生的极乐与极痛的。历史上有多少对情侣曾相拥爱抚，多少战争受难者曾身心痛苦？和我们一样，他们最恐惧的也是身体遭受损害或消亡的无数种可能，在他们的神话中，也期盼肉体可以重生，因为没有身躯，意识将无所依存。

世界上的文化多种多样，但拥有不同文化的人们，都依凭相似的身体，重演着先人的生死历程。走在都市的街道上，你就可以观察到周围人群的多样性。有男有女、有老有少，他们的身高、体形、肤色不尽相同，皮肤光泽、脸部轮廓、眼睛形状、发质也截然不同。人人都有自己的身体，原生文化背景则决定了人们对待身体的方式。在一群人中，有人留着正统的鬓角，有人是先头；有非洲裔的人梳着直发，也有欧洲人顶着一头卷毛；有人手戴人工指甲，有人的脚涂趾甲油；有人胡子精剪，有人佩戴脐环；有人安装着假牙，有人穿着高领衫；有人剃光了腿毛，有人未脱腋毛；有人睫毛修剪整齐，有人脸上涂着胭脂；有人隆胸，有人缩鼻；有人小腿紧绷，踩着高跟鞋；有人戴着华丽夸张、拉长耳垂的耳饰。

如此折腾自己的身体，说明人们对它的反应是复杂且具有创造性的。德国电影导演维姆·文德斯在电影《柏林苍穹下》中，描写了人类拥有血肉之躯的欢愉和困惑，讲述了无形无态的天使厌倦了对人类世界无尽的窥探，渴望拥有人的肉体和生活的故事。剧本由文德斯和彼得·汉德克撰写，创作灵感来自里尔克的诗歌和导演本人对于分裂柏林的切身感受，传达了对于人类司空见惯的“触摸”的强烈渴望。天使渴望握握铅笔、摸摸耳朵、伸伸脚趾、喂喂猫咪，甚至渴望拥有因翻阅报纸而沾染油墨的手指。其中一个天使说：“与其永远悬在空中，我更愿意拥有身体的重量……以结束我的永生，绑缚我在大地上。每行一步，每阵风吹，我都希望能够说‘嘿！’”在跟一个女人有过鱼水之欢后，他说：“我现在终于知道了天使所不知道的。”

我们每天都能尽情享受天使所渴望的奢靡的肉体欢愉。人的身体通过感官来感知世界，存在的不是意识，而是触觉。我们通过身体与世界接触。当我们品味巧克力和香槟时，它们的分子会充盈我们的舌尖；当音乐声响起时，声波会撞击我们的耳膜；我们能够闻到咖啡的香气，是因为它的微粒子通过空气飘进我们鼻子中的接收器；光子入眼，使得我们看见日光辉映下树叶的颜色；还有重要的感官——“触觉”，使得我们能够察觉羊毛衫和棉布衫接触皮肤时的感觉差异，感受到我们所携带的行李箱的质地，以及阳光照在我们轻闭的眼睑上的温暖。

经历漫长的进化，人类终于形成了智人的身躯，成为第一个已知的能够进行自我审视的物种，这是一个精彩的故事。人类身体的每一部分都经历了漫长的变化。像禅宗“一瞬万年”的时间观一样，自然科学常采用宏大的生物时间概念，致使我们对变化浑然不觉。我们每天忙碌、东奔西跑、追逐时尚、化解危机，而忘了我们也像黏液菌和渡渡鸟一样，须遵从自然法则。宗教激进主义者（相信《圣经》的绝对真实性，一般对进化论持怀疑态度）甚至承认，人类也像其他动物一样，会选择配偶、繁育后代，孩子的身高、眼眉遗传自父亲，骨骼、肤色遗传自母亲，随着一代又一代延续，这些特征也随之不断发展、变化。而令他们不愿承认的是，人类的演化过程如此漫长而旷日持久。事实上，人类已经改变，并且一直在变。

当这种认知成为我们惯常思维的一部分时，我们便会用不同的眼光来审视周围形色各异的人体。不断变幻的面孔和形体在我们眼前闪过，如同电影特效一般。然而我们也可能会想：人体如黏土一样具有可塑性，整形医生便可以对其补缺、美化、加工、塑形，其实，大自然在很久以前就施展过神功，开始修削、雕琢人体，使之适应不同的环境。人体的每寸肌肤都刻印着大自然无尽的创造力。我们的鼻梁高高隆起，臀部宽阔，双腿挺拔直立；我们的耳朵有着独特的构造，便于聚拢声音并自动辨别声音的位置来源；我们的肚脐犹如生命之印，证明我们是胎生哺乳动物；和其他有毛发的近亲相比，我们的毛发稀疏，几近赤裸，但保留气味的毛发仍然不在少数。

但是，不管这些确凿的事实是多么让人印象深刻，我们仍不满足于对它们的直白陈述。法国作家安东尼·圣艾修伯里认识到："事物的意义不在其本身，而在于我们对它的态度。"人类用象征性的言语来认知世界，而且从来不缺乏想象力。于是，我们在小说中将象征意义赋予自然进程，这大体是我们的文化常态。比如：我们把人体形容为“生命机器”“灵魂的庙宇”“俗世之累”，这些称呼反映了我们对人体的强大和不足的认识。身体的每一部分及其功能都可以有象征意义。在伊斯兰教中，张开的五指代表“五诫”；摇曳的火焰预示着无脚火神的到来；理发、打喷嚏，甚至剪指甲都代表着生命力在某种程度上的减弱。其实，诸神都是人按照自己的样子想象并创造出来的。阿特拉斯（希腊神话中受罚以双肩掮天的巨人）将整个世界背负在肩上；强大的斯特莱尼亚（罗马神话中的新年、纯净、健康女神）用健壮的手臂帮助人类；大力士参孙（《圣经·旧约·士师记》中的一位犹太人士师，上帝赐予他超人的力气）的头发不仅是由发囊生出来的蛋白质物质，上帝还借此赐予他超人的神力，“‘参孙的头发’是力量的源泉”一说也由此而来。

人体的自然历史就像油画的草图，指引人们创作了那些已经褪色的神话传说，也引领着人们追逐现世的流行事物。不管我们声称自己属于哪个社会群体、效忠于哪个社会组织，从根本上讲，我们是灵长动物、哺乳动物、脊椎动物。过去的人们不能理性地解释某种自然现象，迷信便大行其道，为人体全身器官的存在给出理由，甚至敢对美丑、畸形、疾病等现象进行解释，致使人类文化在很大程度上被渗透和影响。在本书中，我们尝试从神话、艺术，以及近代科学的层面，来回答保罗·高更在其画作题目上提出的三个问题：我们是谁？我们从哪里来？我们到哪里去？

可见的神秘

这本书与我的个人经历无关，但其中的一段经历确实启发了我写作这本书。像大多数人一样，我也拥有一个功能健全的身体，且认为身体行为是自然而然发生的，比如抬头或用指尖触摸物体这些小动作。我一直身强体健、行动灵活自如，直到几年前的一场病痛来袭。那时，我的颈椎间盘突出，疼痛难忍，之后左臂突然变得麻木，不得不做了颈椎间盘手术。神经外科大夫说，我的病况是他做过的逾千例手术中最为严重的。这次手术成功让大夫很是自豪和喜悦，但却丝毫减轻不了我术后的痛苦。接下来的两周，我基本只能平躺在病床上。为了告诫我抬头时需要多么小心翼翼，他举了一个形象的例子：人头部的大小和重量大致相当于一个保龄球，而脊椎就像向日葵的茎秆，承受着保龄球的重量。因为不想让过分劳累的可怜的“茎秆”再“折断”，我谨遵医嘱，静静地躺在床上盯着天花板。

由于急着想做些脑力活动，我便开始思索人体。我发现可以把一张活页纸平放在自己的胸口上，不用看着也可以做笔记，只需要偶尔把它斜立起来，检查一下字迹是否清晰可读。在卧床养病等待痊愈的大部分日子里，为了消磨时间，我读了大量关于人体的书籍，并在含有“耳朵”“肚脐”“脚趾”这种字眼的标题下面，随心所欲地做了很多潦草的涂鸦式笔记。它们堆满了我的床边。老普林尼（巨著《自然史》的作者）曾提到皮鲁斯王（古希腊伊庇鲁斯国国王）脚趾恢复功能的故事，这一故事又让我想起了玛格丽特·福克斯（通灵师、唯心论者）以及美国通灵论的兴起。胡迪尼（美国魔术师）给他助手的暗示，让我想起了耳朵顶端的达尔文结节（动物耳尖的遗迹）。如果没有玛丽·利基（英国史前考古学家）在莱托里发现的那一排古人类的足印，就很难想象，尼尔·阿姆斯特朗（美国宇航员）是怎样小心翼翼地拍下他第一次穿着靴子在月球上留下人类足印的照片的。每次因试图抬起头而产生的背部疼痛，都会让我想起科学家的论断：疼痛源于我们进化成了尴尬的直立行走者。作为哺乳动物的我们，脊椎曾平行于大地，但为了满足远眺的野心和抢夺的贪欲，我们最终将头颅抬高、将双手解放，将脊椎神经和保护层紧紧挤压在一起，费力地从爬行动物变成了直立的人类。

我很快意识到，自己实际上已经开始一本新书的创作准备了。只要能坐起来，我就一头扎进关于人体的研究中。每一份原始资料都能带给我新的发现。对于这个课题，我还尽早地咨询了专家。由于对文化和自然两个领域都感兴趣，我不禁注意到：很多我们喜闻乐见的有关人体的传说，都源于我们对人体自然历史的想象。最令我着迷的是文化和自然的交叉领域，即二者结合所创造出的“混血儿”，《亚当的肚脐》正是这样一个“混血儿”。

我们可以从很多不同的角度对人体进行研究。医学家积极探索强大的身体管理系统，它们部门众多，功能各异，包括骨骼、肌肉、神经、消化、呼吸、心血管、内分泌、淋巴等。古人类学家则倾力找寻我们祖先的身体遗存，社会学家、心理学家、反射论学家，还有其他各种学科的专家，都在不同的主题之下探讨人体中的学问。运动员把自己的身体塑造为艺术品。各类书籍则专注于讲述自我形象、吸引力、性活动、美容、营养、锻炼、肉体的罪恶等方面的内容。

因为这些角度都不契合我的兴趣点，所以我的新书《亚当的肚脐》将另辟蹊径。我会从上至下、从头到脚顺着人体——男人和女人身体的各个部分，逐一进行论述。在风格上，我模仿的是16世纪中叶在法国兴起的一种奇异的诗风。一位名为克莱芒·马洛的流放诗人激发了一众名声显赫的诗坛大家，他们开始创作“解剖式徽章”——颂扬女性身体各个部分的诗歌。对身体部位的称颂早有先例。14世纪初，彼特拉克[①]曾写诗赞美他的爱人劳拉的眼睛，还有后来的萨索费拉托也曾作诗称颂女性的乳房。这一众法国诗人的创新之处在于：他们把倾慕崇拜之情转移到“心灵之窗”眼睛和“养育之胸”乳房之外的女性身体器官上。当然，在这些诗人中也有反对的声音。历史学家南希·威克斯写道：“劳拉令人难忘、激动人心的眼神，实则传达着严肃庄重的主题，如果将这种写法用于描写散乱的牙齿和脚趾，结果会荒诞而滑稽。”再者，这些颂诗通常都是直白的描写，所以，当歌颂胳膊肘的诗歌被唱起时，

① 彼特拉克（1304—1374），意大利诗人、欧洲人文主义的先驱。——译者注

听起来必定是傻里傻气的。但威克斯承认：如果马洛用中规中矩的传统诗歌赞美女性的身体，那么他就不可能开辟诗歌沃土，不可能如此活跃，并引领诗坛。自那之后，各种饱含着对人体的或赞美、或指责、或爱慕、或憎恶的诗歌，很快便大量涌现。

在某种意义上，《亚当的肚脐》正是颂扬诗和反颂扬诗的更新版，内容聚焦于人体的文化史如何反映了它的自然史。虽然我排斥赞美诗诗人动辄就用的拟人化手法，但还是要向我们的身躯致敬，不管它是快乐的还是悲伤的、平凡的还是神圣的，毕竟它承载了我们从生到死的所有思想。人们对它的感受有着巨大的差异，有人赞美，有人责骂，尤其当我们把既彼此独立又相互依存的身体器官放大，并仔细观察时。我喜欢被民众驱逐的“暴民”科里奥兰纳斯（莎士比亚历史悲剧《科里奥兰纳斯》的主人公）对身体部位的描述：

> 高贵的头，警惕的眼；
> 心为谋士，臂是护兵；
> 腿如骏马，舌发号令。

事实上，我舍弃了“谋士之心”（心脏）未谈，只专注于讨论身体的外在部分。奥斯卡·王尔德曾讥讽道：“世界的奥秘不是隐形的，而是可见的。”因此，我在本书中不谈看不见的肺、心、骨，只探索人人可见的身体部位：脸、口、耳、眼，鼻、肩、臂、手，胸和乳，以及腹、脐、腰、生殖器、臀、腿和足。

这些部位正好分属三个独特的区域，每一区域反映了不同的进化历程：头和脸、手臂和躯干、生殖器和腿。三个区域不仅是简约的学术概念，它们的划分还具有科学依据：当代解剖学和生理学、与其他灵长类动物的比较和人类祖先的化石遗存，都证明了这一点。每一区域都留存着进化的痕迹，都激发着人们丰富的文化想象力。本书分为三个部分进行论述："总司令部""世界之重""傲然挺立"。这些标题既反映了每个区域的自然演化史，又是一个强有力的隐喻。

我选择以从上到下、从头到脚的顺序来写作的原因有两个：（1）这让整本书看上去更像一个故事或一段旅程，比一个呆板的体系更吸引我；（2）我记得人的成长都是沿袭这一进程的，新生儿最先能够控制的就是眼部肌肉，渐渐地开始意识到，并能控制脸部的肌肉，然后便到了令人心醉的重要时刻——他开始有意识地微笑。接着颈部肌肉也逐渐强健起来，使得头部不再左摇右摆。最后，婴儿对自己的躯干也有了自主意识，曾经无法控制的手臂和腿也不再只是笨拙的"附属物"和"咀嚼玩具"，而变成了可以服务于其他部位的灵巧的小手和跑跳自如的脚丫。

遗憾的是，由于版面所限，本书中有许多题目只能被舍弃，比如：牙齿、隆胸、胡须、增肥、减重、肘膝，还有肤色和种族主义这样的大课题。在这趟身体之旅中，有些标志性的器官是必须要写的——如警觉机敏的眼睛。我时常觉得写这本书的过程就像旅行，我常常会在吸引我的地方驻足流连。我探寻人类脚趾的神奇命运、颂扬我们的眉毛这样细枝末节的部位，就像是将“黑洞密度”这样不可思议的物理现象浓缩进一个个微不足道的题目中。人类身体的每一个部位，从来都不缺乏自然传奇和文化历史。

序曲：体肤之奥

> 若灵魂可见，或身体可触，
> 哪一种情形更幸福？
>
> ——叶芝，爱尔兰诗人

一张完整的、功能多样的膜状物覆盖全身，将身体器官巧妙相连，才使我们有了惠特曼所称的“完美的躯体”。皮肤是面积最大的人体器官，它是如何包裹、盛装着我们的身体的？人失去皮肤的保护将会怎样？一个古老的希腊神话是最好的说明。

在希腊神话中，林神玛息阿发明了双管长笛。还有一种说法是，双管长笛是女神雅典娜发明的，但随后将它丢弃了，由玛息阿捡起。不管玛息阿是否发明了长笛，他能用它吹奏出美妙的乐曲，并为此得意扬扬。这激怒了竖琴大师太阳神阿波罗，二人相约一场“音乐角斗”，惩罚失败者的方式可由获胜者任意选择。由于过分陶醉于自己的音乐，玛息阿竟稀里糊涂地同意了。在首轮较量中，二人势均力敌、打成平局。于是阿波罗玩弄心机，欺骗玛息阿说自己可将竖琴倒立着演奏，并要求玛息阿用长笛为他伴奏。面对如此奇怪的“炫技”，玛息阿只得认输。于是阿波罗把玛息阿绑在树上，残忍地将他的皮生生剥下。

这一令人发指的恐怖故事，在希腊艺术中流传已久。16—17 世纪希腊古典文化复兴之际，该故事又被重提。意大利画家丹尼迪将此故事描绘成一幅田园美景，而提香则再现了故事的残忍血腥：玛息阿被悬吊在树下，正在被阿波罗剥杀。意大利雕塑家安东尼奥·科拉迪尼也在一座新古典主义的大理石雕塑中生动地再现了这一情景。虽然故事恐怖，但作品优雅，和科拉迪尼的另一尊浪漫的雕塑作品《西风之神》并置，两件作品现存放于伦敦的维多利亚和阿尔伯特博物馆，静立于博物馆的穹顶主厅。雕塑作品中的阿波罗年轻、英俊、头戴王冠，肆意挥舞着一把骨柄刀，正在剥下玛息阿右大腿上的皮肤，被剥下的皮肤就堆叠在刀前。

早在公元前 1 世纪，诗人奥维德就生动地描写过这一恐怖场景：

> ……他厉声尖叫
>
> 阿波罗剥下他的皮，他的整个身躯
>
> 都在战栗，鲜血四处横流
>
> 肌肉、血管裸露在外，他在抽搐、颤抖，

他的内脏清晰可见，

当光照射到肋骨上，他的身体组织也展露无遗。

我们为什么要细述这个惊悚的故事？因为它有助于我们深刻地了解皮肤的功能。我们不妨再列举一个“生物塑化”的例子：德国解剖学家冈瑟·冯·哈根斯曾用树脂填充人的遗体，使遗体得以保存，并利用这项技术做出了一个著名的塑化人形：他身体垂直站立，手中擎举着自己全身的皮肤，皮肤被完整地剥离，就像被削掉的苹果皮。这个塑化人形是 18 世纪解剖标本斯克提克缇的变体和延续，当时他也是被剥落皮肤，以展现皮下组织层的。哈根斯的塑化人形与玛息阿一样身无寸肤：肌腱、韧带、相连的四肢肌肉组织、悬垂的生殖器官、肚脐的圈环——都展露无遗，既鲜活惊悚，又自然肃穆，像荷兰静物画中万念虚空的骷髅正咧着嘴享受盛宴一样发人深省。这一塑化人形最恐怖也最让人深思的是：他高举着令人恐惧的皮肤，就像拿着自己的米黄色外套。法国诗人保罗·瓦莱里曾经写道：“人只认识裹着一层皮肤的自己，而掀起皮肤仔细察看，才能真正袒露你的内在构造。这时的你便成了一堆深不可测、完全陌生但异常重要的物质。”要想了解一样东西的价值，就先设想失去了它的后果，这样益于对它的深刻理解。玛息阿的悲惨故事和高举自己皮肤的塑化人形标本便可以帮助我们认识到：失去了皮肤，我将不再是我。

知道了失去皮肤是怎么一回事儿，现在我们就来了解一下皮肤这一“包裹物”的形态和性状：它大约占我们体重的16%，身体新陈代谢的5%~8%用于皮肤的滋养维护，由此可见它异常重要。当我们凝视裸露的肌肤时，不管是小孩的脸，还是情人的身体，我们看到的都是皮肤所形成的连绵的风景。它让我们的身体曲线分明，并保护着我们。它功能多样：手掌皮肤紧致、脚掌皮肤厚实、眼睑则灵活柔韧。它可以拉伸回缩，也可以层叠折皱。有关皮肤的隐喻也比比皆是：体肤像地表土壤、靠垫的装饰、水果的果皮，对里面的组织结构进行滋养、支撑和保护。同所有细胞一样，皮肤细胞也会接收密令，告诉它们何时停止生长，这样它们便可以确定人体的边界。想想看：如果皮肤细胞无休止地繁殖下去，我们将无法具备人体形状。皮肤正是一条标线，让我们成为独立存在的生物并行走于世间。

但皮肤却不像航天服那样自带空气、自给自足。英国哲学家艾尔弗雷德·诺思·怀特黑德说：“我们生活于世上，世界也存在于我们的身体中。”从营养物质到各类病毒，大千世界的种种都会进入我们的身体，并成为身体的一部分。身体吸入空气，吃进西兰花、牛排，并把这些“异物”转化成肺叶、脑细胞，还神秘地把动植物的营养变成我们自己的肉。仔细想想有多少尘世间的物质透过皮肤进出我们的身体，从紫外线到汗液，不一而足。所以皮肤只是可以跨越的边界，而不是可以形成阻挡的围墙。

人与人的体形和身高千差万别，由于黑色素的细微区别，人类的肤色也有明显的差异，比如因纽特人和马赛族人的肤色就完全不同。许多研究表明，族群之内的肤色差异并不比族群之间的差异小。所以，肤色深浅不同、特征各异的人就可以将自己的种族背景掩盖起来，以便跨越社会禁锢，更好地融入其他族群。黑色素的密度主要是由基因决定的，但无论你属于什么种群、拥有哪种肤色，皮肤一旦接触阳光中的紫外线，都会引起一定水平的黑色素沉着。这一点在黑色人种身上不易觉察，但有的人的皮肤一旦被晒伤，黑色素沉着便会马上显现。

晒黑当然是一种灼伤。人们热衷于讨论如何将皮肤晒成理想的色度，这其实是对自然身体机能的一种奇怪的幻想和古怪的反应。晒黑皮肤预示着危险！虽然太阳由于自身的辐射，温度奇高，但它并不会像一块烧红的煤一样烫伤我们。晒成黑色实际上说明身体开始对太阳的紫外线辐射产生有害反应了。紫外线比可见光的光波短，使得它们不经意地就会侵入我们的身体，同时也具有更大的威力。皮肤暴露于紫外线下甚至会危害 DNA（脱氧核糖核酸），几小时之内便会产生酶和蛋白质，这两种物质会促生炎性细胞，使血管膨胀，最终使皮肤产生灼热感。被灼伤的地方会脱皮，因为阳光对 DNA 的侵害杀死了皮肤细胞，然后坏死细胞从身上脱落了。如果灼伤不严重，皮肤会立刻进行自我修复，但如果细胞中的 DNA 深度受损，就会导致皮肤癌。防晒霜有两个保护作用：一是它所含的无机分子帮助反射和分散紫外线辐射，二是其有机分子可以吸收辐射。

半个世纪以来，在全世界范围内，人们斥巨资让公众相信，苍白的皮肤代表着无趣、无聊、足不出户的生活。战后的人们对身体裸露的程度呈日益开放的态度，对户外晒肤的崇拜也开始流行，这种趋势一直持续到20世纪末关于皮肤癌的研究发现。1946年，美军在太平洋的比基尼岛上进行了原子弹试爆，隔年推出的分体式女士泳衣被命名为“比基尼”，便是为了强调其对男性的视觉冲击力，表示它像原子弹一样威力无穷。之后，穿着比基尼到海边度假就成了热辣、时尚的标志，这是穿着正统考究、坐在马车里“冲浪”的维多利亚时期的淑女们难以想象的。晒成褐色的身体被认为是迷人、热辣而性感的。美国作家约翰·厄普代克曾写道：“晒肤一族被赋予了‘性感’的特质，他们过去不被主流接受，‘性感’也一直为新教伦理所排斥。”肤色白皙的欧洲人和来自欧洲的美国人，都决意要跟上这种时髦风尚，用晒黑的皮肤来证明他们有钱又有闲，能够懒洋洋地躺在沙滩上享受日光，就像佩戴着象征“高档生活”的“徽章”一样。法国诗人让·科克多早在1951年就在日记中写道：“太奇怪了！美国人鄙视有色人种，但是他们自己却急不可耐地让太阳把他们烤得越黑越好。”毫无疑问，过分暴晒于阳光下会引发皮肤癌，尤其是在臭氧层稀薄的环境中，其危害更大，而太阳灯、日光浴床已经被证明毒害无穷。现在流行的做法是使用瓶装晒肤膏，它不受季节和天气的局限，是一种更安全的“美黑”的方式。

当我们讨论肤色的话题时，不能忽略的一点是：大多数人的皮肤都有雀斑或痣。美国诗人桃乐丝·帕克尔在一首诗中，把雀斑和其他三件事物——爱、好奇心和疑虑并列提起，她认为没有雀斑可能会过得更好。但是，这些黑色素沉着会给脸部和身体增添魅力和趣味，比如美国名模辛迪·克劳馥这样的名人，唇痣成了她的鲜明特征。“美人痣”把一个普通的黑痣——一个“污点”——变成了财富，使面部更加生动，这说明，任何事物都有超越一般规律的例外。美人长痣意味着这张脸一定是非常美丽的，因为人们通常认为：美女的痣是美人痣，丑女的痣就是痣。文艺复兴时期的淑女们，都在她们平庸的脸上画上美人痣。在法国作家马塞尔·普鲁斯特①的故事中，讲述者描述他初见阿伯丁的场景：“我看到她时，我其实注意到的是她的美人痣，但是我的记忆飘忽不定，我不确定它长在她脸上的哪个部位了，也许是这儿，也许是那儿。”这与梅尔·布鲁克斯执导的电影《科学怪人》中的人物艾格尔游移不定的驼背有些类似。我们天生就不接受皮肤上的“杂乱无序”。一位整形外科医生讲过一件事：一名护士脸上满布雀斑，她来做除斑手术，说自己在灯光昏暗处看上去“像黑白混血儿”。关于斑和痣的话题，我们先说到这里。

人很容易对皮肤的保护作用习焉不察，只能想到它带给我们的欢愉。布满表皮的神经网络不易察觉，但它的演化动因是应对外界，而不是取悦主人。很显然，人类不是唯一通过皮肤获得愉悦感的动物，但是我们确信并且把它发挥到了祖先未曾

① 马塞尔·普鲁斯特（1871—1922），20世纪法国伟大的小说家之一，意识流文学的先驱与大师。——译者注

到达的极致。多好啊，我们可以用自己的手、脚和口来感知这个声色世界，还有什么比这更令人高兴的事呢？

任何像皮肤一样重要而无处不在的奇迹，都自然地被赋予了象征意义。在一些宗教中，人们认为穿戴动物的皮会使得穿戴者也具有该动物所独有的特征、天性和智慧。由于蛇在生长过程中会蜕皮，所以许多原始文化族群在人生各时期的重要庆典或仪式中，使用具有象征意义的真蛇皮。许多再生的符号也标志着永恒，因此皮肤也和复生与永生紧密相连。有的民族穿戴不同颜色的动物皮来表示人性的双重性，甚至表达有形和无形的概念。这些远古的观念正在慢慢消失。在 21 世纪最开始几年的美国，仿皮时尚又流行起来。定制钱包上的豹点图案、地毯上令人愉悦的斑马纹，都是平面设计师别出心裁的作品。

由于皮肤覆盖于全身，因此其两平方码[①]的面积所承受的伤害就比其他器官多得多，比如磕碰、重力拉伸或蓄意伤害。它忍受着擦伤、瘀青，甚至切割之痛，奋力保护着我们的内脏。人的身体能敏锐地感知快感，是由于我们有复杂的神经末梢网络和专门负责身体警报的细胞组织。生活中令人不快的事无疑是疼痛。遗憾和讽刺的是，身体的修复机制并不能解决引发警报的所有问题。但是，每当野兽的利爪、士兵的子弹或黑莓的毛刺刺穿你脆弱的皮肤时，身体就会派出“医生”赶来救

① 1 平方码约为 0.8 平方米。——编者注

援。只要损伤不是特别严重，“小医生们”就会把撕裂的皮肤组织“缝合”起来。随着伤痛逐渐消失，身体会形成新的预警系统，一旦身体某处有“难”，它会再次拉响警报。

乍看上去，毫无抵御能力的表皮似乎是人体的一个“设计缺陷”。为什么我们不能加强武装，把皮肉遭受的诸多自然打击减少到更容易应付的数量呢？因为除了起到阻挡作用，皮肤还有很多工作要做。水、空气、营养物质和有毒物质，以及病毒、寄生虫，都通过身上的孔或洞进入我们的身体。皮肤上布满了各种不同的出口和入口。嘴巴一张开就不停地工作，像一台不眠不休的燃料处理器、毒物测试仪或是扩音器；而像百叶窗一样的肛门则隐藏于身体中下部，负责“出口”。它们都是皮肤上的“口”。耳朵则像圆盘式卫星天线，围绕在耳洞旁边。两只鼻孔在吸入生命必需的空气的同时，也贪婪地吸入悬浮于我们周围的颗粒物。当然，身体上这些可见的大的“孔和洞”，其数量远远比不上那些肉眼看不见的孔，比如“毛孔”。

让我们来看一种通过皮肤进出我们身体的物质——氧气。在詹姆斯·邦德的电影《金手指》中，巨富“金手指”指使驼背奥德约伯帮他杀死背叛他的女友，方法是把她身上涂满金色的油漆，致其窒息而亡。尽管两栖动物是用皮肤呼吸的，但是几十年来，这种置人于死地的方式已被证明只能是一种幻想。最新的研究表明：人类皮肤从空气中获得的氧气量比以前科学家们认为的要多。德国皮肤专家马库斯·斯图克尔和他的同事在 2002 年的报告中说：空气中的氧气可以渗透到皮下 1/4~1/2

毫米，比原先估算的深了十多倍。这意味着，滋养全身表皮和部分真皮的氧气主要来自空气而不是血液，表皮之下的真皮层布满了毛囊和汗腺。但是，对于任何一个年龄段的人来说，即使皮肤无法顺畅地摄入氧气，也不会伤及内脏。所以，“金手指”的谋杀方法并不可行。

在真皮下的毛根旁边，汗腺在做着基础而重要的工作：排汗。有研究者认为，人的身体之所以进化为“无毛”状态，正是因为汗腺。实验病理学家马克·拉培在他的著作《人体边缘》中说道：“汗腺密集的皮肤可以高效地通过蒸发身体水分而使身体迅速降温——这一蒸发过程须畅通无阻，不受毛发的阻碍。”所以，生活在热带的人通常比生活在温带和寒带的人汗腺更为密集、发达。

甚至连“汗”都有自己的文化史。一般来说，美国人只愿意在沙滩上见到它，其他时间便使用花样繁多的商品去除汗味，想方设法不让人看到它。《神话学》是法国文化批评家罗兰·巴特的第一部讨论大众符号的著作，他在此书中分析了1953年美国导演约瑟夫·曼凯维奇执导的电影《尤利西斯·恺撒》。巴特说，本片使用了两个主要的身体语言符号：统一的罗马式发型和一张张汗脸。片中除了受害人，每个人的脸上都是汗津津的。他甚至借此微微调侃了一下英式俗语：“出汗即思考——很显然，这种说法基于如下假定，思考是如洪水猛兽般的剧烈活动，出汗不过是‘思考’最温和、最平静的外在表现。”

巴特后来写道，在整部电影中，只有一个人不出汗，他表情自若、冷静淡然、滴汗不出。他就是恺撒。“滴汗不出”实际上也不是什么好事！我们的毛孔和皮肤需要排汗。如同地球一样，人体的主要成分也是水，我们必须保留身体所需的水分直至死去，身体中运动不息的原子才最终归于尘土。说到这里，我又想起了本书开篇讲的那个悲伤的神话，它使我们开始认识体肤。据说，玛息阿被剥杀后，众神把他变成了一条河，古罗马诗人奥维德则说，是为玛息阿哀悼者的眼泪汇成了这条河。不管传说是怎样的，今天的玛息阿河蜿蜒流向小亚细亚的古国弗里西亚，并最终汇入今土耳其境内的米安德尔河。如今的人们浸润在河水中畅游，身体被皮肤包裹和守护着——而这正是玛息阿在与众神争斗中所失去的宝贵的皮肤！

第一部分

总司令部

第一章 毛发犹存

人是兽！愚蠢、自负、狂妄，
身体长满毛发。

——伯爵夫人夏洛特，
出自英格丽·褒曼《夏日夜晚的微笑》

先知的头发

好莱坞导演赛西尔·B. 德米尔明白留个耀眼的发型有多么重要。1956 年，德米尔重拍了他早期的电影《十诫》，摒弃了他另一部电影《参孙和大利拉》中表现出的粗野鄙俗，却使用了该电影中的“头发意象”。当查尔顿·赫斯顿扮演的摩西爬上“圣山”山顶觐见上帝的时候，他还是褐色短须，以斗篷遮发。之后，他带着上帝秘传的“十诫”回到众人面前时，则尽显老态：胡子长了，有两绺变得灰白，遮发的斗篷不见了，露出一头令人惊异的灰色长发，从前额往后梳，盖住了耳朵。这个长发飞扬的发式，使人联想到米开朗琪罗画在西斯廷穹顶的上帝形象，也像安格尔的画作《朱庇特和西提斯》中主神的形象。下山回来的摩西看上去像个刚刚拜访过形象顾问的“族长”，其实，他刚才只是对着一丛会说话的灌木低语了一番（上帝化身为一丛灌木和火）。回到帐篷时，他忠诚的妻子西坡拉（由伊冯娜·德·卡洛饰演）带着与观众们同样的情绪问她的丈夫：“摩西……你的头发怎么了……”

兽的印记

赛西尔·B. 德米尔在片中塑造的这个摩西的形象，说明了头发具有极强的象征意义。对这一非常明显且易于改变的身体组成部分，不同文化则有着完全不同的认识：有的文化认为它具有最原始的魔力，有的则认为它象征着社会阶层和绝对的忠贞。人的大脑总是迫不及待地想把象征意义赋予一切事物。人一旦观察到自身的某种动物特征，就把它提炼成隐喻。很久以前，人类祖先就把“毛发”这一哺乳动物的典型印记提升到了概念的层面。

英国生物学家戴斯蒙德·莫里斯在1967年的著作《裸猿》中写道：“192种猿类都有毛发，只有一种自称‘智人’的裸猿无毛。”实际上，自认为智慧加身的物种——人类，并不绝对裸身，而是毛发尚存。除了唇部、乳头、手掌、脚心和部分外生殖器区域，我们浑身仍被毛发覆盖，只是大部分毛发细软或稀疏。和那些毛茸茸的近亲相比，我们看上去的确几近赤裸。

进化生物学家在对我们的每一个特性进行显微分析时，没有忽略毛发。看一眼其他哺乳动物，我们马上就会产生疑问。比如，现在的大象几乎无毛，这对于它们来说不是什么问题，也不会给它们造成什么障碍，因为它们生活在热带。与人类一样，在热带环境中，它们也不会因为皮肤裸露在外而产生不适。它们的祖先曾生活在寒冷的北极，是名副其实的长毛动物。1871年，达尔文在《人类的起源》一书中曾谈及，生活在凉爽高地的印度象要比生活在低地的印度象毛发浓密。他说："我们能否这样推断，原始的人类由于生活在热带地区而导致毛发逐渐变得稀疏？"对此，达尔文仍像以往一样推翻了自己的论断，因为他又发现了相反的例证：大部分的类人猿也像人类一样完全适应热带生存，却没有一种像人类一样褪去了浓密的毛发。正如戴斯蒙德·莫里斯所说，只有人类进化成了裸身无毛的样子。本书开篇的"序曲"中说：我们可能是随着汗腺的演化而褪去了毛发。人类相对稀少的毛发引起了达尔文的同事、英国博物学家艾尔弗雷德·拉赛尔·华莱士的注意，他认为这是物竞天择说的反例。他强调，即使我们生活在热带的祖先渐渐褪去了浓密的毛发，但随着原始人类的四处迁徙，流散到寒冷区域的早期人类也应该再长出厚厚的毛皮。因此他断定，"人类裸露的皮肤不可能是自然选择的结果"。华莱士一直在寻找人类进化与天赋之间的联系，最后，他将目光锁定在人类大脑的复杂性上。

达尔文曾指出，毛发作为原始哺乳动物在人体上的遗留痕迹，“在人体四肢与躯干的连接处最为浓密”，男性的胸部和面部也会留存毛发。在我们的祖先进化为双足直立行走的人类之前，这些部位都是阳光照不到的地方。但是有一处例外，就是“人的头顶，它一直暴露在外，却覆盖着浓密、厚实的头发”。

不仅成年人有毛发，实际上，子宫里的胎儿就已经有毛发了。母体受孕四个月后，胎儿嘴唇上方开始长出细柔的“小胡子”，茸茸的眉毛也逐渐成形。在接下来的几周里，胎儿全身会慢慢布满绒毛，到第五个月的月末，未出生的胎儿就全身是毛了，这种状态会再持续数周。生物学家管这种覆盖全身的茸毛叫作“胎毛”，这个词来自拉丁文，意思是“鸭绒”或“羊绒”。虽然有例外，但通常在出生前，我们这种“毛茸茸”的状态就改变了。在孕期的最后几周，胎儿会吞下脱落的胎毛。细碎的落发混合着黏液、胆汁和其他物质，形成胎便被排出，这是婴儿出生后的首次排便。

像身体的其他大部分器官一样，人类头发的基因序列偶尔也会发出错误的指令，甚至从长胎毛阶段就会出现问题。一种罕见的遗传缺陷叫作“先天性胎毛增多症”或者“多毛症”，迄今为止只发现40多个家庭出现了这种问题，这些家庭从东南亚到中美洲，分布甚广。由于某些染色体功能异常，有的人出生时身上便覆盖着长长的胎毛。最早一例有记录的“多毛症”患者是16世纪出生在加那利群岛的婴儿彼得勒斯·贡萨尔维斯。

他出生时全身长满又细又长的毛发。罗莎蒙德·珀赛尔在她的著作《特例：自然奇观，历史之怪》中对此进行了描述："人们带着几分畏怯，把贡萨尔维斯推入文艺复兴时期的上流阶层，变成令大家着魔的'对象'——一个甚至不能被称为人的人，竟然也温文尔雅、教养良好。"后来他娶了一个漂亮的荷兰女人，不幸的是，他们的孩子同父亲一样，也是长毛覆身。许多艺术家画过这一家人：画中有像狼人一样长满长毛的贡萨尔维斯和体貌特征正常的妻子，他们那个脸上长毛的女儿偶尔也会一起入画。在这些画作中，他们全家身着富贵华丽的宫廷服饰，只有在怪兽电影中才能见到的面孔上，长着一双人的眼睛，在静静地凝视前方。只需一眼你就知道，在 1946 年谷克多执导的电影《美女和野兽》中，野兽的扮演者让·马莱的造型灵感，一定来自这家人的肖像画。显然，被多毛症折磨着的还有来自墨西哥西部印第安部落的朱丽亚·帕斯特拉娜①。在 19 世纪中叶，她比"象人"②更早地成了欧美社会有名的"怪物"。当时，不管是严肃的医学评论家还是街头杂耍艺人，一看到这个全身长毛的女人，都会情不自禁地感到恐惧、身体发抖。

毛发一直是狂野大自然的兽性标记。"现代外科医学之父"安布鲁瓦兹·巴累在《论怪物和奇迹》中，记述了一个生下来

---

① 朱丽亚·帕斯特拉娜（1834—1860），当时被认为是最丑的女人，以展出、卖丑为生。——译者注

② "象人"即英国畸形人约瑟夫·凯里·梅里克（1862—1890），以展出、卖丑为生。——译者注

就像熊一样毛茸茸的婴儿，长毛是因为她妈妈在受孕的时候注视过一幅“毛人”画像。在古巴比伦史诗《深察之人》中，传说中的勇士、苏美尔国王吉尔伽美什，最初常以暴力压迫乌鲁克人民，于是民众向女神阿鲁鲁求助。为了分散吉尔伽美什的注意力，使其不再折磨民众，女神参照他的样子用一撮泥土造出了一个与他匹敌的竞争对手恩奇都，两个蠢人很快成了好友。恩奇都是动物养大的，因此野性外露，身披“像动物之神一样的毛发”。

从摇滚乐的符号到《美女与野兽》这种经久不衰的寓言故事，都能说明头发与我们人性中的弱点之间总是隐含着某种关联。基地组织头目穆罕默德·阿塔于 2001 年 9 月 11 日驾驶飞机撞向美国世贸中心大楼。事后，调查人员在他的行李中发现了几样东西，其中就有一份四页纸的文件，上面写满了发动攻击前一晚的行动指令。在立下的死誓旁边，有一句提醒语：“剃去身上多余的毛发。”我们猜想，这意味着兽性可以和象征野蛮的符号——毛发，一起被祛除。

人和其他动物之间不言自明的亲缘关系让我们紧张不安。人类宣称自己的一半是天使，同时又害怕另一半正是野兽。无奈的是，我们的确像狼、鼠和骆驼等一样，全身覆盖着毛发。哺乳动物不同身体部位的毛发不同，人类也不例外。大多数人出生时全身几乎没有毛发，除了头顶、眉毛和睫毛，而这些又不同于体毛。婴儿出生后不久长出的细软头发叫作“毫毛”。在青春期以后，颜色更浓重、更粗硬的“终毛”便替代了毫毛。

人在青春期时的头发、睫毛、眉毛区别不大，但随着年岁渐长，这些区域的毛发便会出现惊人的差异。

1941 年第 11 期的《生活》杂志，刊登了一篇称赞年轻女演员维罗妮卡 · 莱克迷人发型的文章。作者狂热追捧并极尽详细地描写道："莱克总共有 15 万根头发之多，每根的横截面是 0.0024 英寸[①]。"

然后，他把莱克那种半遮面的"躲猫猫"式的传奇发型的各部分尺寸都尽数列出，还添加了一个令人难忘的细节："抽烟的时候，她的头发经常被点着。"实际上，维罗妮卡 · 莱克头发的诱惑力与其发量和发丝直径并无关联，文中所引莱克的头发总量和横截面也都在正常范围内。我们每个人全身大概有 500 万根毛发。不管你是黑发、红发，还是金发女郎，长在头顶的毛发大约都是 10 万 ~15 万根，差异不大。然而头发经常扮演这样夸张的角色。法国女权主义者和小说家西蒙娜 · 德 · 波伏娃在其著名的社会学作品《第二性》中，虽然抨击"女性本柔弱"的公认理念，斥责其中的矫揉造作和理想化色彩，但对多才多艺的法国象征派倡导者、作家古尔蒙巧妙地戏谑了一番，"他曾鼓励女人披散头发：它像波光粼粼、欢畅流淌的小溪，自由不羁地轻流过草场。但是，这样的'小溪'也要流淌在维罗妮卡式的发型而不是蓬头垢面的乱发上，才值得人们去轻抚'水波'和'麦田'"。

① 1 英寸为 2.54 厘米。——编者注

要了解头发的好处，就需要把哺乳动物与其他动物做一番对比。比如，爬行动物和两栖动物的体温不受体内“恒温调节器”的控制。它们通过趋向或躲避温热这种简单、便捷的方式来调控体温的高低，比如直接到太阳地直晒或者躲开阳光。当这种方法行不通时，便转为“冬眠”。由于覆盖着一层“保护衣”，哺乳动物才免受气候和季节的影响，至少不像其他动物那样受到诸多限制。（毛发如此温暖和柔软，所以很久以前，人类就从其他哺乳动物那里“偷学到”长毛的本领了。）各类哺乳动物的温度耐受极限存在巨大的差异。“温度耐受极限”指的是体内“恒温调节器”能够应对的温度范围。这只是一般规律，实际上，自然界中的生物存在很大的灵活度。有些原始哺乳动物的体温并不是恒定的，比如针鼹，它的体温可以根据不同环境，在 22~36 摄氏度之间变化。

并不是所有的哺乳动物成年后都会被毛发覆盖全身。成年鲸仅吻部有几缕刚毛，其他各处皮肤基本裸露。在水面以上，刚毛会聚拢空气，在水下则一无所用。因此，大多数水生哺乳动物的体毛都会慢慢退化，直至完全消失，最后取而代之的是一层厚厚的皮下脂肪。水生哺乳动物也是在胚胎期就开始生长毛发的。令人意外的是，瑞典博物学家、系统分类学家林尼厄斯在将哺乳动物与其他动物进行区分时，即使他自己也属于这个生物序列，却并没有把“多毛”选定为哺乳动物的独有特征，而是把“拥有能够分泌乳汁的腺体”看作哺乳动物的基本特征和命名依据。

人类的指甲和皮肤，如同鸟兽的犄角和羽毛一样，其主要成分都是角蛋白。这种强大的物质同样也是犀牛角的主要成分，因为富含具有壮阳作用的黄体生成激素，犀牛角成了稀缺物品，犀牛也因此到了濒危的边缘。实际上，“角蛋白”一词源自希腊语“角”，它是一种复杂物质，能够阻抗一种可以溶解于蛋白质的酶，故有了角蛋白，蛋白质才得以留存。其中的原理就如同下水道堵了，水槽和浴缸也不会通畅。角蛋白不溶于水，这也是考古挖掘出的遗体通常缺失内脏，但毛发和皮肤犹在的原因。许多人认为，人死后其毛发还会继续生长，但事实上，是微肌肉，即竖毛肌的收缩，使得毛发竖立起来，这是我们祖先遗存下来的特质，是恐惧或郁闷的象征。这种反应连同肌肉组织的腐败和收缩一起，给人一种毛发还在生长的假象。

头发是从皮下细胞组织生长出来的，这些组织分布在毛囊里圆柱形的井状“洼地”中。毛囊表皮向下延伸到真皮，有时深入皮下组织层。在真皮层和毛囊的底部，结缔组织把血液输送给头发并给予它滋养。细胞在毛囊底部分裂后，便向上运动，一路上吸收色素并经历角质化。柔细的毛发也许只能生长几个月，终毛毛囊的生发进程短则持续两三年，长则可达六年。只有毛囊底部的生发细胞一直保持着活力，其他部分的细胞则像指甲的外缘一样生长迟缓。当《生活》杂志的记者屏气凝神地盯着维罗妮卡·莱克的头发看时，他看到的和我们每次在镜中所看见的自己的头发一样，不过是一堆早已死去的蛋白质。

虽然是“死物质”，头发在宗教、艺术和日常生活中却异常鲜活。它具有一系列的宗教象征意义。飘散的长发在某些基督教肖像中代表着赎罪。在施洗仪式上，希腊正教牧师要剪掉受洗者三处头发，剪出一个十字架标记并赐给婴儿。不少印度神都留着“锡卡”——一种过去的印度男性所留的发型：将大部分头发剃光，只留少许编成辫或盘成髻，固定在头的左侧或后方。印度教主神大梵天的标志性符号之一就是高耸的发辫。虽然女性多崇尚华丽、整洁的发饰，但雌雄同体的半女自在天（湿婆和其妻形成的雌雄合体神），其右侧男体的头顶也整齐地堆叠着苦行式辫髻。甚至在印度众小神的“群主”象头神巨大的象头上，也盘梳着穗辫。

有一张美国军方的旧照片，被看作崇高的集体主义的象征，但其实照片中的人物看上去很可笑。照片记录的是 1945 年美国伞兵登陆法国时的情景，几十个美国伞兵像电影《最后的莫西干人》中的临时演员一样，都梳着莫霍克式的发型。20 世纪 50 年代，古巴领导人菲德尔·卡斯特罗带领游击队与古巴“独裁者”巴蒂斯塔的政府军战斗，卡斯特罗的追随者们发誓：不达目标则不理发、不剃须。而在西非的马里，传统的桑海女性的精致发饰则承载着些许历史感，让我们想到传说中的桑海帝国，它在苏丹的尼日尔河流域曾盛极一时，16 世纪晚期被摩尔人消灭。在某些特殊的场合，已婚的桑海女性会梳一种叫作“赞波”的发型：前额上顶着一个由头发和羊毛编成的圆盘，这一传统可回溯至君权时期。非洲中部的沃达贝女性，前额也盘着类似的发髻，并把发际线往后刮，为的是让脸看上去更长一些。尼日利亚的穆斯林富拉尼人则厌恶这种发型，因为他们需要俯卧并以额头触地进行祈祷，而这种发型显然妨碍了祈祷的动作。

改变发际线的做法很常见。美国女演员丽塔·海华丝曾使用电解法脱毛以提高发际线。她丈夫认为她原本的发际线挡住了额头，减少了动人眼睛的魅力，在他的坚持下，海华丝接受了无数次痛苦的治疗。从海华丝手术之前的照片中可以看出她是一个年轻、美丽的女人，并没有因落后于潮流而变丑。而男人的发际线会随着年龄的增长自然后移，所以刮发从而提高发际线是让男演员增龄的办法。1955 年，演员詹姆斯·迪恩在一场车祸中丧生，他看上去比实际年龄要大得多，这是因为当时他正在拍摄电影《巨人》的最后几场戏，因剧情所需，通过剃发把发际线后移了。

人的毛发显然不仅仅是覆盖物。我们的大脑一刻不停地发挥着超强的想象力。让毛发充满象征意义的原因也多种多样。对于毛发的主人和欣赏者来说，它都是视觉、触觉和嗅觉的愉悦感来源。除了象征意义，人类毛发在发育过程中也呈现出明显的地域性差异，从开始局部的、孤立的进化上的微弱差异，到最后形成鲜明的几大毛发类别：亚洲人和波利尼西亚人的黑直发，白种人的金发、浅黑发、红发，以及非洲人紧致的黑鬈发。人们对于本族和其他族的毛发也会有不同的看法。

人们在谈论头发时，气味通常容易被忽略。是因为这话题太私密吗？多数人都抱过孩子，当闻着孩子乱蓬蓬的头发时，人们会觉得内心柔软、充满爱意。许多人也曾把头埋进爱人的发丝间，嗅闻芬芳的气息。美国作家桑德拉·西斯内罗丝在其作品集《杧果街上的小屋》中，用怀旧的笔触写过一段话，描述头发代表的丰富意象和含义，从中可见，头发不仅仅是几绺“死去的蛋白质”。她写道：

> 但是我妈妈的头发，像一丛玫瑰花，像卷曲、漂亮的小甜甜圈，她总是用发夹将头发轻轻地压成小鬈儿。在她怀中，我感到温暖安然。我把鼻子伸进妈妈的鬈发，甜香扑鼻。那是面包在烘焙时散发的香味，是妈妈把我放到她旁边的小床上时身上散发的芬芳。窗外下着雨，我躺在妈妈身边，爸爸鼾声如雷。鼾声、雨声，还有妈妈那散发着面包香味的秀发，一直在我心里。

烧还是埋

头发的存在依赖于人体，但它显然也有自己的生命运行规律。它可以脱离身体，且很难被损毁。因为具备这些自然特征，人们认为头发与生命力息息相关。这些特质也反过来让巫术大显其能。人们认为不但生长中的头发作用极大，被剪掉之后也异常宝贵。有一个传说是，如果把剪下的头发扔掉，鸟儿将用它做巢，可以引起头发主人头痛，甚至致其死亡。参孙的故事表现的潜在主题或普遍信念是：一旦头发落入敌手，就会招致灾祸。阿莱斯特·克劳利是20世纪英国极具影响力的神秘学者和魔法师，他把自己的头发剪下并偷偷扔掉，以免他的反对者以此对他实施魔法。这是一种古老的法术，那些崇拜“圣人”遗留物的人和珍藏爱人发丝的人通常借此表达仰慕和情意。

同其他灵长类动物一样，人类也进行自我修饰或相互装扮。这一自然习惯不可遏止地激发了人们疯狂的想象力。在中世纪，由于人们在梳头时会产生静电这一自然现象，人们普遍相信：女巫或者一般妇女梳理头发，便会引发暴风骤雨、闪电，甚至冰雹。有些古罗马人则相信，在不恰当的时候理发会招致恶劣天气，所以他们会等到暴风雨真的来了，再蜂拥至理发店修剪头发。在每个月不恰当的时段或一天中不愉快的时间，以及每年的三月和每个周日，他们都坚决不理发。

人们将剪下的头发保留下来的原因有很多。19世纪60年代，一个都柏林人写道：“下层社会的人们都相信，头发绝不能被烧掉，而应该被埋起来，因为人复活之后会来寻找自己以前的头发。”苏格兰著名人类学家、民俗学家詹姆斯·弗雷泽在他编撰的巨著《金枝》中，描述了一个爱尔兰村落中的一群老年妇女：“《圣经》让她们确信，万能的上帝知道她们有多少根头发，在审判日会问清每个人头发的去处，所以她们把剪下的头发都藏起来，塞在小屋的茅草屋顶中。”

据历史学家考证，现存的许多关于头发魔力的东方信仰，都源于公元前5世纪的《祛邪典》。善界的最高神阿胡拉·马兹达，告诫该教创始人查拉图斯特拉，属于身体的东西，都要妥善保管。马兹达对他说，剪下的指甲和头发离教友至少10步远，离火20步远，离水30步远，离巴尔萨姆“圣枝”50步远。接着，他还补充了精确的标准，这标准就像巨蟒喜剧团①的作品那样荒诞不经和超现实。

> 然后，你挖一个洞，假如土硬，就挖十指深；如果土软，就挖十二指深。再把头发放入洞中，大声说出祛邪语：“慈悲马兹达，让树木花草发芽。”说完后再在洞的周围用金属刀划出三道、六道或九道沟印，最后唱诵三遍、六遍或九遍阿胡那·费尔雅祷语。

阿胡那·费尔雅祷语是该宗教教众最常说的祈祷语，大致相当于基督教的主祷文。剪下的指甲需要用不同的仪式来处理。头发和指甲与另外一种强有力的身体物质——血液相混合，被古埃及人用于制作药剂，这种药能让人失去力气，受控于施咒者。还有一个令人难忘的仪式：埃及寡妇把自己的一绺头发和她们丈夫的遗体一同下葬，表示死后也要忠诚地侍奉他们。

---

① 巨蟒喜剧团是英国六人喜剧团体，相当于喜剧界的“披头士”。——编者注

参孙的头发

> 对着一个如巨人卡冈都亚般挑剔的读者，我会坦陈：《圣经》中确有胜过《诗人寓言》的故事。搜遍以往各时期的传说，和当今各种别出心裁的寓言故事，也难看到像参孙一样的神话传奇。
>
> ——托马斯·布朗爵士，英国医师和作家

说到头发的神力，没有哪个故事可以比拟大力士参孙的传说。与《士师记》其他部分有着鲜明对比的是，对参孙神力的描述类似于苏美尔国王吉尔伽美什和希腊神话中的大力神赫拉克勒斯。这三个人物都与太阳有关，而有关太阳的诸神需要有一个必备的特征：头发犹如从头部向外射出的太阳光线。剪掉男人的一绺头发，就如同偷走了他的阳刚之力，这种力量就蕴含于光芒四射的发丝中。参孙还表现出了兰博[①]的特质：英勇无畏、越战越勇，往往是能重写历史、再造辉煌的孤胆英雄。

一天，神的使者出现在玛挪亚妻子（参孙的母亲）的面前并向她宣告："看看你，你'土壤贫瘠'，很难生育。但你还是会怀孕，生下一个儿子。"然后，神使列出了注意事项：即将为人母者必须避食不洁的食物。并且，她必须戒酒。这点也如今天的准妈妈一样。神使还说：孩子出生后，不能在他头上动剃

① 兰博为美国电影《第一滴血》主人公。——译者注

刀，给他剃发。“……因为孩子还在母亲的子宫里时，就已成为奉献给上帝的拿细耳修行者了。”《圣经》里从没提到玛挪亚的妻子叫什么名字。

拿细耳是一个与众不同的宗教派别。其名称来自希伯来语“娜其尔”，意为“神圣的、献祭的”。拿细耳人发誓要戒酒禁食、离群独居，以表对上帝的衷心。大多数人都自愿选择成为修行者，有些人这样做是认为自己出生时便有着神使赋予的使命。拿细耳修行通常是短期的，一般为30天。关于终生修行者，《圣经》中只记述了三个：施洗者约翰、先知塞缪尔和士师参孙。

除了神使列出的那些注意事项，还有其他的禁忌。比如，不单单是为人母者需要禁酒。在旧约的《民数记》中，上帝通过摩西告诫那些既想求得修行荣耀，又将承受修行之苦的人，他们不但要禁酒，也不能食用任何葡萄食品或制品。表示虔诚的最明显的标志就是修行者不能剃发，参孙的故事便是很好的例子。因为成为拿细耳修行者是神赋予的使命，所以参孙没有经历普通人初次剃发这样的“家庭大事”。他成年以后，不经意间第一次修剪发型的时候，也没有父母伴其左右，宠溺地看着。

在詹姆斯国王钦定版的《圣经》中，有如下诗行直白地描写了参孙的头发：

> 发誓离俗修行日，剃刀剪发必禁止。修行期满归圣时，头发越长越茂密。

因为参孙抛弃了出生时的所有誓愿，成了一个充满杀气的莽夫，所以有学者认为他不可能是一个真正的拿细耳人。他遵守的唯一誓愿就是任头发生长，不修不剃。参孙显然把这一外部标记看作他与上帝之间必然的“圣约”：既然他的神力为上帝所赐，那么不管他的行为多么荒唐、邪恶，也一定是正确的。

让我们跳转到几千年后的1949年。此前的20多年间，赛西尔·德米尔执导和制作了各种类型的电影，而这一年他又重拾《圣经》故事，他最喜欢的“性”和“暴力”的主题皆源于此。此前他制作过电影《万王之王》《十字标记》，以及第一版的《十诫》，这些电影都是哭哭啼啼、虚假做作的“伪圣经”故事。1949年，德米尔将《参孙与大利拉》这部“最伟大的爱情故事”加进了他的履历表。影片中拥有无比神力的参孙由维克多·迈彻饰演，海蒂·拉玛饰演引诱和出卖参孙的腓力斯美女大利拉。迈彻身材魁梧，但他和阿诺德·施瓦辛格那一类的男星又不完全一样。事实上，这部电影中男主角的胸比女主角的还要大，这在电影中是很少见的。身材健硕与否倒也无关紧要，因为《圣经》中并没有描写参孙的外貌。他神奇的力量来自头发，而不是日常锻炼出来的健壮身躯。要突出这一点，重拍电影时可以让一个像伍迪·艾伦（美国著名电影制作人、喜剧演员）一样长发飘飘但矮小瘦弱的演员来饰演参孙。

宗教团体“止派车团”谴责德米尔“文不对题”，认为该电影“描写了参孙和大利拉之间败坏的道德关系，但它却被宣传成宗教电影”。影片关于男女主人公关系的描写确实有悖于当今社会所崇尚的家庭价值观，但在这方面，德米尔其实是忠于原著的，他还原了《圣经》中的故事。在影片中，参孙对大利拉表示蔑视，因为这个面颊红润、红唇欲滴的腓力斯妇人轻视“纯洁的但族姑娘”。大利拉决意报复。后来她使尽浑身解数从参孙口中套取他神力的秘密来源。

大利拉柔声问道：“是不是你的食物中有什么特别的草药，还是把什么神油揉进你的身体里了？”

她求问了三次，都被参孙搪塞过去。最终他坦白道，他的神力为上帝所赐，就是腓力斯人所轻视的那个“无形的”上帝。参孙还将狮发、马鬃、羊毛和鹰羽比作力量的源泉。

大利拉终于明白了参孙的要害所在。她摸着参孙的头发说：“这是你力量的象征，假如头发被剪下……”

“那我就如同其他人一样柔弱无力。”参孙说。

因为剧本作者生活在20世纪，而不是公元前10世纪，因此电影中的大利拉对参孙的话表示疑虑：“你确信上帝是通过头发赐予你力量的吗？”

为了验证参孙所言是否属实，大利拉在参孙的水杯中掺入毒药，参孙喝下之后很快失去了意识。她用参孙的刀割下他的几绺头发（在《圣经》故事中，大利拉叫来了一个人，要他剪掉参孙七绺头发）。这是理发师版本的“氪石打超人”的故事（氪石是只存在于超人故事中的化学元素，超人接近此元素即丧失超常能力）。参孙醒来后发现发型已被改变，他已无力抵抗等待攻击他的腓力斯人，于是他绝望地嘶吼："把你们的矛扔过来吧，上帝给我的盾已经不在了！"腓力斯士兵没有杀死他，而是用赤热的剑把他的眼睛刺瞎了。

在整部电影中，参孙的头发不断地生长。但是，无论是沉迷女色时，还是用驴腮骨击杀了成群的腓力斯人时，他都坚持修容剃须。他失明之后被强迫拉磨，逐渐长出了拿细耳人的胡须。电影中的男主角迈彻用紧闭的双目和浓重的眼影来表现参孙的失明。他在黑暗中日复一日地拉着磨盘，受尽嘲弄，同时他的头发也在悄悄地生长。故事的高潮终于到了：参孙发现他的神力随着头发的生长在慢慢复原，对此他严守秘密。终于等到了决定命运的这一天：他被带到腓力斯人的一座神殿中，供他们戏要取乐。面对主神大衮统领下的腓力斯人，参孙知道复仇的时机已到。他力鼎千钧，摇动梁柱，神殿轰然倒塌，将那些腓力斯人、大利拉，连同他自己一起埋在了废墟之中。

按照《圣经》中的部族逻辑，消灭了腓力斯人并且和他们同归于尽的参孙，会得到上帝的宽恕。在电影的结尾，奶油色脸庞的米里亚姆这样评价参孙："他的故事会流传千年。"其实她低估了这个时间。从希伯来人中开始流传这个类似大力士赫拉克勒斯的故事，到德米尔拍摄《参孙与大利拉》这部电影，这个故事至少已经被讲述了三千年。至今，它仍是流传最广的关于头发的传说。

一个形而上学的操作

如果从刚毅、勇猛的角度看，参孙的故事只是关于头发的神力、魔力和宗教之力的传说。但是，头发的象征意义并没有因为参孙的牺牲而消亡，也没有随着“大衮神殿”的倒塌而灭失，甚至连拿细耳人的信仰和习俗都完好地被保存且流传至今。现今，最严格遵守拿细耳传统生活方式的是法拉沙人，即埃塞俄比亚的犹太人。法拉沙人参与了 20 世纪 30 年代在非洲兴起的一场宗教运动——拉斯特法里运动[①]。该运动的起因可回溯到远古的参孙时代。

“拉斯”是个称号，意为“王子”。利杰·特法里·马科南于 1892 年出生在埃塞俄比亚，1930 年加冕成为埃塞俄比亚皇帝海尔·塞拉西。此前一年，创建了“世界黑人进步协会”的黑人运动领袖马库斯·加维曾预言，将有一位领袖人物出现在埃塞俄比亚。埃塞俄比亚是非洲有史可考的历史最悠久的国家之一。该国政府宣称，公元前 11 世纪，古以色列的所罗门王和古埃塞俄比亚的色巴女王之子孟尼利克一世曾统治该地，拥戴者们相信，拉斯特法里（即“特法里王子”）也是所罗门王和色巴女王的嫡亲后代。这一说法应验了《旧约》里的预言：会有一位“大卫王朝”（大卫王为古以色列国王，所罗门王之父，公元前 11 世纪在位）的后裔，适时崛起并成为王朝的救赎者。拉斯特法里

① 拉斯特法里运动起源于非洲，但主要信仰人口在牙买加，特别为贫穷的非洲裔所信仰，除了宣扬其教义，也关注贫穷和压迫等社会问题。——译者注

教派对《圣经》有一种矛盾的心理，他们一方面认为，希伯来人长期被奴役的故事是对黑人历史的蓄意抹黑和歪曲；另一方面，他们又在拿细耳传统中发现了留“恐怖长发绺”发型（即“脏辫”）的依据。

很少有什么发型能如此引人注目。虽然野性十足的长“脏辫”如今已经不再具有最初强烈的政治意味，但人们还是认为它象征着政治联合和民族自尊。如基督教一样，拉斯特法里教派的形成也是源于被压迫者的梦想。该教派主张救赎，其形式是“经年离散凄苦，重返埃塞乐土”[①]；允许教徒吸食大麻，认为它有助于冥思和精神觉醒；另外，该教派还提倡统一的身份识别，比如这种具有鲜明特色的“脏辫”发型。

“脏辫”不是牙买加本土的发型，而是由拉斯特法里教的信徒引入的。20 世纪 50 年代初，由于土地问题，在肯尼亚爆发了茅茅运动[②]。肯尼亚当地许多基库尤人参加了茅茅运动及其游击队伍“土地自由军”。随着照片的披露，他们那种将乱蓬蓬的长发编织在一起的“脏辫”发型也逐渐被世人熟知，连同他们的战歌《非洲意见》一起被广为传播。无独有偶，从 1492 年哥伦布发现新大陆，到 1962 年取得民族独立的数百年间，牙买加人

---

① 拉斯特法里教派认为，非洲，尤其是埃塞俄比亚，是地上的天堂，因为祖先触犯了神，被流放到牙买加成为奴隶，故等待神降启示以重回天堂。——译者注

② 茅茅运动指肯尼亚黑人被白人殖民者掠夺了肥沃的土地，被赶到贫瘠的“特居区”，许多肯尼亚的白人拒绝把已占土地归还黑人。——译者注

也同样受到了殖民者的压迫。独立后的牙买加人认为自己源自非洲，这种民族身份的认同让当局警觉且震惊。牙买加的拉斯特法里教派成员梳起这种长辫发型，把它看作反叛的标志。当时，牙买加的很多非洲裔父母，也像其他地方的非洲裔家长一样，告诫自己的孩子，把头发拉直或者做特别处理，以淡化他们的种族特征。那些叛逆不从的年轻人则被父母嘲讽为“雷鬼头小孩”。许多黑白混血的孩子如果出生时是直发，便会被认为是幸运的“好”头发。由于能够鼓舞政治对手的士气，这种发式被政治对手称作“雷鬼头”。自从拉斯特法里教教徒把它正式确定为政治团结的标志后，反对者们便多了一个对该教派的称呼——“雷鬼党”。

头发的主人和其对手，通常都能认识到头发的象征力量。在20世纪60年代末的牙买加，每当警察逮捕拉斯特法里教教徒时，就剪掉他们具有鲜明象征意义的狂野发辫，以达到制服的目的。虽然混子和无赖也会梳这个发型，从而削弱了这一象征性符号的政治意义和宗教意义，但也没能阻挡该发式的持续流行。这种流行也与20世纪70年代黑人意识的觉醒运动有关。在牙买加雷鬼乐歌手鲍勃·马利等人也留了这个发型之后，它的认知度大增，接受范围也更广了。到20世纪70年代初期，有些信徒就把那些不留该发型的人称为“秃头”。于是，这个称呼很快就被拿来形容那些排斥海尔·塞拉西一世箴言的人。

与大多数宗教一样，人们对拉斯特法里教教徒蓄长发这件事见仁见智。20世纪80年代早期，英国雷鬼乐团“钢弦律动”

的团长戴维·欣德在表演的时候总戴着圆顶高帽。当发型开始显现帽子的形状后，他决定让头发向上生长，很快，他就长出了冲天的“雷鬼头”。这个特别的发型吸引了众多目光。但是，欣德一再强调，发型不只是一种宣传的招数，更是“一种对拉斯特法里信仰的真挚表达……我的发型具有宗教和文化意义，而不是流行趋势”。

“雷鬼头”被音乐家们带热之后，留这种发型的人不再局限于拉斯特法里信徒和黑人，白人也坦然地留起了“脏辫”。1982年，伦敦的时尚沙龙“安特拿”宣布，他们将引入“短尾头”或“白人脏辫”。英国“文化俱乐部”乐队的主唱乔治男孩也一度留起了“脏辫”。20世纪80年代早期，有记者问他为何留着这种拉斯特法里发型，还戴着“大卫之星”（犹太人标记，两个正三角形叠成的六角形），这两者是否相配。乔治男孩说：“我不信教，只是觉得‘脏辫’看上去很美，星徽看上去很帅……我这样打扮基本就是找骂。”乔治男孩的确让人反感，但主要原因不是发型，而是他不男不女的中性形象。但无论如何，他的音乐对大众的影响力是不容小觑的。

对于像牙买加人那样追逐时尚潮流的人来说，这种发型还有一个切实的好处。美国独立摇滚乐团“触角”的老板曾说：“梳了‘脏辫’，勿隔天梳头、洗头这个禁忌，就完全可以抛弃了。”如今这种发式在非洲裔男女中更为流行，而在非洲以外，梳这种发式的白人也不少见。

并不是只有拉斯特法里派成员反对将天生鬈发拉直，非洲裔的美国作家亚历克斯·哈利是《马尔科姆·X自传》的作者之一。在书中，美国黑人民权领袖马尔科姆·X说，有一次理发对他意义非凡。这件事发生在他成为穆斯林并更名为哈吉·马利克·沙巴兹之前。20世纪40年代初，他刚刚从内布拉斯加的奥马哈市来到波士顿，他当时还叫马尔科姆·利特。一个朋友让他穿上阻特装（20世纪40年代流行于爵士乐迷中的肥大服装），建议他再弄个“空克头”。

为了省钱，马尔科姆没有去理发店，而是自己准备做“空克头”的材料——鸡蛋、土豆、肥皂、带喷头的橡皮管、橡胶手套、围裙、一罐凡士林和一瓶碱水。药店店员熟悉这些东西的用途，就问他：“你是要做‘空克头’吧？”马尔科姆咧嘴一笑，得意地说：“对呀！”但真正开始操作时，他就笑不出来了。把所有材料放到一个容器中搅拌，形成了一种黄色、黏稠、凝胶似的糊状物。因为碱水的作用，连容器摸上去都是热的。马尔科姆的朋友提醒他，这种混合液非常刺激头皮，但同时又说：“坚持的时间越长，头发也就越直。”这种折磨简直痛苦不堪。结果，马尔科姆原本的发色并没有被盖住，但头发的自然纹理变成了“厚厚的、闪着红光的直发，像任何一个白人的头发那样直”。

“空克头”的说法，很可能来自“空格利兹”一词，指的是一种从刚果的树脂中提炼出来的直发剂。在20世纪20年代的美国，很多黑人为了减弱自己的种族特征，以更好地融入白人社会，便开始流行用这种直发剂将自己的头发拉直。多年后，马尔科姆·X提到他第一次做“空克头”的经历时说：“这是我向自轻自贱迈出的一大步。那时，我一直咬牙坚持着，忍受着碱水灼烧皮肤的剧痛，就是为了把头发变软、拉直，使自己看上去更像白人。”成为穆斯林之后，他拒绝再做这种发式，而是保持平头。他时常抨击“空克头”泛滥这一现象，指责黑人妇女戴金色假发是自取其辱。他对美国黑人演员西德尼·波蒂埃和黑人音乐家莱昂内尔·汉普顿充满钦佩，他们的头发微微卷曲，发式自然大方。尽管如此，许多人还是对“空克头”趋之若鹜，其中之一就是美国20世纪五六十年代狂野不羁的原创摇滚巨星“小理查德”。20世纪60年代后期，黑人“爆炸头”等新发型成了自尊自傲的象征，而“空克头”则被认为是黑人对白人社会屈膝臣服的标记。这一发型带来的热潮最终散去了。但许多黑人女性还在拉直发，包括模特娜奥米·坎贝尔和演员哈利·贝瑞等名人。

参孙的头发被大利拉剪下，拿细耳人蓄留长发的传统对拉斯特法里教教徒的启发，马尔科姆·X第一次做“空克头”拉直头发，以及之后断然地抛弃它，这些故事都如阿根廷小说家胡利奥·科塔萨尔所写的那样：“理发是一种形而上的行为。”

落发之仪

假如有哪个话题能激发男性评论家使用兴奋而夸张的修辞，

那一定是女人的头发。在绝大多数情况下，充满诗意的夸张都很有用。比如，美国诗人朗费罗在《奥拉夫国王的英雄故事》中使用了头发这一古老意象：

十头牛合力，
也抵不过女人一根发丝的
牵引之力。

17世纪英国作家詹姆斯·豪威尔在1621年的一封信中使用了相同的比喻："一个女人发丝的引力能够匹敌两百头公牛的合力。"这种类比听上去像给头发张力做的广告。18世纪英国诗人亚历山大·波普没提到牛，但也对头发抒发了同样的情感："美丽的长发是俘获男人的情网，美人用一根头发就让我们魂牵梦绕。"而另一个诗意的表达则让人产生一种不太美妙的意象，美国词作家斯蒂芬·福斯特曾说："我梦见浅棕色头发的珍妮，像蒸汽一样漂浮在夏日的空气里。"飘浮着的是珍妮还是她的头发呢？姑且不论这种夸张手法是否恰当，大多数人通常都会认为，长在美丽头颅上的茂密秀发才具有吸引力，而一绺头发一点儿都不美，反而令人厌恶。

美国哲学家、生态学家奥尔多·利奥波德曾写道，松树通过轮生的方式赢得"常青树"的美誉。这也作为一种政治手段存在于政权设置中。常青植物的针叶缓慢脱落、新旧交替，这样，它们就不会像邻居们——周围的落叶植物那样会有凋零的时候。

人类的大脑也深谙此道：如果不能不断地生长出替换原有头发的新发，那我们早就秃了。“脱落”这个词指的是在某一生长期内某一部分机体的自然落失，在少数情况下也指鹿茸和昆虫翅膀的脱落，当然也适用于描述人。像猫、狗和松树一样，人也会“蜕皮”。我们平均每天要掉大约55~100根头发，梳头会增加落发量。如果我们和其他哺乳动物都在同一个周期生发或脱发，到了脱发期，我们将全部变成秃子，想象一下，这将会是怎样的奇观！

偶尔，我们会把头发掉在不该落的地方。在常见的故事中，一个不忠的配偶，衣服上的一根可疑的头发就像衣领上的口红印一样，会留下确凿的证据。随着DNA检测技术精确度的提高，凭案发现场的一根头发便可以给嫌疑人定罪。在1992年版的《社交礼仪》一书中，美国最权威的礼仪专家埃米莉·波斯特告诉人们如何恰当地应对掉发。波斯特先说吃骨头噎住了没什么规矩可循，在危机时刻甚至可完全忽视礼仪，然后马上谈到如何应对餐盘中的“异物”。她说，最理想的应对方法就是拿掉异物，继续吃饭。“在私宴上，假如你感到恶心（比如面对落发），就别再继续吃了，但也不要挑明，以免女主人感到尴尬。”她建议说，如果发生在餐馆中，我们应不动声色地把情况告知服务生。头发这一具有自然力量的古老的象征符号，已经沦为礼仪、“倒霉日”等社交琐事和符号，说明了人类失去野性后是如何看待自己的。

第二章 人面相对

家族之脸，代代相传；
肉体灭失，特征犹现。
穿越时间，跨过地限；
祖先之脸，后代承延。
声音双眼，身体曲线；
子孙身上，生动再现。
遗传痕迹，或隐或显；
岁岁不息，恒永久远。

——托马斯·哈代《遗传》

人类的脸被兽毛般的头发包围着，同样也具有动物特征。如其他动物一样，人类的面部也挤满了各种精密的“信息接收器”：接收视觉电磁波的一双“姐妹花”——眼睛，接收声波的一对“好兄弟”——耳朵，探测空气中飘浮粒子的鼻子，辨识食物的味觉接收器——嘴巴，它既是食物消化的起点，又是人类首要的交际工具。

这些“高科技装置”本身并无奇特之处，它们只不过是设置在人类“总司令部”外面的常规接收器，这点与其他动物并没有大的差异。单就面部而言，人类有一点有趣的变异。英国生物学家戴斯蒙德·莫里斯观察到，人类已经褪掉了大部分毛发，它曾如护甲一样保护着身躯，还能激发隐喻、孕育诗意。如今的人类，面部和身体近乎全裸，但并不是只有人类的面部褪去了大部分毛发，仅仅生长胡须，其实多数高级灵长类动物也类似，特别是胡子的分布和生长区域，都在额头下方、双耳周边，以及脸颊两侧。在东非长尾黑腭猴略显凹陷的黑色面孔上，长着漂亮的灰白连鬓胡。简·古多尔[①]在尼日利亚贡贝养了一只美髯飘飘的黑猩猩，给它起名为“灰胡子大卫”。上了年纪的红毛猩猩看上去像白胡子先贤，稳重富态，佛相十足。在进化阶段的下一级，有瑟斯博士（儿童作家）故事中的“懒猴”“小金熊猴”“狐猴”，它们的面部和身体一样覆盖着浓密的毛发，是典型的哺乳动物的特征。人类只有在亲缘关系更近的灵长类动物身上，才能看到亲切的“裸面”。

“裸面”是顺应自然选择的结果，其优势在于：它把信息接收器官都聚拢在一处，形成一个“播放站”，以便更好地传递表情信息。这种适应性具有突出的进化意义。由于猿类具有最复杂的社会阶层（复杂程度令人不安，接近人类社会），它们就

---

① 简·古多尔，1934 年生于英国伦敦，国际知名动物行为学家、环保主义活动家。——译者注

用精细的面部表情来表达细腻的情感。高级的灵长类动物具有群居性，且多为暴烈的杂食动物。所以，相对于那些独来独往的草食动物，人类更需要防御同类，必须更谨慎地辨别他们的意图。我们从他们的面部表情中可以推断出，应该相信谁、惧怕谁，何时需要提高警惕，谁需要安慰和扶助，对方是什么身份……所有这些形形色色的线索交织在一起，构成了熙熙攘攘、繁衍不息的灵长类社会。

1968 年的电影《人猿星球》中猿类的面部造型多是无毛的“裸脸”，这基本令人信服。在 2001 年蒂姆·伯顿执导重拍的版本《决战猩球》中，猿类的造型更加逼真。在这些电影中，勇敢的黑猩猩们面部表情丰富细腻（细腻程度堪比影帝查尔顿·赫斯顿），而在 1977 年的电影《星球大战》中，毛脸的丘百卡只会做出两三个面部表情。猿类“裸脸”上多样的表情犹如印度舞者的表情那样细腻丰富：眼部表情大概有 36 种，光是眼皮的眨动就有 9 种，摆头动作有 13 种，颈部动作有 9 种，有关脸部、下唇和鼻子的动作有 6 种，下巴“才艺多多”，可以有 7 种动作。灵长类动物的面部表情异常丰富，尤其是人类。人们花很多时间用于观察彼此的面部表情。美国电影导演萨姆·门德斯说：“人类的脸百看不厌，任何优秀的电影中最大的亮点都是特写镜头。”

多数人对成人和孩子之间的面部差异印象深刻，但是如果知道人的面孔在出生之前经过了怎样的变化，相信人们会觉得震惊。因为头部有大脑，而且是主要感官的大本营，所以它是胚胎最先成形的部分。人出生时，相比其他身体部分，头部的发育是最完全的，因此发育的顺序是从头到脚。从精子和卵子结合的那一刻起，子宫里就充满了活力。母体受孕一个月后，虽然胚胎还没有发育出任何面部形态，但头的前端已经开始显现脸的模样。紧跟着出现了鼻孔的雏形——一个凸出的肉团上有两处凹痕，像人像雕塑初始阶段粗糙的鼻子雏形。再过一周左右，如果想象力足够丰富的话，你就会看到一张五官隐约浮现的面孔。有点儿扁平的卡通鼻已经游移到脸部的中央、左右脸中心线的位置。在远离脸部中心线、靠近头部两侧的位置，是还未发育完全的双眼。

很快，这些细胞组织就毫无悬念地、神奇般地幻化成了人脸。母体怀孕八周后，胚胎便初具人形。鼻子的形状越发明显；尚未发育完善且看上去有些恐怖的双眼组织逐渐向鼻子靠拢，眼睑已经初步形成；嘴巴开始长成，有明显的上下唇；耳朵的位置低于嘴巴，位于头部两侧；左右脸颊也已形成，显现出生命最初的姿态。有意思的是，这一阶段人类的面孔上大下小，上端是圆圆的额头和脑壳，看上去像中美洲奥尔梅克巨型的头部石雕，鼻子扁平，嘴唇厚大，只是未戴帽饰（有人类学家认为，这些雕像表现的可能是胎儿阶段的人类）。母体受孕五个月后，一个真正的人类婴儿正在快速生长。嘴巴和耳朵小小的，眼眉还未成形，但脸部的结构和比例已与出生时相差无几。历经一系列有如艺术创作的过程后，现阶段的胎儿看上去像美国漫画家查尔斯·舒尔茨的作品《花生》中圆头圆脑的人物。

正常分娩的婴儿，由于狭窄产道创伤性的挤压，出生时头部与身体的比例会完全失调。由于眼睛已经完成了三分之二的发育，所以看上去巨大无比。在青春期以前，新生儿要长成大人的样貌，脸部其他部分的生长就要与超前发育的“大眼睛”比例相当，协调一致。正因如此，为使玩偶看上去如婴儿般可爱，只需要把头和眼睛做得超大即可，因为这样做可以引发人们养育幼小生命的原始本能。1970年，美国古生物学家、科普作家斯蒂芬·杰·古尔德在《从生物学角度向米老鼠致敬》一文中，追溯了在沃尔特·迪士尼的动画片中，一个骨瘦如柴的“小淘气”是怎样一步步进化成了富态快乐、独步迪士尼乐园的“精明球”的。古尔德用图解的方式说明，米奇的头部渐渐变得越来越圆，所占比例超过身体的其他部分，眼睛变大，衣袖、手套和袋型裤使它的身体丰满起来，更具少年模样。米奇不再是那个傻笑的捣蛋鬼，逐渐蜕变为成熟稳重、唠唠叨叨的大叔，衬托着其他行为不端的角色，成为它们戏弄的对象。孩子和大人们都坦承对它的喜爱。它的角色设定本就可爱。古尔德从纯学术的角度讨论这一问题，并不是在浪费时间。婴儿脸部的比例与我们对可爱的理解关系密切，与我们对大眼睛、大脑袋的小狗、小猫、黑猩猩的喜爱程度紧密相连。社会学家多次发现，带有成人特征的新生儿，与长相可爱的婴儿相比，更容易受到虐待。

得益于大自然经年累月的雕琢修补和不知疲倦的精雕细刻，我们壁炉上的照片才会与祖先相像。我们在本章开头引用了托马斯·哈代的一首诗。在哈代创作该诗之前很久，莎士比亚就将“脸”作为一种祖传特征，在其诗作中多次咏颂了。在第三首十四行的开头，他写道：“看看镜中的自己，认认常见的脸庞，是该另造一副面孔的时候，将特征传递……”他继续问道，有谁会那么自恋，以至于“拒绝后代的繁衍”？最后他论述道：“你若活过，但不愿被人惦记，就孤身而死，和你的形象同去。”这一观点强而有力。若有人说“这孩子的眼睛和你一样”，有哪个父母不会自豪和动容。可以肯定地说，所有的父母都会凝视着孩子的小脸思忖：我们是怎么把你生成这个模样的？

家族的脸孔是绝好的进化范例和进化标记。每张脸都结合了父母双方的特征，都在家族恒定特征的基础上进行了不可预测的变异，巧妙地增强或减弱家族面部遗传公认的特征。这种相似性在我们祖辈的黑白照片上显而易见。它不仅让我们想起至亲，还提醒我们，人类从遗传学上被划分为灵长类、脊椎类哺乳动物。人类的家族遗传性和类属遗传性，用普罗斯特的话来说，“就像隐形的雕塑家，他用凿子在一代又一代人的身上重复刻印、雕琢”。人脸如同身份标识，如同广播媒介，连接着过去和未来、生物和文化、身体和心灵，使人类成为个性鲜明、与众不同的个体。

火星之脸

人类生为符号，亦栖居于符号。

——拉尔夫·瓦尔多·爱默生，美国作家

除了周围同类的面孔，我们也注意到生活中到处都有人面图形——云朵、地毯的图案、饱经沧桑的树干、卷曲盘绕的电线等。我们无须忧虑这些人面图形会分心回头偷看我们，它们友好、温和且常见。1718 年，法国显微镜学家路易斯·约伯洛特记述了他观测到的一只阿米巴虫。他确认该变形虫有尾巴和 6 条腿，但它形似一张“人脸”，像一副“完美的面具”，还戴着“奇异的头饰”。美国画家杰弗里·胡德描写过一家汽车旅馆，他写道：“木镶板上迂回缠绕的图案形成了数十张人脸图案，而这些实际上是仿木的树节。我还记得有一家旅馆，如果你坐着看卫生间门前的地毯，上面就会清晰地显现出一张人脸。”

1976 年，美国宇航局“维京一号”空间探测器进入了火星轨道，首次传回这一红色行星表面的特写照片。大部分照片呈现的情形正如宇航员先前的预测——火星地表干旱荒芜，使人想起美国西南部。砾石遍布、崎岖不平的地貌和美国西南部极其相似，唯一的不同就是不长蒿属植物，也没有疾驰的皮卡车。超乎预想的是，美国宇航局编号为 035A72 的照片，显现出一幅人脸图像，人们迫不及待地对此进行各种解读。它实际上是火星塞多尼亚区域阳光斜射下的一处平顶山。光影制造了一张“人脸”影像，“脸”的一侧有眼、鼻、口，“脸”的另一侧则完全隐没在阴影里。脸的边缘像头发，也像某种帽饰。实际上，这个1英里[①]长的人面容又像忧郁的豪迈王子（电影《豪迈王子》主人公），怒视着苍穹。它近旁是一个巨大的陨石坑，好像神灵扔了一张馅饼，差点儿打在了这张脸上。

为了确定“维京二号”探测船潜在的火星着陆点，一个影像团队对航空摄影镶嵌图进行了研究，其中一个队员发现了这一火星人脸地貌图样。当时，他把这张图片拿给一个同事看，后来同事对媒体随意说了一句：“光、影能有这么高超的技巧真是神奇！”许多人认为这张图片有趣、好玩，但并不觉得它有什么独特的新闻价值。还是美国宇航局最先把它配上了轻松的图片说明“火星上的脸？”，并将其复制、传播。起初，美国政府一直试图解释罗斯威尔UFO事件[②]，但后来又对它遮遮掩掩，从而激发起人们丰富的想象，这一过程历经多年。人们被“火星之脸”吸引，如同对UFO着迷一样，是逐步的过程。直到1984年，《世界新闻周刊》刊登了一篇关于“火星之脸”的特写稿，公众才开始关注这一火星奇观。

自此以后，各种类似观点纷纷出现，引发了街头巷尾的热议，其中不少理论虽缺乏证据，但也顽强地存活了下来。这些理论家认为，“火星之脸”是智慧生命的杰作。如果说这“显然”

---

① 1英里约为1.6千米。——编者注

② UFO指不明飞行物。1947年在美国新墨西哥州的罗斯威尔，有报告称发现了外星人及其驾驶的UFO，有关此事悬念迭出、未有定论。——译者注

是一种人工作品，那么又是谁费此心力创造了它呢？是曾经存在的火星文明吗？抑或它并没有失落，而是仍潜存于不为人知的神秘之城？有一点不能忽略：如果存在火星人，那么他们的面貌一定和其邻居——地球“人类”极其相似。或者“火星之脸”是由其他星系的生命创造的，它们只把火星当作一块便捷的布告板，在上面雕琢出人面的形状，宣告它们的存在和样貌特点？但很遗憾，这种理论的支持者们无法解释，这些外太空的生命为何要用“自己的面貌特征”来逗弄“银河系的‘乡巴佬’——人类”？有人认为，这一地标的外形与人面之间奇异的联系说明这是人类自己的创造。这是否意味着我们的后代在未来可以去火星，在行星间不明所以地穿梭、游玩，而不是在臭氧耗竭和物种灭绝等实际的生存问题上，留给同类一些有益的忠告？

1998 年，火星环球探测器再次将“火星之脸”的照片传回地球，这次的照片更加清晰，比前一张的分辨率高出十倍。由于不是在阳光低射时所拍的，所以呈现出的地貌特征与人脸没有任何相似之处。对此感到惊奇的人们会认可这一变化吗？1998 年之后，越来越多的火星高清照片陆续发布，它们确定无疑地证明：这一火星地貌不是人为之作，它与人脸相似只是某种角度下光和影作用的结果。然而，故事仍在继续，伪天文学家理查德·霍格兰仍在推广他的“火星之脸论”和“火星文明论”，他的愚昧之书《火星遗迹：永恒尽头之城》仍在销售。

“火星之脸”的故事告诉我们，想象出一张人脸是多么轻而易举的事情。“忧郁的豪迈王子”不是宇宙中唯一的“天脸”。在既深刻又有趣的《迷恋异形——在浩瀚的宇宙中寻找生命和真理》一书中，作者乔尔·阿肯巴赫说，火星上有一座火山，看上去与美国政治家泰德·肯尼迪颇为相像。在许多照片中，火星上加勒火山口的底部，像一张倾斜的、凶恶邪魅的笑脸。

近几十年，这一出现在宇宙中的“火星之脸”是最无聊的符号，好像是某个癫狂、快乐的疯子租用了或许是宇宙中最大的标记物，专门用于制造虚空和浅薄。连虚无的“火星之脸”都能让我们从心理上感觉亲切，那么微笑符号自然也能激发我们类似的冲动。它只是用两点代表眼睛，用一条上扬的线条代表嘴巴，符号极其简单，便于认知。它甚至催生出了设计师米尔顿·格拉泽 1977 年著名的“我爱纽约”(I♥NY)的设计——该设计是图形和字母的巧妙组合。

虽然黄色的微笑符号不再那么泛滥，但是我们的生活中到处充斥着人脸简图。有一组这样的符号，由于其低劣的多用途性，甚至赢得了“情感符号”的名号。实际上，每人都收到过带有符号“:)”的电子邮件，该符号稀松平常，甚至有些肤浅造作。该符号后面不能使用句号，因为这意味着小圆点句号很多余，它会毁坏“笑脸”中上扬的嘴角，破坏整体气氛。我们太喜欢看人的面孔了，以至于都能将蝇粪污点大小的标点符号当成人脸图案。即使这个小小的假脸图标是侧卧的也无妨，只要我们能理解它的含义即可。我们的眼睛能够捕捉最微小的人脸特征。如果我们打出一个分号，而不是冒号，一只眨着的眼睛马上就显现出来了。这太荒诞了。

为什么我们有些时候会以为看到了并不存在的人脸？因为这是进化的结果，而进化决定了我们能够识别同类的面孔，以及面部表情有多么重要。人类的大脑每时每刻都在做着这项工作，以至于人们对此习焉不察。想象一下，我们是不是常常自问：这是熟人还是生人？他/她是敌人还是朋友？他/她是气恼还是喜悦？我们肯定能清晰、迅速地回答这些问题。但为什么有的时候我们好像看到了并不存在的面孔呢？因为我们一触即发的识别系统太急于执行识别任务了，所以难免会失灵。因为认不出人的后果比认错人的后果更严重，所以，大脑不愿意花费太多的时间来等待精准的信息。我们的大脑会“呼喊”：“嘿，这儿有个熟面孔！”马上又不好意思地说：“哦，弄错了！”这种后悔机制存在于各种生物的刺激—反应行为中。掠食者倾向于先猎杀，再质疑。习惯于在行动之前分析信息的动物早就灭绝了。实际上，理性的职责之一就是克制这样的本能冲动，以确保我们不再用旧石器时代的方法行事。人类文明不断演进，老旧的方法已没有必要，甚至会适得其反。

人的眼睛和大脑一刻不停地搜寻周围的图案和形状。人类从地球仰望星空的时候会看到：宇宙中的星团随机形成各种图案，或似展翅飞翔的天鹅，或如弯曲多节的蝎子。虽然这种相似性异常微弱，但是人类大脑钟情于图案，总可以捕捉到它，并据此创造出动人的故事。虽然人类大脑不擅长处理这类速写性的简图信息，但是我们天生偏好捕捉人脸特征。神经生物学家利丝·埃利奥特说："新生儿对人的面孔极度喜爱，不管是真实的还是图形的。人脸识别无须特别发达的神经系统，仅仅需要婴儿有一点儿敏锐度即可。明亮的眼睛和暗色的嘴巴形成了鲜明的对照，发际线形成一个明显的外轮廓，能够刺激婴儿的周边视觉。"视力并不发达的婴儿能具有这种天性，着实令人称奇。无数的实验表明，婴儿在出生后一小时内就会对人脸图案做出反应，他们会通过转动眼睛和头部来追逐人脸图案。但是，如果给婴儿看其他图案，即使该图案也有一些类似人脸的特征，婴儿的反应却相对消极。神经学家发现：人类具有识别人脸的天性，然而这种与生俱来的天性，需要与生活中具体的人相联系才能发挥作用。

许多实验证实，人类识别彼此的面孔要比识别黑猩猩的面孔容易得多。据推测，黑猩猩也天生偏爱同类的面孔。自然，人类识别本族群的面孔要比识别外族群的面孔更容易。婴儿在刚出生的一两天之内就能认出自己的父母，而两三个月之后，才能区分其他亲人、熟人的面孔，此时，婴儿的大脑皮层刚刚发育完好，能够完全认知静态的人脸，而刚出生时，他们只能追逐缓缓移动的面孔。早在1972年，科学家就发现，猴子的大脑皮层中有一个区域专门负责面孔的识别。该区域产生电生理反应，像大脑的许多功能一样，该反应也可以被监测。猴子大脑皮层中的细胞对各种面孔和类似面孔的形状做出反应，而忽略那些其他形状的刺激源。为了获得这些精密的科研成果，实验室中的动物不得不经受惊恐和痛苦，想到这些就令人不快。

虽然相关研究有助于解开人类大脑更多的谜团，研究结果也令人兴奋，但总是抵不过那种令人心痛的感觉。

大脑中有一个边界清晰的区域专门负责人脸识别，如果这个区域出现了问题，那么人就会失去识别人脸的能力，甚至认不出自己的孩子。人们将两个希腊词语 prosopon（脸）和 agnosia（感官辨别力的丧失）结合起来，合成 prosopagnosia（脸盲症）一词。英国生物学家托马斯·赫胥黎也据此词源创造了 agnostic（不可知论者）一词。丹尼尔·麦克尼尔在其著作《脸》中，讲述了一件事：有人在和理疗师谈话的时候，感到一阵无痛的冲击迎面而来，两人开始都没想到这是怎么回事，然后该男子喊道："小姐，我怎么了？我怎么认不出你是谁了！"脸盲症患者会失去辨认妻儿的能力，还有的患者无法识别他人的表情，甚至性别。

人类的近亲在出生的时候，具有和人类相似的识别同类面部特征的能力，大多数动物都具备这种天赋。但是，人类至少有一种独特的能力是其他动物所不及的：人类能够对人脸进行具象的艺术描绘。俄国科学家娜耶塔·考茨从 1912 年起，连续三年跟踪研究一只名叫尤尼的少年黑猩猩，看它如何作画（直至"一战"爆发，她的工作被迫停止）。一开始，考茨把尤尼放到膝盖上，鼓励它用一支铅笔在纸上随意涂鸦，后来又教它使用颜料。通过观察、研究尤尼和其他黑猩猩，考茨得出结论：年轻的黑猩猩对于物体的形状和轮廓，具有类似于人类儿童的初步的感知能力。灵长类学家弗兰斯·德瓦尔也指出："由于黑猩猩的身体更加强壮，对运动肌的控制力比人类更好，所以它们的绘画看上去下笔果决、充满力量；而人类孩童的绘画作品则具有犹疑不决、踌躇不定的尝试性。”到20世纪50年代后期，黑猩猩“刚果”创作出的绘画作品甚至可以参加画展。后来，人们又对卷尾猴进行过类似的研究，结果表明，这种灵长类动物的绘画才能比不上黑猩猩。

但不管是猿还是猴，它们都不具备具象描绘和表现事物的能力。人类则从很小的时候就能进行具象艺术绘画，最常画的形象之一就是人脸。戴斯蒙德·莫里斯曾指出，在人类幼儿和黑猩猩幼崽绘画能力的发展进程中，初始阶段是相似的，都是先在纸上胡乱涂鸦，然后把颜料集中涂抹在某个区域。像人类一样，许多黑猩猩也先画圆形或椭圆形的圈，再在圈中涂色。然而很快，人类和黑猩猩的发展方向就变得大相径庭了。人类幼儿接下来会在圆圈中画出简单的人脸，而黑猩猩幼崽虽然也具备基本的色彩和构图鉴赏力，却再也发展不出具象艺术的创作能力了，它们也只能做抽象派、印象派艺术家了。实际上，人类从孩童时代起，终其一生，都渴望涂抹、描绘、寻找一种形状——别人的脸，或镜中自己的脸，这似乎是人类大脑先天机制作用的结果。法国哲学家莫里斯·梅洛－庞蒂在《知觉至上》中写道：“我住在别人的面部表情里，如同别人住在我的面部表情里。”人们渴望同类迎视自己的目光、朝自己点头、对自己微笑，这种无声的语言传递的信号是：是的，我看见你了。我和你一样，我与你同在。

第三章 警觉之眼

实际上，直视我们自己的眼睛，没那么容易。

——伊塔洛·卡尔维诺，意大利作家

血肉之镜

人类五官分明的脸上，配备着接收和发送信息的“古老的技术装备”，但首先吸引我们目光的，通常是脸上一个特殊的器官——眼睛。在人群中，人们会偷瞄陌生人的双手、衣服和发型，却会刻意避开对方的眼睛，因为对视的力量过于强大。眼睛主导整个面部器官。人们也总会在不经意间谈及“眼睛”。

“你同意我的看法吗？”（“Do we see eye to eye on this？” See eye to eye 意为“看法一致”。）

“别怀疑我！”（“Don’t roll your eyes at me!” Roll your eyes 意为“转动眼珠，表示不相信”。）

“看好她！”（“Keep an eye on her!” Keep an eye 意为“留意、

密切注视”。)

“我看到你狠盯着他。”(“I saw you eyeing him.” Eyeing 意为“虎视眈眈、盯视”。)

这些说法虽然是隐喻，但是确切地表达了人类是如何用眼的。依靠双眼，大脑将“看的行为”推向隐喻层面，更为复杂的象征性概念由此产生。在伊斯兰教中，“绝对智慧”的精神内核被称为“心之眼”。古代苏美尔人在祭坛周围放上石膏人像，人像有巨大而突出的眼睛，象征着祭拜者的敬畏之心。圣马太将眼睛叫作“身体之光”，告诫基督徒，如果右眼受到侵扰，就要将其剜出并扔掉（表示与罪割离）。人们在宗教建筑物的圆屋顶上，都会设计一只代表精神追求的“眼睛”。对于想法奇特、不笃信任何宗教的亨利·梭罗来说，瓦尔登湖就是“上帝之眼”。他的邻居拉尔夫·瓦尔多·爱默生从自己的视角阐释了视觉象征主义。在散文《自然》中，爱默生写道：“站在旷野中……一切卑劣的自我消失殆尽。我变成了一只透明的眼球，微不足道，明察万物。宇宙间的一切流经我的周身，我是上帝不可或缺的部分。”

甚至有些荒唐的神话故事也印证着眼睛这一器官的重要性。在古希腊神话中，格里伊三姐妹（希腊神话中海神福耳库斯和刻托的三个女儿）是三个从未年轻过的老女人，她们声音洪亮，但牙齿稀落、视力微弱，三人共用一只眼睛和一颗牙齿。受命于某个官僚机构，三姐妹竟然被派去做她们最不称职的工作——安全守卫。她们负责保护自家姐妹——戈尔贡蛇发女妖三姐妹。当宙斯之子珀尔修斯来捕杀女妖三姐妹之一的美杜莎的时候，格里伊三姐妹使用一只眼睛轮班值守。有一个情节简直能与邦德的电影情节相媲美：珀尔修斯偷走了她们唯一的眼睛，然后从什么也看不见、只剩一颗牙齿的三姐妹面前悄悄地溜走了。在另外一版神话故事中，这三姐妹更加倒霉：珀尔修斯不仅偷走了她们唯一的眼睛，还偷走了唯一的牙齿。

眼睛在艺术作品中无处不在。美国作家夏洛特·帕金斯·吉尔曼的经典女权小说《黄色墙纸》，描写了一个受男权禁锢的女性形象。故事的叙述者即女主人公，她总是觉得自己房间的墙纸上有人影，这种幻象首先来自一种模糊的感觉：墙纸的污渍和撕痕慢慢显现出一个图案，像是有两只眼睛在紧紧地盯着她。漫画家也会使用各种各样象征性的简约符号来表现眼睛。在英国漫画家马克斯·比尔博姆的讽刺漫画中，政客们的眼睛总是闭着的。《纽约客》的漫画先驱彼得·阿诺显然是第一个用字母 Xs 表示醉眼的漫画家。电影中更是无数次用眼睛来表达隐喻。在 1945 年的电影《相见恨晚》中，特雷弗·霍华德扮演的中年医生哈维从西莉亚·约翰逊扮演的劳拉眼中取出煤屑、帮她重获光明时，曾是何种情景。在悬疑恐怖片大师阿尔弗雷德·希区柯克执导的《惊魂记》中，珍妮特·莉扮演的角色玛丽恩被杀后，镜头里的她眼睛大睁着，瞳孔和虹膜中的生命迹象却在慢慢消失，她的血迂回着流入浴室的排水口。

长久以来，人类的眼睛仅仅作为一种视觉器官而存在。在可见的外部人体部位中，唯一能与它匹敌的就是手了，在我们的脑海里，这是一种对于眼睛的重要性来说非正式的衡量标准。但是，大脑不允许身体任何器官“只做它自己”，还要赋予它们象征性的作用，让它们在人类寓言式、情景剧般的精神世界中扮演重要角色。由于其他动物认知世界的视角是专有化、机械化的，无疑会产生一些错误概念。但如果它们也能像人类那样，通过镜像看到真实的世界和真实的自己，它们可能会秘而不宣。人类则不同。比如：古希腊人将眼睛看作视觉伙伴，像蝙蝠的导航声呐一样发出微弱的波，或者像一个询问者在索要答案。现在我们知道，眼睛可以等待并处理它接收的电磁信号。视觉产生的根源，是主观的大脑将客观的眼睛当作了显像器。

克里斯托弗·伊舍伍德的小说《再见柏林》中的叙述者说：“我是一架快门永远处于开启状态的照相机，我被动而惰怠，只记录，却不思考。”伊舍伍德是想说，观察是艺术的原料，而不是眼睛本身。眼睛在观察的过程中起的是客观作用，而对视觉信息的解读、判断，甚至往哪个方向看，都是由大脑做出的决定。物体一旦进入视线，观察过程便开始启动。由于眼睛只接受光，所以人们通常将眼睛看作窗而不是门。电磁光谱的可视部分是物理性的。太阳发出的光子八分半钟后能照进我们的眼睛（太阳释放的巨大能量，只有一小点儿能够被地球捕获，光子就属于这“一小点儿”能量）。光在古代是宇宙之火，是英国物理学家弗兰克·克洛斯所称的“电磁力的荣耀”，它实实在在地照射进我们的眼睛，点燃了我们大脑中微弱的电化学之火，启动我们周围世界的成像过程。

感官之间彼此联系，层级次序有高有低，而视觉的主导地位有力地证明了这一点：眼睛为王。要凸显其他感觉器官，就必须先将眼睛“降级”。詹姆斯·乔伊斯（爱尔兰作家、诗人）在《尤利西斯》的开头部分写道：“斯蒂芬闭上眼睛，听着自己的靴子踩在海草和贝壳上的咔咔声。”视觉在人脑中占据了最重要的地位，对此，笛卡儿（法国数学家、哲学家）归纳了一个公认的观点：“我们生活的方方面面都依靠感官，而视觉是其中最高贵也最普遍的一种。”在笛卡儿之前，列奥纳多·达·芬奇说：“眼睛是心灵之窗，它产生了最重要的感觉——视觉，因此，我们可以最彻底、最充分地欣赏到无数自然奇景。”

就像摆弄、改装其他任何东西一样，法国作家马赛尔·普鲁斯特把“眼睛是心灵的窗口”换了种说法，他说：“眼睛的独特性使它变成了一面镜子，我们由此产生一种幻觉——和身体其他器官相比，眼睛更容易通达心灵。”但别忘了，这实际上是一种错觉。对视觉的依赖会导致对表象的迷恋，在这一点上，我们早已名声在外。虽然威廉·布莱克曾直截了当地宣称，“人只有通过天生的身体器官才能感知万物”，但他也担心，人们如果太相信“眼见为实”，则可能会受骗。如果想要及时分辨假象，了解现实，则不妨引用演员塔卢拉赫·班克黑德在梅特林克[①]的戏剧中说过的话：“眼见未必为实。”

你无法瞥见他人的灵魂，但当你注视他人眼睛的时候，却

① 梅特林克（1862—1949），比利时剧作家、诗人，曾获1911年诺贝尔文学奖。——编者注

可以真切地看到自己。Pupil（瞳孔）一词就来自拉丁词 Pupilla，意为“小玩偶、小娃娃”，因此该词还可用于描述“学生”，也可以指我们映射在别人瞳孔上的小小影像。英国诗人约翰·多恩对自己的情人说：“我的脸映在你的眼中，你的脸映在我的眼中……”罗尔德·达尔的儿童小说《世界冠军丹尼》中的主角丹尼，在描述一个人时会说：“他眼大如牛，并且离我如此之近，我几乎能在他的两个瞳孔中看到自己的‘倒脸’。”作为作家，达尔最大的优点是他有天马行空、奔放大胆的想象力，因此不免会疏于观察，从而脱离现实。事实是，丹尼的目光不可能直接从对方的角膜投射到自己的视网膜上，形成垂直的倒置影像。光线通过晶状体在视网膜上形成倒置的影像，但是眼球上的反射影像并不是完全垂直倒置的。文艺复兴时代的权威都认为，视觉是在晶状体之内形成的，列奥纳多·达·芬奇通过解剖才发现这是个错误的认识。他还观察到，呈现在视网膜上的影像是上下颠倒的，并思索人类又是如何将原本颠倒的影像自动反转的。

古希腊女诗人萨福对她的情人说：“我要你展露你眼睛的率真之美。”虽然眼睛并不能够时刻反映心灵，但是对于那些没有受过政治和其他专业领域训练的人来说，他们在说谎时，眼睛会透露很多内容，所以他们的眼神会显得躲闪。《所罗门之歌》中的一个热血情人叹声道：“把你的眼睛从我这里移开，因为它们已经把我打败。”不同职业的人对脆弱的面部加以防护，用具包括防护眼镜、击剑面罩、潜水镜等，它们可以用来隐藏表情，但同时，它们也会阻挡使用者的视线，给他们带来麻烦。人类发明太阳镜不是为了把眼睛遮掩起来。好几个世纪以来，因纽特人用骨头和木头做成炫光护目镜，只留一条缝隙用于看见物体，这一用具很快就得到了一个绰号——“蒙蔽者”，因为它成了视觉障碍物，使人看不清楚。有时，为了强化自己精心维护的不可战胜的形象，警官和犯罪分子都会戴上墨镜或反射式眼镜，以免对手捕捉到他们哪怕丝毫的情感信息。在 20 世纪 50 年代有关 3D 电影（立体电影）观众的老照片上，一排排观众戴着 3D 眼镜，眼睛隐藏于镜片之后，有种很诡异的视觉感受；在 20 世纪 40 年代原子弹爆炸试验的老照片上，观看者都面戴防护墨镜，他们带有一种令人心碎的纯真劲儿，正耐心地等待着试验的开始。若不是为了躲避潜在的危险，面无表情的“墨镜脸”就变得酷帅而美好了。一些社会名流深知，把眼睛遮藏起来会让自己显得更加神秘而富有魅力。墨镜是名流参加好莱坞社交舞会、戛纳水边嬉戏或躲避“狗仔队”的必需装备。它们是道格拉斯·麦克阿瑟将军的标志，也是演员杰克·尼科尔森和时尚大师卡尔·拉格菲尔德（“老佛爷”）的标配。

激烈的面部表情需要眼睛的配合。凝视和瞪视会传递出强烈的信息，不禁让人想道：“假如眼神能杀人……”长久以来，无数人都认为眼神可以杀人。世界上有很多种关于“恶毒之眼”的说法。在第一章，我们曾提到某些宗教关于丢弃头发的规矩。波斯古经《阿维斯塔》也是一部痴迷于数字的伊朗文经典，它认为注视“恶灵”阿里曼的眼睛，可以引发 99 999 种病痛。科尔里奇（英国湖畔派诗人）的作品《古舟子咏》中的水手们，用眼睛对老水手进行诅咒。在古希腊神话中，戈尔贡三姐妹之一的蛇发女妖美杜莎，能把任何直视她眼睛的人变成石像。珀尔修斯为了能够最大限度地接近美杜莎、割取她的头颅，不得不看向她水中的倒影，以确保自己能够完成使命（后文还要提到美杜莎）。古罗马作家老普林尼在公元1世纪的《自然史》中，讲述了希腊语法学家伊希戈努斯讲过的一个故事：据说，特里巴利人和伊利里亚人就用“看”来对人施咒，他们想让谁死，就长时间地盯视他，愤怒的眼神杀伤力更大。老普林尼还提到，大人们更易受“恶眼”的诅咒，但他可能没想到，这是因为大人们深受迷信行为的蛊惑，而小孩子还未受到太多的影响。顺便说一下，并不是所有人都认同老普林尼的看法，小孩子也不一定能够抵御“恶毒之眼”的凝视。在罗马尼亚的农村，人们把镜子藏起来，不让学步的幼童看到，以免孩子在无意中瞪视镜中的自己而受到“恶眼”的侵扰。

因为人看物体时会将两只眼睛聚焦于同一个对象上，用精密的方法确定距离和视觉深度，所以人的视觉具有“双目并用”的特征。这种特征为脊椎动物所独有，每个视觉正常的脊椎动物都是用这种方法来看物体的。通过双眼，两个物像进入大脑，然后形成“视网膜像差”——在双眼后部视网膜壁上形成的物像稍有差异。物体越近，物像差异越大。照片中两个并排放置的东西最有可能同时成为焦点，而位于它们前后的物体就有可能在焦点之外。像立体感幻灯机能将两张相似的照片交叠起来一样，大脑可以将两幅视图合成一个具有清晰景深的影像。

“双眼深度知觉”是个奇妙的概念。万一你决定创造一种动物，那就不仅仅要考虑把它的双眼放在哪儿了，还要考虑“全景域”，即某一生物保持头部不动的时候能看到的最大范围。你可以用“周边视觉展示法”测量自己的全景域：保持头部固定，向前直视一个点，然后将双臂向两侧伸展，再向后伸，同时转动眼珠追随手臂，直至看不见，这样可见的范围就是你的“全景域”。眼睛长在前面的动物，“双目重叠域”更大；眼睛长在两侧的动物，在近身的区域能看到的更多。由于捕食动物需要追逐猎物，因此眼睛多长在前面，便于盯视、捕获眼前的猎物，而被猎捕的动物眼睛长在头部两侧，便于谨慎地观察四周。猫头鹰和其他猛禽的眼睛长在前面，使它们看得更远；而知更鸟和椋鸟的眼睛则长在两侧，让它们看的范围更广。猫科动物的眼睛长在前面，便于用目光锁定眼前的猎物；而兔科动物的眼睛则位于两侧，便于眼观四周、探知危险。像其他杂食灵长类动物一样，人类的眼睛也长在前面。

生物学家推定，现代灵长类动物最后的共同祖先，很可能生活在树上，因为灵长类动物的手掌与树栖动物的爪子很像。但是，将“树栖进化理论”的适用范围扩大到灵长类动物身体的其他器官，并不见得总有道理。现在，很多科学家都抛弃了这个观点，即灵长类动物的视物方式，是适应丛林生活的结果，因为他们需要在树林间飞奔跳跃。英国人类学家马特·卡特米尔指出，“虽然双眼长在头部的前侧确实可以增加立体视觉弧度”，但是，产生的“双目重叠效应”缩短了“立体深度视觉可以作用的距离”。他并不认为树栖哺乳动物会拥有更大的大脑或者嗅觉敏锐度会降低，人类往往会给其他灵长类动物贴上“这是适应生存环境的结果”的标签。我们看待事物的视角要不断地变化和修正，才能保持科学的灵动性。

不管过去的人类对环境的适应性如何影响我们的视觉、决定我们眼睛生长的位置，“观察”的行为本身绝对是一种天赋，我们应该铭记这一点。“设计论”① 的支持者，多是按字面意思理解《圣经》的那些人，他们争辩说，自然的复杂性是上帝存在的最佳证据。上帝设计论最著名的表述，是英国牧师威廉·佩里所做的。在其 1802 年发表的《自然神学》一书中，他用优美、生动的语言娓娓道来，阐述了自己的观点。在书的开头部分，他使用了那个广为人知的钟表匠类比，用以解释自然和人造之物的区别。他说，如果在旷野里发现一只手表，从它的复杂程度可推断，一定是某个聪明智慧的钟表匠为某个目的所造的，而钟表匠本人却是上帝的有意之作。然后，他将人的眼睛和望远镜做对比，并且断定，“不证自明，人的眼睛正是为上帝所造、用来观察物体的，望远镜则是为人所造、用以辅助眼睛的”，还很详细地阐述了这一观点。

---

① 设计论是证明上帝存在的三论之一，其他两论是本体论和宇宙论。——译者注

1986年，英国著名演化生物学家理查德·道金斯发表了影响深远的著作《盲眼钟表匠》。他在书中驳斥了佩里的目的论和引用的例子。他认为："望远镜和眼睛、钟表和生物之间的类比是错误的。"达尔文发现的自然选择过程是盲目的、无意识的、自动的过程。现在我们了解到：自然选择是生命存在的原因，显然也是所有生命形式存在的目的。自然选择本身没有思想和目的性，不为将来而计划。随后，道金斯论证了结构复杂精密的人类眼睛，在演化过程中可能经历了怎样一系列细微的变化。对此，他在之后出版的《攀登不可能之山》中，用大量笔墨详细地加以论述。在无限广阔的时空中，还将有无数人不断探索和发现更有价值的信息。

道金斯仔细研究了神创论中的漏洞，比如，神创论者相信上帝需要他们来帮助证明其存在，他们认为眼睛的结构极为精巧，需要角膜、虹膜、视网膜、晶状体、眼房水等各部分完美协调，才能行使功能。这显然不是演化论所能解释的，因为"毫无章法"的大自然怎么能指挥各部分同步互动、协调一致呢？道金斯回应道，眼睛并不是只在完善工作时才有用。举个最简单的例子：大多数视力受损的人即使不戴眼镜，也仍然可以躲开障碍物，正常生活。有限的视敏度不等同于失明。对于躲避捕食者的动物来说，即便是对日光下阴影的基本反应也至关重要。对于一种生物来说，其感光技艺的每一次进步，都意味着该生物防御系统的增强——它会对周围的环境变得更加敏感。正如科学作家丹尼尔·麦克尼尔所说：最开始，初级的光感受器操纵着原生动物的视觉，此后，动物眼睛的演化进程就变得清晰可见了。节肢动物、无脊椎动物和脊椎动物的视觉器官差异明显且异常复杂，它们各自都经历了无数次的进化和发展。

当然，在佩里和道金斯的论述之外，还有其他观点。适者生存演化论像地心引力一样容易得到证明，它既不排除又不驳斥某种支配性神力的存在。还有，眼睛的复杂程度也在某种程度上证实了古代希伯来寓言。科学帮助我们理解世界运行的方式，但科学没有告诉我们是谁启动了世界的运转，是谁每日调整它转动的节奏，是谁倾听着我们的祷告。对于很多人来说，科学关注的是我们周围世界严酷的现实，如同绘画、宗教、诗歌一样，科学对世界充满恭敬和赞赏。关于人眼的科学发现，可以证明世界的奇妙与荣耀。我们与其他生物一样，都在四处奔走、张望。据我们所知，面对绮丽的美景，人类是唯一会感到目眩神迷的动物。

倨傲之眉

查尔斯·狄更斯擅长为他笔下的角色赋予一些怪异的体态特征，以此把人物塑造成经典，甚至成为一种意象。他只用一个特征，就把那个虚伪油滑的人物尤赖亚·希普（《大卫·科波菲尔》中的反派人物）塑造得栩栩如生，他写道：那个卑微的小流氓没有眉毛。眼睛上方没有毛发虽然罕见，但并没有什么危险。即使没有眉毛，甚至全身各处都没有毛发，我们也能生存，但问题是，眉毛的一些重要功能，我们就无从得知了。眉毛能够阻挡尘埃和汗水，从而保护眼睛。眉毛一旦缺失，人们首先会注意到这种保护功能的消失。科学家们曾经与西塞罗的观点一致，认为保护眼睛是眉毛的首要功能，但这种“遮阳棚理论”最终被“表情论”取代。

眉毛最重要的工作似乎是作为配角，辅助眼睛这个主角表达感情。有关面部表情的研究显示，眉毛在快速表达情绪和执行其他交际任务方面至关重要。最明显的是，人们在表示惊讶时会高高挑起眉毛，沉思时则会蹙眉。除此之外，眉毛还可以表达很多情绪，比如耸肩或赞赏。眉毛会给眼睛添加一个特别的轮廓，把人们的注意力吸引到下方的眼睛上，漫画家们一直深谙此道并积极运用。在老动画片中，人物的眉毛会从脸上跳起来，以表达吃惊或沮丧，这是一种简图式表达，与眼球从眼眶里伸出来或蒸汽从耳朵里冒出来的表达方式类似。一年一度的“搞笑诺贝尔奖”用来表彰或讽刺那些令人惊异的科学研究（比如第十章会提到的“肚脐绒毛研究”）。2002 年，这项活动的主办者马克·亚伯拉罕解释说：“这些研究项目令人‘扬眉瞠目’，有些甚至让你‘表情尽毁’。”

科学家把人类和其他灵长类动物这种独特的挑眉动作称为“闪眉”。在许多场合下可以看到这种符号性表达，在首次见面时尤为明显。达尔文在 1871 年的重要著作《人和动物的情感表达》中，论述了狒狒和其他灵长类动物的眉眼动作。作为一个慈爱的、宠溺孩子的父亲，达尔文用数天时间观察和记录孩子们的发育和成长，并与动物园中灵长类动物幼崽的类似行为进行对比，结果发现并无太大差异，诸多下午的潜心研究，终于取得了成效。对灵长类动物更为系统的研究始于20世纪后半叶，之后，科学家们积累了不少眉眼行为方面的记录资料。美国灵长类动物学家和神经生物学家罗伯特·M. 萨波斯基研究野生狒狒多年。他描述了一只好色的年轻雄狒狒的行为，它在路上碰到两个路过的雌狒狒，对它们做了一个“闪眉”，“这只雄狒狒就像在‘脱帽致意’”。

如同标志化的漫画形象和舞会面具一样，美国演员格劳乔·马克斯也具有一张标志性的脸，成就这张脸的是他具有传奇色彩的眉毛和胡子。他眉毛一扬，风流尽显，而其他演员需要用一整套的微表情才能将同样的感觉表达出来。像马克斯一样，查尔斯·卓别林最初也是舞台剧演员，需要在舞台脚灯前近距离地面对观众表达细腻的情感，因此眉眼表情至关重要。还有默片巨星蒂达·巴拉和舞蹈家列奥尼德·马辛等，也使用这种方法进行表演。程式化的、夸张的面部表情，也是日本歌舞剧和能剧的组成要素。

公元前4世纪的希腊演讲家德米特里厄斯说，“眉毛只是脸部一个小小的组成部分，但是它们表达出来的蔑视，可以使整个人生黯淡无光”。源于拉丁语的“目空一切”一词，就与眉毛相关，它指的是用眉毛表达“轻蔑、鄙视”。善于描写细节的作家弗拉迪米尔·纳博科夫在他的自传里，精准地描写并对比了两个家族的眉毛特征："高傲的、时感惊讶的纳博科夫家的人，长着上扬而直入鬓角的眉毛，但并不浓密；而科尔夫家的人，眉毛弯弯，却稀少疏淡。"弯眉传递的信息更多。《石中之剑》的作者 T. H. 怀特在其儿童小说《玛莎小姐》中描写过一个人，他总是用"扬眉瞪目"表达吃惊和不解。

甚至单条眉毛就可以表达一种情绪。美国侦探小说作家雷克斯·斯托特在其系列悬疑小说《尼禄·伍尔夫》中，这样描写讲述者阿奇·古德温：他能挑起一条眉毛，表达不解和怀疑，这个表情常让其上司恼怒不已，因为他自己没有这个本事。达尔文也对身边人的本能表情做了许多细致的观察，在其中一份记录资料中，他提到了这种能力："我注意到，一位年轻女士在竭力回忆一位画家的名字，她先是仰起脸看天花板的一角，然后转到另一角，她看向哪边，哪边的眉毛也随之扬起。其实，天花板那儿没什么可看的。"数年间，达尔文观察并记录了大量这样的细节。

促使达尔文撰写《人和动物的情感表达》一书的，还有两个鲜为人知的原因：一是人类眉毛与其他动物相似这一事实，二是眉毛及其功能是为神所造的观点。英国生理学先驱查尔斯·贝尔在 19 世纪前半叶，三次再版了其影响深远的著作——《表情的解构和哲理》。贝尔认为，上帝赋予人类特别的面部肌肉，以帮助人类相互交流，因为人类是上帝最得意的作品。贝尔通过收集、配置相关证据，试图将这一观点变为一种假说。达尔文写《人和动物的情感表达》一书时，强烈反对这种看法，并极力推翻贝尔的一系列观点。达尔文反对的不是个人宗教观，任何所谓的科学证据，都可以被公开反驳（即使在今天，这一点也让科学家们叹息，甚至愤怒。一旦他们的论文被认为是数据作品而非信仰之作，他们就得回应为什么不是信仰之作，并且要回答为什么其观点不是神造观）。1867 年，达尔文明确地对华莱士（英国博物学家）表达过他想"推翻贝尔爵士观点"的强烈愿望。科学史学家和达尔文传记作者珍妮特·布朗解释了达尔文此言的动因："如果达尔文能够证明人类面部肌肉具有更实际的用途，且这种用途可以把人类和自然界清晰地联系起来，那么他就能削弱贝尔的观点和其他自然神学观，就能进一步证实面部表情是进化的结果。"

达尔文驳斥了贝尔有关自主性肌肉控制的观点。贝尔声称，人类的表情比动物丰富得多。这里有一个重要知识点需要了解：扬眉的动作主要是颅顶肌牵拉的结果，低眉则由降眉间肌控制，而蹙眉主要由皱眉肌完成。贝尔认为，皱眉肌"是人的面部最值得关注的肌肉，它凭借一股强力把眉毛拧蹙起来，不明所以且不由自主地表达出人们心中所想"。达尔文说道，法国神经病学家杜兴·德·布伦曾把皱眉肌描述为"沉思肌"；基于它在一系列表情中的功能特点，达尔文自己把它叫作"困难肌"。贝尔还认为，皱眉肌和面部其他肌肉为人类所独有，这些特别的天赋使人类能够做出"其他动物做不出来的组合性肌肉动作"。他错了。达尔文在手头的贝尔著作——《表情的解构和哲理》一书中批注道："他可能从没解剖过猴子。"正如达尔文所指出的那样，人类毛发浓密的近亲也会蹙眉、皱眉和“闪眉”。对此，维多利亚时代的自然学家可能会说：虽然人类近亲能做出和人类一样的肌肉动作，但看上去还是没有人类聪明、睿智。

达尔文记录了对人类眉毛进行的实际观测和理论抽象的过程，在此过程中，他会情不自禁地拿以往的奇谈和自己的研究相对照。比如，他引述了17世纪法国画家夏尔·勒布伦关于惊恐表情的论述：“（惊恐时）一高一低的眉毛给出的表情含义是，扬起的那侧眉毛意欲向大脑靠近，好像要寻求保护，不受心灵所见的魔鬼的侵袭；低下去的那条眉毛看上去肿胀、膨大，似乎是从大脑跑出的幽灵们把它放到了这个位置，为的是保护心灵，使心灵不受它所惧怕的魔鬼的侵害……”达尔文排斥勒布伦的这些奇思异想，将其称作“令人吃惊的一派胡言”，比照之下，达尔文阐述了自己基于观察所形成的推理。

然而，在达尔文时代，眉毛仍然具有象征性意义。到1882年达尔文去世时，highbrow[①]一词的意思是“聪明理智的”“有教养的”，随后该词便被用于嘲讽“假博学者”“自命不凡的文化人”。几十年后，从该词又衍生出了反义词lowbrow，意指“教养浅薄、文化修养差的人”。虽然middlebrow听上去好像是托尔金造的一个词，但实际上，它指的是所谓的知识分子眼中一切平庸的人或想法。从lowbrow的定义可知，文化修养不高的人从来不会把该词用来描述他们自己或其他人。1925年，英

① 在highbrow一词中，brow意为“眉毛”。——编者注

国幽默杂志《庞奇》用一种聪明的说法界定了 middlebrow 一词："它指的是这样一类人——他们希望自己有朝一日会对应该喜欢的东西习以为常。" Broadbrow、mezzo-brow 这样与眉毛相关的创造词则很快就消失了。

19 世纪意大利的犯罪学家龙勃罗梭认为，凶恶的犯罪分子外在的一个身体特征，就是"鼻根上方的双眉连成一线"。爱尔兰作家布拉姆·斯托克将吸血鬼德古拉描写得如同龙勃罗梭素描中的吸血鬼一样，甚至眉毛都毫无二致："他的眉毛非常浓重，几乎在鼻根上方相连，看上去卷曲茂盛。"这种眉形并不罕见。人们的左右眉毛经常会慢慢地长在一起，形成一条长长的、深色的"树篱"。最著名的"一字眉"为墨西哥画家弗里达·卡罗所拥有，她在自画像中多次对此进行描绘和艺术夸张。有些族群的眉毛比其他族群的更为浓重，有连眉的倾向。在古希腊和古罗马，连眉曾一度受到推崇，有些妇女由于左右两眉过于分开而被诅咒和嫌弃，于是她们就用眼影和其他化妆品将两条眉毛连接起来。古罗马诗人奥维德和古罗马庭臣彼得罗纽斯都提到过妇女用动物皮毛制作的假眉毛。

在世界的另一些地方，人们试图将眉毛变得细而淡，而不是粗而浓。在莎士比亚晚期的戏剧《冬天的故事》中，有一段有关妇女重整眉毛的有趣对白。玛弥留斯是西西里岛里昂提斯国王的小儿子，他的母亲赫尔迈厄尼发现小王子精力过于充沛，总是生惹是非，于是要把他塞给旁边的侍女，但是玛弥留斯拒绝跟那个侍女在一起，而是选了另外一位。小王子拒绝第一位侍女的原因成就了莎士比亚一段不太切题但观察入微的旁白：

> 玛弥留斯：我更喜欢你。
>
> 第二位侍女：为什么呢，我的小主人？
>
> 玛弥留斯：因为你的眉毛没别人的黑。人们都说，女人最喜欢黑眉毛，女人们用铅笔勾出黑色的半圆或半月形的眉毛，而真眉毛差不多都看不见了。
>
> 第二位侍女：这些都是谁教你的？
>
> 玛弥留斯：我从女人的脸上看到的。

虽然这个情节带有一点儿可爱的莎士比亚剧的特质，但是玛弥留斯观察到的细节并不稀奇。埃及艳后克莱奥帕特拉改变眉形，很可能是为了满足幻想，追逐风尚。当时流行于古地中海地区的时尚风潮，从那个时代无数的绘画和雕塑作品中可见一斑。在公元 1 世纪的埃及法雍地区，人们把死者的肖像画在木乃伊上面的镶板上，假如这些令人难忘、栩栩如生的木乃伊画像真实可信，那么我们就可推断，当时的妇女衣着优雅，但是从不修整她们高贵的眉毛。在 16 世纪的第一个 10 年里，意大利僧侣菲伦佐拉在《谈女性美》一书中，不厌其烦地谈论过女性的眉毛："眉线不应该是平的，而应是弯弯的拱形，渐渐地弯向头顶的方向，平缓温和地上扬，然后在鬓角的顶点，再突然下降。"到文艺复兴时期，女性常常剃眉或拔眉，只留下淡淡的眉迹。这一时期的圣母像，比如兰迪风格独特的《圣母子与受洗者圣约翰和圣凯瑟琳》的画作中，就展现了优美的眉形，该眉形又在20世纪早期的女演员珍·哈露和玛琳·黛德丽的脸上再现了。有些评论家观察到，女性的眉毛本来就淡一些，拔掉一些眉毛会更凸显女性特质。但是，正如科学作家丹尼尔·麦克尼尔指出的那样：在世界上的许多文化中，妇女都拔眉。从痛恨脸部毛发的亚马孙部落，到由于宗教原因拔眉的哈乃斐派穆斯林妇女，不一而足。人体任何可见的部分被夸大、减少或移除之后，就会变为一种新的符号。自然之物与文化视角交融互动，传递着人类丰富的表情。

这种修眉的传统至今仍然兴盛。许多男女都整饰眉毛，把它们修成流行的样式。20世纪50年代，索菲亚·罗兰浓重而丰盈的眉毛使她更加性感迷人。但是10年后，她剃掉了浓眉，然后重新画上去。在特写镜头里，她这一时期的眉毛看上去更像德国画家丢勒铜版画素描中的眉形。

眉毛的时尚潮流变化，在渴望创新的时尚界和电影业表现得尤为明显。在整个电影史中，男女演员一直在影响着那些坐在黑暗中欣赏大银幕画面的无名观众的审美观。奥黛丽·赫本、伊莎贝拉·罗塞里尼、波姬·小丝、多萝西·丹德里奇等女演员独具特色的眉毛，早已被大家竞相模仿。眉毛也和其他地方一样，需要精心的雕琢，但有个周期性的规律是：再极端的流行也总会返璞归真。

大多数关于眉毛的文章、书籍都聚焦于女性，其实男性对眉毛的关注更多。在1934年的《瘦人》一片中，扮演尼克·查尔斯的威廉·鲍威尔穿着无尾礼服，一杯马提尼在手，轻挑弯眉，眼露狐疑之色。如果克拉克·盖博、艾尔维斯·普莱斯利、肖恩·康纳利等男演员没有异常生动、引人注目的眉毛，他们的脸是否还会如此摄人心魄、令人难忘呢？两道小小眉毛如此引人注目，是不无道理的，以至英国诗人马修·普赖尔诘问："没有眉毛，眼还是眼吗？"

眨动之眼

当眉毛的挑动表达稍纵即逝的情感时，眼睛也在不断地闭合。眼睛是脸上最勤奋的器官。眼睑部位聚集着一触即发的"警报装置"。这进一步说明眼睛在结构等级中处于非常重要的位置。只有1毫米厚、微微透明的眼睑，是身体皮肤最薄的地方。有些学者认为，眼影最初的作用是遮盖眼皮上可见的血管。然而，这一处看上去脆弱不堪的肌肤却布满了各种有用的"工具"。功能各异的神经细胞聚集于此，或是为了适应温度变化，或是为了阻止异物的侵扰，或是为了抵御可能的袭击。在《人和动物的情感表达》一书中，达尔文描述了眼睛对突发噪声的自动防护性反应："自动防护行为启动时……眼睑开始眨动，目的是保护身体最脆弱、最敏感的器官——眼睛……"

当没有紧急情况、无须采取快速安全措施时，眼睑就会平稳而有规律地做简单但重要的眨动动作。一次眨眼大约持续六分之一秒，大约每四秒眨动一次。假如眼睛不再眨动，比如使劲儿憋着、拼命抑制自主眨眼，我们就会发现眼球很快就会因失去水分而变得干涩。为了保持眼睛湿润，使它仍然像生活在水世界的人类先祖的眼睛那样转动自如，我们随时需要关闭眼睑，暂时进入自主“失明”状态。眨眼能够阻挡漂浮于空气中的尘埃和微粒，眼睑扫过眼球表面时犹如雨刷器扫过车窗玻璃。为了高效地完成这项工作，眼睛会自动产生润滑剂。就像汽车制造商知道如何添加玻璃水，如何使其喷射到挡风玻璃上协助机械雨刷器工作一样，人的眼睛也会生成一种液体，眼睑将其推至角膜。没有这种实用的润滑剂，眼睛就失去了浪漫的光芒，眼睑就会像雨刷器在无水的挡风玻璃上干刮一样，费力艰涩地干刮，眼球也会变得干涩无神。伊丽莎白·巴雷特·勃朗宁在她的《葡萄牙十四行诗集》中说，人在死亡后，眼睑像大理石般干枯，借以表达对清澈明亮的美目的赞赏。

泪腺是分泌泪液的器官，位于眼眶上方，远离鼻腔的泪腺窝。它在工作时产生的泪液，顺着细小的排泄管进入眼球表面，在有规律的眨动中，眼睑先是把泪液均匀地布满眼球，对其进行润泽，几秒之后，眼皮迅速抬起，重复湿润眼球这一过程。泪液中含有蛋白质、抗菌化学物质等溶质，可以保护眼球。冲刷眼球的眼泪由两根小导管收集，它们位于眼睛的中内侧。这些导管为肉眼可见。许多人认为，是这些靠近镜子就能看到的导管产生了泪液。实际上，它们的功能像排水口一样，负责收集水分，然后将其引导到鼻侧的泪囊，水分从那里流入鼻腔。大约有四分之一的水分从眼球表面蒸发，其余的则进入泪囊，或者溢到脸上成为泪水。这就是为什么当悲伤电影、风吹、感染等引发流泪或泪水积聚时，我们就会抽鼻子。

眼睛的后部是视网膜成像之处，视神经将图像传给大脑，供其分析和解读，为了让光照进此处，眼睛前面最外层的角膜必须是透明的。如身体其他器官一样，角膜也需要氧气，但给角膜供氧的血管会阻碍视觉。演化进程没有止境，直到眼睛演化到能适应各种情形的程度。多数哺乳动物进化出了绝佳的适应力，比如，泪腺能满足眼睛的供氧需求，氧气溶入眼泪，从而滋养角膜。

连小小的角膜都被人类赋予了无穷的想象力。眼睛的眨动代表着短暂的时间，于是我们常这样抱怨：都没时间合一下眼[①]。眨眼只需极短的瞬时，因此可以用来形容其他极小的事物。在《白鲸》的最后一章，亚哈冥想道：从孩童时代第一次见到大海至今，它一点儿也没变[②]。因为眨眼代表着眼睛的休息，即瞬时的失明状态，所以，英国科学家约翰·廷德尔曾疾呼："如果仅仅因为某些事实不合我们的趣味就无视它们[③]，那这就是怯

① 合一下眼（sleep a wink），其中 wink 是"眨眼"的意思。塞万提斯和莎士比亚都用过这个短语。——译者注

② Change a wink，意为改变一点儿。文中是否定式用法。——编者注

③ Blink facts，意为无视事实。Blink 也有"眨眼"的意思。——编者注

懦的行为，也是毁灭性的行为。”

有时人们对眨眼的看法也会有些极端。英国女作家费伊·威尔登的作品集《坏女人》中的一个人物说：“治疗师、新时代的人和重生的基督徒，都很少眨眼睛。眨眼代表新观点的产生，而皈依宗教者都无意接受新观点。”在英国的某些乡村，能用恶毒的眼光施咒的人叫作“瞥视者”（blinker）。如果一头牛生病了，或者不怎么产奶了，人们就认为它被“瞥视”了。显然，这类有关眼睛的象征性行为现在仍然有效。美国演员芭芭拉·伊登在1960年的电视喜剧《我梦见珍妮》中扮演的角色，用双臂交叉和双眼眨动的动作来施展她的魔力。

显然，频繁眨动眼睛是生理或心理的原因，抽搐性眨眼通常是不安的表现。相反，慢速眨眼则折射出自信与强大。眨眼是一种自主的行为，但它也可以被人为操控。人可以自己决定眨眼的速度。人们可以用快速眨眼的方式去调情，也可用慢眨眼的方式去取笑别人，眨眼还可以表达友情。

人眨眼的习惯与生俱来，不管是对自己还是对别人的眼睑眨动，我们往往都习焉不察，在眨眼的速度和节奏发生改变的时候，我们才意识到眼睑的存在。20世纪90年代，美国电视节目主持人冈贝尔抱怨说，新闻主播丹·拉瑟从来不眨眼睛，这让他感到紧张。实际上，用不眨眼的盯视让对手不安，是一种常用的方法。有的字典把unblinking（不眨眼）一词界定为：不流露任何感情。

科学家们在许多灵长类动物身上都观察到了这种“盯视较

量”，这一情景在学校的操场上很常见。在权力角逐中，人们往往会进行真正意义上或隐喻意义上的“盯视比赛”，此时，正是这种“策略”大显身手的时候。1962年10月，在古巴导弹危机中，时任美国国务卿的迪安·腊斯克尖刻地发表了他对美俄“核武僵局”的看法：“我们瞪眼对视[①]，我觉得对手刚刚眨眼了。”

梦之眼

> 人们在一个世界睡着，却在另一个世界醒着。
>
> ——萨尔瓦多·达利，西班牙超现实主义画家

眼睛眨动的时间太短，所以我们觉得眨眼时眼睛并未闭上。人类的眼睛勤奋异常，很少歇工，甚至连睡觉时都在不停地眨动。几个世纪以来，许多观察力强的失眠症患者注意到：在睡梦中闭合的眼皮下，人的眼球有时仍在转动。但是科学家用几个世纪才注意到这一现象的重要性。在很长一段时间里，心理学家和生理学家都认为睡眠是纯粹无意识的“停工”时段，没有研究价值。直到1913年，法国心理学家和神经科学家亨利·皮埃隆才发表了第一篇关于睡眠的生理学研究论文《关于睡眠的生理学问题》。不久，第一位全心投入睡眠研究的美国生理

---

① Eyeball to eyeball，意为瞪眼对视。——编者注

学家内森尼尔·克莱特曼，在繁荣喧嚣的20世纪20年代，整夜地不眠不休，观察处于睡眠状态的人们。他不知疲倦地工作，赢得了“美国睡眠研究之父”的名号。尽管他有过许多不眠之夜，但仍然活到了104岁。他有关昼夜节律的开拓性研究，包括睡眠剥夺实验、夜间觉醒周期实验，以及不同人群的睡眠状况研究。

睡眠课题将许多富有才华的研究生吸引到了芝加哥大学生理学系克莱特曼的实验室。1952年，他的学生尤金·阿瑟林斯基成了第一个监测和解释睡眠中眼动周期的研究者。他让克莱特曼相信，电子示波器指针的快速抖动实际上记录的是眼动频率，而不是电子管放大器产生的电噪音频。克莱特曼担心同行会质疑这一发现，阿瑟林斯基就建议拍一部关于眼动的影片，让肉眼也能观察到眼动的情况。遗憾的是，当时的电影拍摄器材和医学监测设备一样笨拙低效，摄影机的噪声常常吵醒实验对象。摄影任务主要由阿瑟林斯基的助手威廉·德门特担任，最后德门特从数小时的夜间拍摄素材中（实际只有5%的素材涉及眼动），提炼出了一部三分钟的纪录片，这是第一次对睡眠过程中眼球转动情况进行的视觉记录。

眼球转动这种睡梦状态的外部证据，给研究者提供了看得见的线索，他们据此可以知道什么时候应该叫醒实验者，并询问他们在梦中那么用力地追索着什么。阿瑟林斯基和克莱特曼开拓性的工作是睡梦研究的真正开端。睡眠中“快速眼动”（REM）的概念至关重要，由此产生了另一个概念——“非快速眼动”（NREM），用于描述无意识睡眠阶段的特征。20 世纪 50 年代末期，威廉·德门特解释了现在被称为“睡梦周期”的现象，并阐述了睡梦和睡眠期间 REM 之间的联系。对快速眼动现象的研究催生了一系列新的理论。近几十年来，科学家们取得了初步的共识，就是 REM 对学习过程和记忆形成起着决定性的作用。有些研究者提出，REM 有助于保持“皮质内稳态”，即对大脑皮层的实时维护状态。REM 与大脑发育相关联，这一理论的产生基于以下发现：婴儿每天平均有 8 小时处于快速眼动状态，而到成人阶段则降低到平均每天不到两小时。20 世纪 80 年代初期，格雷姆·米奇森和弗朗西斯·克里克提出，REM 对记忆并无帮助，反而有可能加速忘记，忘记那些无用、散乱的联想信息，清理信息通道。新近的研究表明，“睡眠有助于记忆的形成”这样一个存在已久的观点，可能要被推翻。

当我们只局限于用自己的语言想问题时，就会认为人类是独一性物种，并基于此进行理论建构。不进行代表性更强的比较性研究，其结果就是可能失去对问题更深入的理解。许多其他的动物也体验得到睡眠中的 REM。1958 年，德门特发表了第一篇记录人类以外的动物——猫的睡眠周期的论文。大多数哺乳动物都有 REM 周期，包括盲鼹鼠、近盲的蝙蝠和深海鲸。有些鸟类也有 REM，但是它们的近亲爬行动物就没有任何 REM 表征。

以前，一些流行的 REM 功能观认为，其功能与睡梦和记忆有关。但是，1998 年的一项研究证明，鸭嘴兽的 REM，平均每天有 8 小时，比其他动物都长。这一发现对先前流行的 REM

功能观提出了进一步的挑战。鸭嘴兽是已知的最古老的哺乳动物之一——它甚至是卵生的——对这一古老物种的相关实验结果，反驳了所有这类观点：认为 REM 只是最近演化出来的功能，它在高级哺乳动物的学习和记忆过程中起着重要的作用。有较长时间 REM 的动物也包括粗尾负鼠、大犰狳、大棕蝠和黄金鼠。

以上研究结果表明，不管 REM 的功能是什么，它和响应性行为的学习过程并无关联。印证这一结论的还有一项研究：大象和长颈鹿经历的 REM 时间惊人地短。加州大学洛杉矶分校神经生物学家和精神学家杰罗姆 · 西格尔说："鸭嘴兽的 REM 时间超长这一发现有两点重要意义。一是鸭嘴兽通过睡眠似乎达到了补给充电、生长发育的目的；二是表明 REM 在动物进化的初始阶段就已经存在了，这一点更重要。"现在，科学家们正在思考：REM 或许与基础脑干功能有关。

今天，睡眠研究是一个蓬勃发展的领域。在全美 200 多个睡眠障碍研究中心里，科学家和医生进行着各项相关领域的研究：从夜班对雇员安全的影响，到增龄失眠、心肺功能失眠、抑郁失眠的后果等。研究者们把这一生机勃勃研究领域的起源点，确定为发现 REM 这一睡眠本质特征的时候。我们的眼睛绝对是梦境的"窗口"，是信使，是守卫，是隐喻。这一"窗口"即便不通向心灵，也可以通向远古，我们借此可以发现自己和人类远祖的亲密联系。梦在许多沉睡动物的大脑中舞动、飞扬。人的睡之眼盯视的可能只是眼皮下的空间，而梦之眼凝望的却是五彩斑斓的想象世界，梦眼如心移神驰的观影者一般，沉醉其中。

闭眼安息

哦，死亡，来把我的眼睛合上……

——无名氏（17 世纪小调）

我们眨眼时闭眼，睡觉时合眼。像上面的小调中所唱的那样，人们在离世时合上双目，由此产生“死亡是一种睡眠”的意象。千百年来，死亡与睡眠紧密相连。

1827 年，威廉·布莱克大限将至。此时他年届七旬。当时，世人严重地忽视和低估了这位诗人、雕刻家、画家、神秘主义者、艺术“疯子”，人们甚至都不愿承认当时的他是“勤奋劳碌的幻想家”——“幻想家”是对他最恰当的称呼。布莱克在诗中不仅栩栩如生地赞美了大千世界的视觉奇观，还亲自体验过许多美的幻象。他肯定地说，小时候见过先知以西结——就在“绿色的树枝下面”，还说他见过“站满天使”的树。他甚至把至高的创造力叫作“神之幻象”。最后不妨讲一件有关布莱克的逸事，这件事与眼睛有关。布莱克停止呼吸之后，他的朋友乔治·里士满走上前去，轻轻地把诗人睁着的、空洞的双眼合上。里士满说，为他合上双眼，是要帮他“将他的视觉想象力留在身体里”。

第四章

请听我说

顺风耳

不是所有面部器官的地位都一样。眼睛和嘴巴得到的荣耀最多。耳朵和鼻子一样，是许多人用于表达不满的身体器官。据说，1982 年，当伊丽莎白二世来到戴安娜王妃的床边，第一次看到刚刚出生的孙子威廉时，她说："谢天谢地，他的耳朵不像他父亲。"女王说出了万千民众的想法。这件事情可能只是杜撰，但即使她真这么说也不为过，因为查尔斯王子长着一双只有漫画家们才喜爱的像水罐双柄一样的长耳朵。除了查尔斯王子，好莱坞电影巨星克拉克·盖博也有这样的"殊荣"，在电影中有时还得不惜麻烦，用胶带把他那对大耳朵向后收一收。动画电影《兔八哥》在角色刻画方面，也对盖博的大耳形象有所模仿和借鉴（盖博在《一夜风流》中啃嚼胡萝卜的形象就被兔八哥模仿了）。

19 世纪末，美国建筑师路易斯·亨利·沙利文提出了一个不朽的主张："形式永远服从于功能。"如今，该主张融合了时代精神，变为头韵齐整、节奏明快的"形式服从功能"[①]，流传甚广，并被大力颂扬。沙利文是摩天大楼的设计师，是功能主义这一美学运动的支持者，他在提出这一观点时，并没想到把它与自然演化联系起来。但是，这一艺术主张也完美地适用于生物学家长期以来关注的领域——进化。进化将人的外耳塑造成现在的形状，是为了方便聚拢空气中的声波，并将其导入大脑。听觉的形成是生物性的，但耳朵形状的塑造却是物理现象。古斯塔夫·埃克斯坦在他的即席抒情诗中说："时光漫漫无涯，耳朵渐渐演化；彼时地球年轻，见证自然奇功……"他是在描述听觉器官的形成过程，也是在描述外耳形状的塑造过程。人头部两侧醒目的"装饰物"，叫作 auricle（外耳，拉丁语意为"耳朵"），或者叫 pinna（耳郭，拉丁语意为"羽毛或翅膀"）。生物学家用 pinna 来指代的事物非常广泛，既可指海象或海豹的鳍，也可指分叉的羽状树叶。

大自然经过漫长的时间才进化出黑猩猩式的耳朵和英国皇家式的耳朵。形态各异的耳朵是生物适应自然的结果。昆虫的耳朵可以长在全身的任何部位，这也是它们常常出现在科幻小说中的决定性因素。从生物序列上看，与人耳相比，有些物种的耳朵具有更加明显的远古特征。两栖动物和部分爬行动物甚

---

① "形式服从功能"的英文为 Form follows function，3 个单词均以字母 f 开头。——编者注

至都不具备从鼓膜到头侧的外耳道。鸟类没有外耳，猫头鹰头上看上去像耳朵的地方，其实只是一簇羽毛，只有哺乳动物才有由软骨和皮肤构成的外耳。有的哺乳动物的耳朵长得比人类的耳朵时髦、帅气。为了加深理解，我在这里列举三个例子，看看长耳大野兔、非洲象和叶鼻蝠的耳朵吧。非洲象和长耳大野兔的耳朵奇大无比，在酷热的天气中，它们可以用来散热；叶鼻蝠一般把它的大耳朵当作碟形卫星天线，用来接收它发出的超声波的回音，借此来定位并辨别物体。

像人类一样，厚皮类动物和啮齿类动物的耳朵形状和位置是同步进化的。我们的眼睛和耳朵都是双侧对称生长的。这种结构均衡、优美，但目的何在呢？答案可从物理学中找到。当声波传到头部时，必定从一侧耳朵传到另一侧耳朵。外耳汇集不同的声波，然后顺着耳道传入中耳、内耳，它们在内耳被转换成电脉冲。两耳接收声音的方式上的差异使大脑能对声音进行三角定位，以确定声源。这与眼睛的工作原理相当，双眼合作才能形成交叠视野，从而产生更清晰的深度知觉。当声音落在人类的听力范围之内时，碟形卫星天线效应就特别明显，这说明人类的听觉器官之所以有如此构造，就是为了方便听见彼此交流的声音，排除其他喧嚣鼎沸的杂音。人类听觉的双接收器系统可以辨识两个相差仅为两度的声音源。设想一下，你的头部处于一个 360 度圆圈的中心，听觉系统不断地对每个细微的声音来源进行精细的判断。你可能听到孩子赤脚走在地毯上的声音，能知道他正从哪个方向走来；你可能听见大头针落地的声音，可以根据它弹落地面的声响而探寻它的落点。双耳最基本的好处是：一只坏了，另一只还可以作为“自动防故障装置”。像成双成对的眼睛、肺叶、肾脏、手、脚一样，双耳的构造也使得我们在这个复杂多变的世界上，为可能出现的不幸多提供一份保险。

当我们面向声源，把手掌聚拢成杯状放于耳后时，会听得更清楚，这也证明了“人耳耳郭呈弧形”这一本质特点的重要性。在电子助听器被发明以前，这也是号角状助听器制造的基本原理。人们聚拢手掌用于收音，全世界都如此。中国的一则神话传说最能说明这一点。妈祖有两个视力、听力超群的贴身部将，能够看到、听见发生在远方的事物（有点儿像北欧神话里的奥丁神，他是世界的统治者，肩上栖息着两只神鸦，分别象征“思想”和“记忆”。它们每天早上飞遍全世界，然后回来向奥丁报告它们的见闻）。妈祖的这两个左膀右臂名叫“千里眼”和“顺风耳”。计量单位“里”，即 0.5 千米。这位“顺风耳”的“集音”装备，可以匹敌阿雷西博天文台的射电望远镜（曾为世界最大射电望远镜，现被中国贵州的 FAST 望远镜超越）。“千里眼”的标志性动作是用手遮在眼前作瞭望状；“顺风耳”则是把手掌聚拢于耳后。

我们一直在全方位关注外耳的部分，那么不妨来了解一下肉眼可见的耳朵深处。连接着外耳郭、往里一两英寸、肉眼可见的部分是外耳道。外耳道意为通道或管道，它将声波导入中耳，声波在此激活真正的听觉“装置”。此外，外耳道还充当“越障训练场”，试图进入耳朵的异物，不得不躲开入口处的“护卫”——耳毛，以及耵聍腺分泌的蜡样分泌物——耳垢，这样，就鲜有异物能侵入耳朵幽暗的深处了。

有些看似上不了台面的话题，其重要性也不可小觑，不太令人愉悦的“耳垢”就是最好的例子。耳垢的学名叫作“耵聍”，有两种类型。一种是棕色、黏质、湿软的，另一种是浅灰或米黄色、易碎的。总体来看，非洲人和欧洲人往往有第一种，亚洲人大多有第二种。在20世纪90年代末期，长崎大学医学院的科学家们通过细致观察，注意到一种不同寻常的相关性：分泌黏质耳垢的日本妇女罹患乳腺癌的概率更高。这表明，耳垢基因或者与耳垢基因相关的基因，和疾病的成因有关。毕竟，耵聍分泌腺与分泌乳汁的大汗腺具有生理学上的相关性。科学家们带着棉棒和笔记本投入了研究工作。他们发现，湿软蜡样的耳垢是显性性状，而干燥易碎的耳垢则是隐性性状。截至本书的写作之时，研究者还未找到相关的致病基因。

耳朵这一不同凡响的构件，在宗教和艺术中也有许多不同的象征意义。首先是《圣经》，必须得用耳朵去倾听“圣言”，所以耳朵成为收纳上帝福音的必备品。在古埃及神话中，左耳接收“死亡之气”，右耳接收“生命之气”；在古典神话中，蛇轻舔卡珊德拉、海伦努斯、墨兰普斯的耳朵，赋予她们预知未来的能力；在基督教图谱中，象征性符号数不胜数，它们共同表达基督教精神，比如耳朵充当门户，引领代表“圣灵”的鸽子，通往马利亚的灵魂。有些《圣经》图描绘的是，一束天光进入马利亚的耳朵，使其受孕并诞下耶稣。

古代两河流域迦勒底的占卜师，发明了一整套关于出生缺陷预示什么的说法，其中有很多是关于耳部的缺陷。右耳偏小或者右耳下面有伤口，预示着“圣殿”可能要倒塌；双耳缺失意味着哀悼和国家的衰败；假如双耳畸形，则表示国家即将灭亡，令敌人欢欣鼓舞；若新生儿的双耳像毕加索的画中人一样长在同一侧，则预示着国安民定、繁荣富强，但这种先天条件实在罕见，所以和平繁荣才会显得如此短暂和难得。

即使跳脱神话传说的范畴，耳朵也因其自身的重要性而频频出现在很多伟大的文学经典中。在《失乐园》中，天使轻轻地对着亚当的耳朵讲述着玄学大道；毒蛇咝咝地在夏娃耳边蛊惑，诱劝她去品尝禁果。在《哈姆雷特》中，国王的鬼魂向儿子透露：弟弟克劳狄斯与嫂乱伦通奸，并在国王熟睡之际将毒药倒进了他的耳道（porches of his ears）。死去的国王的话语中核心的关键词 porch 来自拉丁语，意为“通道、入口”，而耳朵代表的恰恰是通向大脑、心脏，甚至心灵的大门。

苏格兰哲学家、作家托马斯·卡莱尔曾提到，有个耳朵长且多毛的愚蠢的医生劝他戒烟。为什么耳朵里长毛看起来粗俗呢？其实长有耳毛的情况很常见。男人们的头发掉光之后，长出的新毛发就栖居在耳朵的“门厅”处，继续挑战男人们变秃后的尊严。在人的一生中，耳朵里一直生长着耳毛。当人们进入老年后，耳毛像耐受力强的杂草一样，蔓延到耳道的入口旁，甚至是耳郭的弯曲处。耳朵上有一个地方常被忽视，即“耳屏”，它与耳毛是同一个英文词 tragus。“耳屏”是耳朵前面那个小小的软骨边缘，它像一扇半开的门，守卫着耳朵的入口。除了人类，许多蝙蝠也有耳屏。长耳蝠、叶鼻蝠、苍白洞蝠等都有，它们的耳屏长得很大。显然，硕大的耳屏有助于感应侧面声波，而不是耳朵正对的声波。我们若用手捂住耳朵，封闭耳屏这扇大门，就能图个耳根清净，不用再听人劝说，也不再担心受到海妖赛壬①的诱惑。耳屏的英文名字来自长于其后的耳毛（tragus，希腊词源 tragos），tragos 在希腊文中是“公山羊”（he-goat）的意思。因“耳毛”与“山羊胡”形似，故有这种词源上的联系。

像大多数人体器官一样，耳朵也为人们估测、分析人的性格特征提供了可能的线索。人体测量学利用人体各部分的比例做出判断，耳朵也成了该学科研究的对象。在 19 世纪的巴黎，法国犯罪学家阿方斯·贝蒂荣曾试图将耳朵的尺寸等数值纳入人体测量学的识别系统。像指纹以及隐秘性更强的签名方式、脸部热辐射程度等独特的人体特征一样，人类的耳朵也具有独一无二的特性。但遗憾的是，和指纹相比，耳朵的可辨识特征不那么鲜明，不那么容易被分类和归档，也不太容易制出耳部轮廓图。虽然的确存在几类不同的耳形，但这些类别和行为之间的相关性尚不明确。无论如何，“以耳识人”的观点显然已被广泛认可。1995 年，在约翰·伊文执导的《湖畔迷情》中，英国

① 赛壬是希腊神话中半人半鸟的女海妖，常用美妙歌声引诱水手，令船触礁沉没。——译者注

女演员瓦妮莎·雷德格瑞夫扮演的角色，反复地对影片中那位迷人的男子说：自己会以耳识人，能够通过耳形来推断人的性格。

虽然情色电影常忽略耳朵的作用，但是对于很多人来说，耳朵属于性感带。人们很少让别人触碰自己的耳朵，性前戏则是例外。对于有些人来说，耳边密语和甜蜜唇吻一样能传达浓浓爱意。耳朵能唤起情色联想，文化史对此早有记载。耳道会不免让人联想到“另一个入口”。这一联想在古代神话中就有描写。间或还有以“诞生于耳”为主题的故事。印度的太阳神苏利耶的后代卡玛，就是这样来到世上的。用“奇异怪诞”这一字眼来描述这种思维都算轻描淡写，但如果你发觉“生于贝壳”的神话传说也并不少见，“生于耳朵”也就见怪不怪了。耳朵和贝壳曲折的螺旋状外形，从视觉上都会让人想起女性的外阴，因此都象征着交媾和生育。所以，人们有时会认为贝壳是一种有助于生产的护身符。

为了遮掩低俗的联想，保护无辜的青年不受污染，以前必须得将耳朵遮盖起来。尽管男性的耳朵和女性的耳朵外形没有区别，但这种遮盖耳朵的做法一般只适用于女性。造物主为什么要费尽心力把可产生色欲联想的耳朵放在头部两侧，却鲜有人探究原因，这可能出于一种艺术夸饰，甚至还使人耳演化出了有趣的“达尔文点”①。

① “达尔文点”又称“达尔文结节”，是人的耳轮后上部内缘的一个小突起，其表现有不同程度的差异，从没有痕迹到极明显的突起。——编者注

“达尔文点”和胡迪尼的逃脱术

查尔斯·达尔文在其1871年的杰作《人类的由来》中承认，雕塑家托马斯·伍尔纳让他注意到人的外耳“有一点奇特之处”。在塑造尖耳朵的顽皮小妖精普克的时候，伍尔纳意识到，许多人的耳朵上都有一个小圆点，从耳轮上缘突出，耳轮即外耳向里折叠的、弯曲的外缘。伍尔纳仔细地研究了各种人的耳朵和人类近亲的耳朵，并及时把这一发现告知了达尔文。伟大的生物学家达尔文在书中描述道：

> 这些凸点不仅向耳朵的中心投射，还从其平面向外倾斜，所以从头部的前后都可以看到它们。它们大小有异，位置有高有低，还有的只长在一侧耳朵上。

不难发现，猿类的耳朵，甚至与人类亲缘关系更远的猴子的耳朵，也都具有这一特点。达尔文推断，耳轮是耳朵边缘经年演化、慢慢弯折的结果。然后，他推测说，外耳由于某种原因逐渐与头侧贴合，变得扁平，耳轮的弯折多少与这一变化有关。达尔文引用返祖现象作为例子：返祖人的耳朵边缘没有向内弯折形成耳轮，而是像四足动物一样，扁平而尖凸。他得出的结论是：“假如在以上这两种情形下，耳朵边缘正常地向内弯折，那么一定会形成一个凸起点。”他又不遗余力地引证了一位同事的观点，该观点与他的结论相左，认为这些人耳特征只不过是生物变异性所致，但达尔文坚信："人耳的这一凸起点是人类远祖直立、尖凸耳形的演化痕迹。"如今，耳轮边缘的突起叫作"达尔文点"或"达尔文结节"，现在已是广为人知的显性遗传特征了，是遵循孟德尔（"现代遗传学之父"）遗传法则的结果。人的高矮受环境因素影响很大，但"达尔文点"的形成与环境无关，完全由基因所决定。

达尔文之后的学者对"原始之耳"的描述非常有趣。在《人类的由来》出版5年后，龙勃罗梭发表了《犯罪人论》。他认为，大多数犯罪行为都是返祖现象，即进化性地回归到原始行为，这一观点是社会达尔文主义的雏形。一位曾在美国监狱任职的权威人士也持有类似的遗传观，他武断地认为："优良的种子能结出健康结实的好果子，有缺陷的父母则只能生出有缺陷的后代。"龙勃罗梭的理论主要基于大量未经证实的数据，以及数量有限的受试者，这些人大部分是西西里岛的罪犯。他辩称，罪犯一般是天生的，而不是后天因素导致的；他认为自己像大多数人一样，更善于看到愿意看到的。

龙勃罗梭还在他的书里提到《人类的由来》中的"达尔文点"：

> 我们常常发现人的耳朵怪异畸形且扁平萎弱，它们没有耳轮、耳屏和对耳屏；而且，耳轮上部内缘有一个突起（即"达尔文点"），这是猿类尖耳特征的遗存。耳垂也有异常的形状，有的和脸贴得过紧，有的像古代埃及人那样过于巨大，有的萎缩退化如猿类耳

垂，还有的甚至完全缺失了。

1897年，爱尔兰小说家布拉姆·斯托克（吸血鬼文化的开山鼻祖）发表了吸血鬼小说《德古拉》，他在描述邪恶的化身——吸血鬼德古拉伯爵的时候，借用了一整套龙勃罗梭所谓的人类的堕落性特征，其中包括一对惨白的尖耳朵。

人的耳朵和其他动物的耳朵存在着有趣的差异。兔、狗、马都会摇摆耳朵，能自动地把头转向声源。它们这种天赋不仅愉悦了周围的人类，还能使它们察觉到捕食者逼近时的动静，捕捉到猎物逃离时的声响。即便是夜行的原猴亚目猴，也会炫耀这种令人妒忌的把戏。不过，像其他日行的灵长类动物一样，人类的“声音收集器”短而小，紧贴头部两侧，已失去转动耳朵的能力。只有少数人能够小幅度地摆动耳朵，没有什么出奇之处。

在《人和动物的情感表达》一书中，达尔文举了不少动物摆动耳朵的例子。马、野猪，甚至兔子在发起攻击前都会竖着耳朵，而绵羊、牛、山羊则不会。达尔文甚至通过观察两匹马的耳朵，看出了它们不同的状态：一匹正在把耳朵转向声源，另一匹正在恼怒地竖着耳朵。接着，他仔细地研究了动物竖起耳朵转向声源的各种方式，并写道：“头部高昂、耳朵直立、眼睛正视前方，毫无疑问，它们正在密切地关注着什么……”而人类由于还有很多丰富的表情用来表达关注，所以无须耳朵的帮助。

在《人类的由来》一书中，达尔文再次谈到人类耳朵摆动功能的丧失。他指出，拉动外耳的肌肉是主要因素，它们的发育存在个体差异："我曾经看到有的人耳朵能向前伸，有的能向上拉，有的能向后摆……可能是因为，如果我们经常触摸耳朵，把注意力集中在耳朵上，反复尝试，大多数人都能或多或少地恢复一些摆动耳朵的功能。"对于智人来说，摆动耳朵的实用性几乎消失殆尽。达尔文承认，灵活的耳朵对于动物来说用途多多，而"人类耳朵的外廓，连同耳朵上各种褶皱和突起（比如耳轮、对耳轮、耳屏、对耳屏等）都可看成是退化的器官。低等动物的耳郭用以支撑竖起的耳朵，不至于给身体增加太多的负担"。

达尔文自己也提到，有些科学家不同意他的观点。比如，一些人认为是外耳的软骨将声波传给了"听觉神经"。达尔文不能解释的疑问是：为什么我们的近亲和祖先失去了摆动耳朵的能力。这种损失倒也不值得惋惜，因为人类有灵活的脖颈，可以使整个头部转向声源。归根到底，这种方法的实际效率更高。

当意识到别的动物有摆动耳朵的本领后，我们这样自嘲：听到有趣的话，我们会竖起耳朵。然而在2 000多年前，老普林尼在他的《自然史》中说，"只有人类的耳朵不能动，这就是'大垂耳'这一绰号的来源"。实际上，老普林尼用的是flaccus这个词，意思是"垂下来"。他还引用了同时代的古罗马百科全书编纂者庞培·特洛古斯的话。特洛古斯认为，人类有几个彰显个性的特征，包括耳朵。他说："大耳朵是喋喋不休、愚蠢笨拙的标志。"即便是容易轻信他人的老普林尼，也不得不用旁白的方式抱怨道："特洛古斯住嘴吧。"

偶尔也有人拥有摆动耳朵这一返祖天分。1898年，时年24岁的厄尔里奇·维斯（即名声大噪的哈利·布迪尼）在他首次发表于知名杂志上的一篇关于魔术的文章中，解释了各种与助手交流的妙招，讲解了如何将观众写在便笺或写字板上的各种想法和意见巧妙地传达给助手。他在文章中夸口道："我甚至能训练我的右耳上下摆动，便于给我的助手某种提示。"

听不够世间声响

人类身体的某些器官起初具有某一种功能，随着时间的推移，可能会演化成另一种功能，就好像最初分配它做某一种工作，然后又"升职"或"调职"一样。就像词源学给我们的启示那样：历史固化在人们说的每一句话中，身体也留存着过去的结构和行为印记。英国生物学家理查德·道金斯说："演化从来不是'无中生有'的，不是从一张白板开始的，而是始于某种已存特征。"由于演化的这一特点，之前的某些生物功能特征到现在还依稀可见。

耳朵就是最好的例证。因为人的听觉器官是从以前具有不同功能的器官演化而来的，所以它不能沿用古老的方式随心所欲地进化。在颅骨内部、位于头部两侧的接收装置之间，才是真正的听觉接收器，它还具有保持平衡的功能。内耳由人类最硬的骨头保护着，在耳蜗螺旋管的最深处，还保留着远古海洋中的“一滴水”，即内耳淋巴液，这是我们的祖先在海洋中慢慢演化而来的痕迹。像远古祖先一样，我们的耳朵也能对周围液体的压力变化做出反应。只不过，这种液体（内耳的内外淋巴液）含于耳内，对声波的细微变化尤其敏感。人类的耳朵演化成了极其出色的听觉器官，以至于听觉感受器——柯蒂氏器官（也叫螺旋器）都被隔绝起来，以免被血液流经毛细血管时的声音干扰。

登上月球的宇航员和火星上的探测仪器都表明：这两个星球如同墓穴一样寂静无声。我们可以在月球表面像孩子那样玩耍，但只能比比画画，因为没有空气的大气层无法传播我们的笑声。相比之下，地球是一个嘈杂的星球。想象一下远古时期的地球，人类刚刚开始直立行走，逐渐学会调情和诱骗。那里有水波荡漾，有鸟儿歌唱，有树木被怒号的狂风折倒，有动物在雪地里嘎吱嘎吱地行走。那时的地球上，万物生长，生机勃勃，有着最原始的喧嚣和沸腾。在那些声音的指引下，人们追寻猎物，同时躲避敌手，在星月流转的时空里滋养出最初的人类文明。

现今，我们凭借灵活耐用又有些滑稽的贝壳状突起物——耳朵，每天都可以接收周围世界各种无形的声波，然后大脑似乎毫不费力地就能把这些声波信号加工成有意义的交际信息。这是一件再平常不过的事情，随时随地发生在每一个具有正常听力的人身上。多亏空气能够传导声波，生物演化出了分辨声音的认知机制，我们也因此能够欣赏到音乐家西德尼·贝彻用单簧管演奏的美妙音乐，以及安妮·赛力克的动人歌声。亨利·梭罗曾在日记中记录下人类是如何为声音所动的："晚上一个微小的响动使我竖起耳朵，生命看上去有一种无以言表的祥和与崇高。"

耳朵最令人瞩目的功能是辨听音量在130分贝以内的各种声音。这种统计数据不难形成，但我们应该花点儿时间研究一下。"贝"（bel）这个词也用来度量电压和功率，在声学中用来衡量声音强度的变化。但我们通常用的是"分贝"（decibel）这一单位，即"十分之一贝"。像衡量地震强度的"里氏震级"一样，测量分贝用的也是对数方法。人类听力的入门级是"0分贝"，增加10分贝，则意味着响度增加了10倍；但增加20分贝，则意味着响度增加了10乘以10分贝，即100分贝。幅度为130分贝的对数刻度尺意味着，人耳最多能够承受10兆倍的响度差异。

当然，如果不能辨音，这种声音幅度就没有任何意义了。科学家估计，人脑平均可以辨别并记住大约40万种声音，存储于两耳之间的"暗箱数据库"。人能辨识大量生物和无生命物体发出的不同声响，更不要说人类自己制造出的或难听或好听的声音了。古罗马诗人维吉尔提醒我们，在喧嚣嘈杂的声音之外，有一条未说出的紧急信息，它每天都急匆匆地冲进我们古老的耳郭。他说："死亡在拉拽我的耳朵。他说，'要活着，我来了’。”如果死亡不来拉拽我们的耳朵，我们就能尽情享受《传道书》中描述的每一种声音。《传道书》中有一首著名的诗：“所有河流都向大海奔流不息，然而大海从不会满溢。”沿袭这一思路，传道者说：“眼睛不满足于所见，耳朵也不满足于所听。”就像勤奋努力的眼睛永远看不够人间万象一样，人类荣耀无比的耳朵也永远听不够世间的声响。

第五章 可笑的鼻子

刚开篇就应给鼻子正名，说明它不应该是被取笑的对象，而应被大书特书，虽然并非极其必要，但这么做起码是稳妥的。所谓鼻子的滑稽可笑只是偏见，从本质上说，脸上所有的器官，都各得其所、各尽其用。

——乔治·加伯特《鼻子笔记》，1854 年

正如加伯特所说，与耳朵相比，人的鼻子得到的尊重更少。然而，鼻子是记忆的载体，是隐藏的警报系统，是魅惑的秘密主宰者和沉默的味觉伙伴，这些令人着迷的天赋都集中在鼻子的软骨区域。鼻子还是多才多艺的“修辞高手”，许多修辞格都与其相关。鼻子可以“脱臼”，“鼻子伸到了不该伸的地方”，“牵着某人的鼻子走”，“通过鼻子来付账”，有些工作狂“把鼻子贴到磨石上”，我们“对不喜欢的事皱起鼻子”，“嗅到便宜货”，“闻到老鼠味儿”。有时我们说，仍有道理“像你脸上的鼻子一样明显”。有些美国人声称，“如果你鼻子发痒，说明你的伙伴就要

来了”。根据希波克拉底（希腊名医、“医药之父”）所说，流鼻血就像来月经，预示着躲过了一场发烧。

人的大脑高度活跃，一刻不停地编排着周边的一切。但是人的鼻子也是无所不能的多面手，一点儿不比大脑愚钝。数个世纪以来，鼻子一直在帮人类追踪猎物，提醒人们哪里发出了腐坏气息。现在，我们仍然依赖鼻子来探测从烟雾到天然气泄漏等一切气味。如果鼻子不能帮助我们辨别周遭的挥发性分子，人类生活将有难以想象的损失。“挥发”意味着：当你闻到某种气味的时候，所辨识出的某种物体的分子已经飘离了该物体。因此，在日常生活中，嗅觉可以引导我们判断不稳定的（挥发性的）生物气味，比如：相对于玻璃，我们可以轻易辨识花粉的气味；相对于不锈钢，我们能轻易闻出排泄物的气味。虽然香水商和酒商需要经常使用嗅觉，但和别的动物相比，人类主动使用嗅觉的频率要低得多。很多动物非常依赖嗅觉，比如昆虫、鱼类和哺乳动物。辨识气味是最古老的交流方式。一只雌性的蚕蛾能把她的恋爱信息传播到数英里之外，于是雄性蚕蛾就像被定位到雷达信标上一样，准确地回到了巢穴。我们身边的猫、狗的大脑中，盘桓着一幅完全不同于人类的知觉地图，“制图”的功劳应归于它们微微翕动的鼻孔。

人们总是认为鼻孔的存在理所当然，实际上它们也经历了有趣的演化。德国哲学家尼采宣称他的天赋存在于鼻孔里，法国小说家普罗斯特很可能也说过类似的话。尼采说的是他的嗅觉，但是鼻孔本身就是很有意思的话题。现代英语“nostril”（鼻孔）一词源自古英语 nosthyrel，意为“鼻子上的孔洞”。人的两只鼻孔所在的位置，便于分析空气中飘浮的分子，鼻孔里的鼻毛是“过滤器”，可以阻止较大的微粒进入其中，防止乱飞的昆虫误入鼻孔。鼻孔可以迷人地翕动。如果人是由爬行动物而不是由哺乳动物进化而来的，你能想象我们的鼻孔会是什么样吗？那样的话，我们会冬眠或者迁徙，总之会是冷血动物，我们的鼻孔也不会灵活地翕动。老普林尼曾引述麦加尼塞斯[①]的话，说古印度有一支游牧部落叫作“斯里泰”，斯里泰人长得像蛇，没有真正的鼻孔，只有孔洞。想象一下，人类的鼻孔如果不能翕动，会是什么情形。若失去嗅觉，没有敏感、善于表现的鼻孔，当游客在国外的地铁上闻到汗味儿时，该怎样表示嫌恶呢？

《创世记》中这样吟咏：“上帝用尘土造人，向他鼻孔里吹气，赋予他生命，于是人便有了灵魂。”在当代，人们已经不把鼻孔看作“神圣的通路”了，其作用被大大地贬低。这一观点是美国幽默作家卡尔文·特里林嘲讽安迪·沃霍尔（波普艺术家）和小野洋子（先锋艺术家）时表达的。特里林声称，他要拍一部纪录片，名字就叫《鼻孔》，以此讽刺两位先锋派人物。20 世纪 60 年代，电视喜剧《神仙俏女巫》的女主人公如果不抽动鼻子，就施展不了恶作剧般的魔法。她这一标志性的动作给观众提供了一个暗示：魔法正在施展，故事要起悬念。其实，

---

① 麦加尼塞斯（约前 350—前 290），历史学家、外交家、古印度民族志学家。——译者注

由于人的鼻子和其他动物鼻子的相似性，“人可以抽动鼻子”的说法也可能并非天方夜谭。

哺乳动物的遗传特质让人类的鼻孔生动有趣。但是大多数人认为鼻子无非就是架在脸中央的自然存在，只不过在戴眼镜时可以起到支撑作用，要么就是感冒时会鼻塞。除了电视剧中能施魔法的女巫的鼻子可以抽动，人的鼻子通常不能大幅度地活动，其灵活度与多毛的哺乳动物相去甚远。狗、马、猫这些动物之所以看起来有趣生动，原因之一是它们忙碌的鼻子大大地丰富了其面部表情。外部动作丰富代表内在的忙碌。动物的嗅觉无比强大，相比之下，我们人类鼻子的功能是相当有限的。英国作家 G. K. 切斯特顿写过一首类似打油诗的作品，它很可能是电影《雨中曲》中那首诙谐歌曲的灵感来源。在诗中，切斯特顿借一只狗，表达了对人类“无味”生活的同情：

即使是玫瑰的馨香，
也非他们想象的那样……
失落嗅觉的人类，
所知晓的也只剩善良。

甚至连亚里士多德都抱怨过人类已失去了嗅觉。但其实，只有在和其他嗅觉功能强大的动物比较时，人类才显得“没有鼻子、缺失嗅觉”。多年来，科学家们慢慢地弄清了人类嗅觉系统的形成过程。这个过程很早就开始了，大概在母体受孕 5 周后，人类胚胎的脸部就形成了“鼻坑”，再过两三周，鼻孔就清晰可见了。嗅觉神经元成形的时间也早，但是到母体受孕 28 周以后，它们才发育成能够辨识不同气味的细胞。此时，胚胎实际上已经具有了功能性的嗅觉，子宫里的味道随之丰富起来。在此之前出生的早产儿对味道没有反应，从这个时间节点往后，他们开始表现出对味道的喜爱或排斥。神经生物学家丽丝·艾略特写道：“胚胎的嗅觉能力在妊娠晚期迅速增强，他们的嗅觉生活丰富多彩、令人惊奇。羊水也阻碍不了他们的嗅觉，因为味道分子一般会变为液样‘鼻涕’，附着于嗅觉感应器。”

人的鼻腔终生都应是湿润的，但过敏和感染时不时地会导致鼻塞，并生出干鼻涕或稀鼻涕，必须把它们清理干净。有关干鼻涕的处理方法，我们可以学习美国喜剧《宋飞正传》里的摩西：“圣地”空气干燥，他自然成了“挖鼻孔者”。稀鼻涕令人嫌恶，我们必须及时清理，要么地球引力会自动将其清除，这也是小孩要讲究个人卫生的一个根本原因。欧·亨利说：“生活就是由哭泣、流涕、微笑组成的，主要是流涕。”许多时候，流鼻涕不一定是由于悲伤，而是由鼻塞引起的。古希腊名医伽林认为，从鼻子里流出来的东西是“对大脑的清洗”。希腊词 katarrhous，意为“流淌下来”，这个词在中世纪时变为 catarrh，通指过敏、鼻窦炎症、鼻黏膜感染等各种呼吸系统的病症，它们都会引起流涕。

怎么对付鼻子里聚集的东西呢？《礼仪史》的作者、文化历史学家诺伯特·伊莱亚斯研究了五百年来人们对身体自然功能的态度变化。几个世纪以来，欧洲人及其广布世界各地的后代，对于裸露身体的“自然过程”及其“副产物”，变得越来越不安和保守。1589 年，曾有一项非正式的提示语：不要对着户内的墙壁小便。到 1774 年，就有了这样一项严苛的禁令：“不可谈论那些应该遮蔽起来的身体部位。”伊莱亚斯记录了有关“擤鼻子”这一行为的种种看法。15 世纪的一位德国作者说：“把鼻涕擤在桌布上是不体面的行为。”同时期的一位法国评论家告诫人们：“千万别用拿肉的那只手擤鼻涕。”荷兰 16 世纪人文思想家伊拉斯谟谆谆教导人们：“用帽子和衣服擤鼻子是粗俗的表现……用手擤也好不到哪里去……假如身边有不少体面的人，最好的方法是转过身去，用手帕擤。”擤鼻子要擤出阶级意识，是他的个人观点。到 18 世纪末，一个叫桑热尔的法国人在写《巴黎旅行者》的时候说：“前些年，有人把擤鼻子发展成了一种艺术。一人模仿小号的声音，另一人模仿猫的尖叫。令人叫绝的是，两种声音合在一起竟没有制造太多的噪声。”时过境迁，现在我们已经忘记怎么“演奏”这种特别的“管乐”了。

过去几十年，一直流行着 UFO 的故事，其可笑和荒谬的地方在于：外太空的访客竟然和称霸地球的人类长相相似。虽然演化历史完全不同，且来自遥远的星河系，但外星人还是像人类一样，长着一双眼睛、一个嘴巴、一颗脑袋、一双手和一双脚，通常也长着一只鼻子。20 世纪 60 年代以来，在“外星人绑架希尔夫妇”的著名事件[1]中，夫妇俩对外星人不一致的描述给他们带来了恶名。丈夫巴尼说，外星人没有鼻子，只有“裂缝”；而妻子贝蒂坚持说外星人长着巨大的鼻子，甚至提到他们长着像美国喜剧演员吉米·杜兰特一样的巨鼻。显然，他们其中一人被外星人“折磨”糊涂了。

鼻子在许多小说故事中充当了重要角色。最广为人知的形象则非木偶匹诺曹的鼻子莫属了。匹诺曹是卡洛·科洛迪（意大利著名作家）创作的《木偶奇遇记》中的主人公，受到了许多弗洛伊德学说追随者的喜爱（因原作有恐怖悚然的描写，迪士尼将其做成动画片时做了许多柔化改编）。俄国作家尼古拉·果戈理在小说《鼻子》中，展现了令人钦羡的天马行空的想象力。他讲述了一个荒诞离奇的故事：一天早晨，理发师雅可夫列维奇在刚出炉的面包中发现了令人作呕的东西——一只鼻子。同时，在镇子的另一头，一个叫柯瓦廖夫的八等文官早起照镜子时，发现自己的鼻子没了，脸上空空如也，于是去报警，开始了寻鼻之旅。在伍迪·艾伦于 1973 年执导的电影《傻瓜大闹科学城》中，反乌托邦的未来社会的领导人被杀，必须得从他唯一的遗存物——鼻子中再将他克隆出来。美国科幻小说作家达蒙·弗朗西斯·奈特在短篇小说《上帝之鼻》中说：上帝打个喷嚏就创造了世界。《兔子坡》的作者、美国儿童作家罗伯特·劳

---

① 巴尼·希尔和贝蒂·希尔夫妇宣称在 1961 年 9 月 19 日至 20 日在新罕布什尔州遭到外星生物的绑架，它是第一次广为人知的外星人诱拐事件。——译者注

森在《尖鼻子马丁》中描写了一个小男孩，因为他的鼻子能闻到别人闻不到的气味，所以他经历了各种各样的奇遇。根据传说，在10世纪的英格兰，“一码”被定义为从埃德加国王的鼻尖到他伸直手臂的中指指尖的距离。同样地，“一英寸”据说最初是指国王大拇指指节的长度。

不管埃德加国王的鼻子是否做出过历史贡献，其他的事情倒是有迹可循的。乔斯·费勒、史蒂夫·马丁等演员都塑造过那个浪漫但丑陋的“大鼻子情圣”西拉诺的电影形象。尽管西拉诺是虚构人物，但是法国戏剧家、诗人埃德蒙德·罗斯丹在创作《大鼻子情圣》这部剧时，像其他作家一样，依据的也是真人真事。罗斯丹借“大鼻子情圣”西拉诺之口颂扬了鼻子：

> 鼻子大定是大人物，
> 和蔼、谦恭，又聪颖，
> 阳刚、强健，更英勇。

日本人可能不同意这种情感抒发，至少他们会重新定义“大”的概念。1853年，马修·佩里将军意欲威胁日本，并对其实施军事打击，以强迫日本人签署贸易协定。次年，日本的一个艺术家便借漫画讽刺佩里那个巨大的鼻子，许多亚洲人都认为西方人超大的鼻子是滑稽可笑的。

1854年，在英格兰，乔治·加伯特出版了名为《鼻子笔记》的书，他觉得值得为鼻子做些辩护，本章的题目就是从他的辩文得来的。加伯特写道："我们相信，鼻子是脸部装饰，是呼吸器官，是方便的抓手——若想抓住无耻之徒，抓他的鼻子就是。除此之外，鼻子还是一个重要的标记物，可以反映主人的性格特征。"在那之前大约75年，瑞士神秘主义者、神学家拉瓦特尔发起了"相面"运动，即从面部特征判断一个人的品质和性格。加伯特从拉瓦特尔那里得到启发，但前者的兴趣点与后者不同，乐于对鼻子进行分类。

加伯特列举了五种不同的欧洲鼻，它们对于不同性别而言又有不同含义。男人的"罗马鼻"或"鹰钩鼻"表示此人果决干练、精力充沛，但也意味着他缺乏教养，女人有这样的鼻子则意味着有一种不合宜的"阳刚气"。对于男人和女人来说，"希腊鼻"或"直挺鼻"是当仁不让的最高级也最完美的鼻形，表示个性风雅，具有艺术气质。加伯特接着说，这也可以从女人们构思精巧、艺术性强的针线活中看出来。还有一看便知的"思考鼻"，这一类型有时只能从正面看去才能分辨出来。男人的"思考鼻"比女人更为多见，因为女人们主要依赖于情感生存，而不靠深思过活。长"犹太鼻"或者"鹰嘴鼻"的男人，在人情世故和商场角力中难免会表现得精明机敏，这种鼻型在女人中较少见，因为女人一般依赖性强、易信于人。最后两类鼻形可以合在一起看："扁平鼻"和"朝天鼻"。拥有"扁平鼻"的男人通常小气、脸皮厚且软弱，而长有"朝天鼻"的人，会比"扁平鼻"多出一些如狐狸般的狡诈，这一个性弱点对于女人来说是"可以原谅，甚至是可爱的"。加伯特大方地坦言:“对于女人‘如狐狸般的狡猾’,我们不免有一种潜在的偏好,一种情不自禁的喜爱。”

“相面之学”的流行差点儿扼杀了年轻的查尔斯·达尔文的科学生涯。在加伯特出版《鼻子笔记》之前的20多年,恪守《圣经》的基督教教徒看不到达尔文的科学潜力,不能预见他日后可能会取得的科学成就,而是把他看作魔鬼的化身。很少有历史人物像达尔文一样,一生所为似乎都是命中注定的。年轻的达尔文未能完成大学期间的法律和医学课程的学习,之后他决定学习神学,打算安心当一名乡村牧师,同时从事他迷恋的自然史的研究。牧师是当时大多数绅士子弟安稳而体面的职业选择。然而在1831年,达尔文22岁时,突然得到了一个随“贝格尔号”考察船做环球科考的机会,当然,这项工作没有报酬,此前已遭多人拒绝。后来达尔文了解到,那个严厉、拘谨的船长罗伯特·菲茨罗伊面试他时,他差点儿因为自己的鼻子而失去这个机会。达尔文在他的《自传》中写道:“菲茨罗伊是拉瓦特尔的狂热追随者,他相信通过一个人的面部特征就能判断其性格,所以看到我的鼻子,他就怀疑我是否有足够的精力和决心完成这次航海考察。”最后,达尔文用自己的人格魅力和推荐信打消了菲茨罗伊的疑虑。很快,船长就对这个勇于冒险的年轻博物学家赞不绝口,甚至用达尔文的名字为地理特征命名。达尔文补充说:“他并没有成功地依靠鼻子来准确预测我的性格,但我想他应该对此感到庆幸。”

第六章 古风式微笑

路易斯·阿姆斯特朗的双唇

公元前6—前5世纪的地中海地区繁忙而鼎盛。哲学家赫拉克利特正试图把火、遁世和万物流变的概念整合为一种新的世界观；哲学家、数学家毕达哥拉斯正在构想优雅的“毕达哥拉斯定理”，为科学家日后探索“万物皆数”的规律制定一套术语；雕塑家菲狄亚斯正慢慢地从大理石中雕刻出人物；雕刻家卡利马科斯可能正在发明柯林斯式圆柱；抒情诗人品达和悲剧诗人索福克勒斯正挑灯夜读、奋笔疾书，颂扬神圣的竞技体育，讲述《俄狄浦斯王》的乱伦故事；而普通民众在忙着收获粮食、抚养孩子、奔赴战场。

除了这些，人们对这一时期的事物知之甚少，因为时间“偷”走了许多证据。比如，人们认为悲剧作家埃斯库罗斯创作了60多部戏剧，但只有7部被留存下来。学者彼得·格林指出："历史神秘性的极致代表，就是那个人人皆知但令人迷惑的'古风式微笑'。"人们可以从当时流行的青年男子半身或全身裸像——《青年雕塑》中看到这一令人匪夷所思的艺术潮流。与后来优美而比例协调的"古典式"希腊雕塑人物相比，它们看上去像卡通形象一样原始、朴拙。在现代庄重、严肃的雕塑作品的映衬下，它们看上去幸福、开心得令人窘迫。他们有的有胡须，有的则没有，发型也样式各异，但都有一个共同点：嘴角上翘，形成一种不太自然的微笑。学者们判断，这种艺术习俗源于土耳其小亚细亚半岛的安纳托利亚，公元前6世纪中叶以前，在该地区普遍流行。格林说：

> 在随后的年代里，这一艺术表达方式就像柴郡猫的露齿笑一样慢慢消失了。没人能解释这一"古风式微笑"的全部含义。尽管如此，人们还是相信，它应是"抒情时代"的典型特征，代表着从神启到幸福流露的一切含义。

不管是什么引发了"古风式微笑"这一艺术传统，一种美好的想象是：爱琴海的水手们在业余时间，微笑着摆好姿势，给雕塑家当模特。事实上，在人类表情中扮演重要角色的、微笑而上翘的嘴唇，本身比"古代"这个词的所指还要古老。它比"远古"还要"原始"。人类的微笑以及许多嘴部动作，都可追溯到史前时代，当时真正的智人还未出现。跳跃的猕猴会出现瞬间的神经质般的咧嘴笑，黑猩猩也会有恶作剧般的大笑，还有人类婴儿第一次给予母亲的回应式的微笑，都让人想起灵长类动物之间古老的血缘联系。

嘴唇的用途很多。下颌骨是头部唯一能活动的骨骼：像电影中会说话的骷髅一样，它上下活动进行咀嚼、咬合。人类的下颌骨不会像某些动物那样能够无限张开，也不会像某些蛇类那样为了容下大体积的食物而张弛自如。人类的下颌骨所做的就是上下切割食物，再稍稍进行侧面磨碎。尽管人类下颌骨的功能有限，但我们对此已很知足，因为人的嘴巴，特别是嘴唇，能做出许多令人称奇的事情。

人类的脸毛逐渐褪去，随后演化出的另一个特征也在强调我们与猿、猴之间不可思议的相似性——灵活机动的嘴唇。人们在遇到困难时会说："咬紧牙关。"（Keep a stiff upper lip.）它原本的意思是：别让嘴唇发抖，这样才不会让周围的人看出你的脆弱，感情用事是于事无补的。因为表情在本质上是瞬时的动态，所以我们可以有意识地控制面部表情，特别是眼睛、眉毛和嘴唇的动作。

大多数哺乳动物都没有灵活、柔韧的嘴唇，只需看一眼狗、猫、豚鼠，便会更加确定这一点。因为它们的上唇和齿龈贴得太紧了，因此它们可以龇牙露齿，却没有人类的表情丰富。电影制作人想让动物说人话时，就发现动物嘴唇动作的局限性成了障碍。看一看电视系列片《艾德先生》中那匹尴尬地说着人话的马，就清楚了。即使电影《小猪宝贝》中的那些谷仓动物设计精巧、妙语连珠，但是说话方式最令人信服的还是那对年轻的黑猩猩，以及后来在《小猪宝贝 2：小猪进城》中的那只年长的红毛猩猩。它们在宗谱上与人类接近，有着灵活的嘴唇，最适合发出人类的语音。

在过去几十年里，兴起了动物交流试验的风潮。人与猿相似的唇部结构启发了科学家：可通过操控猿的唇动，让它们模仿人类发音。但遗憾的是，动物们似乎对这一想法缺乏热情。在一次著名的实验中，科学家们对一只名叫维基的黑猩猩的嘴唇进行操控，以便她在发出"啊"音的基础上，能发出"妈"的音，并期望她最后能叫出"妈妈"。开始时，需要给予维基巴甫洛夫式的刺激——将人的手指放到她嘴唇上，她才能发出"妈妈"这个音。但很快，她就开始瞎说了。显然，她不明白这个词的含义。

对用手指接触嘴唇这个动作，维基和我们人类一样敏感。触摸需要对象，因此，许多有关身体部位的故事都是融合在一起的。比如喂养，不单单关乎"乳房"，还关乎"嘴"。对患有"先天性食道闭锁症"的新生儿必须人工喂养。吸吮橡胶奶嘴可使患儿感到安慰，如同母乳喂养能让婴儿平静一样。英国动物学家戴斯蒙德·莫里斯说："这种情况是为了接触而接触，让柔软的东西与嘴接触本身就是重要和基本的亲近行为。"身体很早就开始为拥有这种"亲近"能力做准备了。母体受孕后第 8 周，是胚胎发育成胎儿的关键节点，这个阶段的胎儿只有 1 英寸高，但已初显玩具娃娃似的模样，具有可辨认的特征——玩具似的胳膊和腿，当然还有眼睛和鼻子，甚至能显现出微型的嘴唇。

嘴唇的外缘是重要的中间地带，是脸部皮肤与整个口腔和消化道黏膜（与阴道黏膜类似）之间的分界线。嘴唇是身体最敏感的器官之一。嘴唇部位的触觉感受器的数量和种类，凸显了双唇在身体协作管理系统中的重要性。双唇皮肤上的触觉感受器的数量，大约是腿部感受器数量的20倍。与酷热相比，寒冷对人类皮肤造成的威胁更大，因为人体可以通过排汗和呼吸来对抗酷热，但寒冷却可以使人的体温下降到致命的程度。为了防止热消耗，“动静脉接合组织”聪明地聚集在那些重要的区域，比如眼睑、鼻子、双唇、手和脚上。该系统只提供遇险信号，却不进行安全保卫。感到寒冷时，你可以在自己的双唇上观察到这种变化。一接到寒冷的警报，大脑就指示其雇员关闭周界，抑制热散失。“动静脉接合组织”是静脉和动脉的连接系统。为了应对外部气温变化，这一连接系统绕过毛细血管，改变血液流向，以适应某一区域的需要。虽然这些皮下变化难以觉察，但皮肤上的变化却清晰可见。在你感到很冷的时候，血液流向的改变会让你的嘴唇和指甲微微发紫或发蓝。

嘴唇的形状和大小会因族群和个体差异而不同。唇部向来是美容业关注的焦点。最近几十年来，许多非洲裔美国人通过唇部手术来缩小嘴唇或改变其形状。从历史上看，这一族群较少进行整容手术，因为深色的皮肤容易形成瘢痕瘤，另外，手术也无法改变种族的渊源和整个族群在人权方面所遭遇的不平等待遇（它不像“内眦赘皮”修正术，可以显著地改变亚洲人的外貌）。伊丽莎白·海肯在其著作《维纳斯的嫉妒：美容整形的历史》中解释道，对同化的渴望甚至能驱动人们去做唇部整形。她说：“基于种族或者种族划分的整形术，通常聚焦在辨识度最高、最凸显的部位，比如犹太人的鼻子、亚洲人的眼睛、非洲裔美国人的鼻子和嘴唇。”美国摇滚巨星迈克尔·杰克逊在20世纪八九十年代重塑了自己的五官和皮肤。从某些方面看，他的这种行为是“渴望同化”的结果。海肯说：“手术的结果表明，即使他没有试图让自己看上去像白人，至少也想让自己不那么像黑人……”不管杰克逊的动机有多么复杂，对于他这样的巨星来说，想逃离自己种族的行为是令人悲哀的，他向非洲裔美国人释放了一种脉冲信号，这种影响至少持续到他离世之后才渐渐消退，他本人也渐渐隐退在“灿烂星空”中。

在过去几十年中，偶尔会有白人去做缩唇的手术，目的只是消除“祖先是黑人的嫌疑”。在20世纪20年代，有医生管这种现象叫作“埃塞俄比亚出身问题”。有的医生拒绝这种病人的整形诉求，建议他们去寻求心理咨询；还有的医生则对此感到坦然。1946年，有一位医生写了一本书，讲述了如何修正这种“先天不美”的嘴唇。

有时，嘴唇也像别的身体器官一样，会沦为时尚的受害者。同耳垂一样，柔软的嘴唇似乎很容易被伤害。20世纪90年代流行所谓的“千年自虐”，其中一种表现就是，把从眉到唇的身体部位都打孔穿环。然而，这种穿环行为并不像当时的权威人士所认为的那样具有革新性。18 世纪末期，法国探险家让 – 弗朗索瓦·德拉佩鲁斯来到不列颠哥伦比亚（今加拿大省份），发现特林吉特妇女戴着一种类似塞子的唇饰，他称其为 labrets。这些巨大的唇塞有骨质的、象牙的，甚至还有石头或木头做成的，它们可以将下唇拉得比脸还要长几英寸。你亲自试过就会发现，人的嘴唇和面颊可以被拉伸到不可思议的长度。

特林吉特妇女在出生后不久便开始接受嘴唇的修饰。有的三个月大的女婴，便被豁开下唇，用东西堵住伤口，防止它愈合。然后，堵住豁口的饰物越来越大，直到嘴唇下垂到影响吃饭、喝水和说话。当这位法国人试图帮本地人废除这一习俗时，当地人勉强地接受了，在他们看来，不戴唇塞的嘴唇也好不到哪里去。这一习俗的意义在于它所承载的原始文化：唇塞的大小标志着地位的高低，并且只有自由女性才可以佩戴。

在接下来的 19 世纪，查尔斯·达尔文则用一种得意的维多利亚式的腔调说："人的面孔主要用于接受赞美，而野蛮人的脸则会更多地招致伤害。"然后他继续轻松地举证，说明"野蛮人"是如何折腾脸部以提升魅力的。赴新西兰的传教士向达尔文汇报了当地年轻女性对待文身的一些看法："我们必须在唇上文几道线，不然等到老了就会特别丑。"达尔文又讲了一件奇闻：非洲南部的马卡罗罗族妇女佩戴一种叫作 pelelé 的唇环，要先在上唇打孔，再把这种由竹子或金属制成的大圆环塞进上唇，这种风俗也可以帮助我们从被改变形状的嘴唇来定义其主人的性别和地位。

苏格兰传教士和探险家戴维·利文斯通[1]向“英国协会”报告，当地妇女嵌入上唇的金属饰物，将她们的上唇拉得比鼻尖还长出两英寸。她们一微笑，饰物就会翻起来挡住眼睛。利文斯通问当地的一位酋长，妇女为什么要戴这种饰物，繁忙的酋长没时间听这种“胡话”，厉声回道：“为了美！它们是妇女仅有的美丽之物。男人长胡须，女人则没有。女人如果不戴pelelé，那她们像什么样子？嘴巴长得像男人，但又没有胡须，那她是男还是女？”

由于嘴唇在食品加工和交际中的作用，它演化出了无所不能的功能，甚至有助于一些伟大艺术的产生。在本书的“序曲”中，我们说到了“皮肤”，讲了玛息阿的故事。他是双管长笛的发明者，在演奏比赛中被阿波罗打败，并被剥杀。像苏美尔国王吉尔伽美什、耶稣、美国开国元勋的传说或故事一样，希腊神话也有不同的版本。在其中一个版本中，双管长笛的发明者不是玛息阿，而是雅典娜女神。尽管也叫笛子，但“双管长笛”不能与“排笛”（这个词也被用来描述鸟类的“发音器”）混淆。雅典娜演奏笛子的时候，无意中看到自己水中的倒影，发现自己的脸由于用力吹奏而变形，于是她放弃了刚刚萌芽的音乐事业。在古罗马诗人奥维德的描述中，雅典娜这样解释：“笛声确实美妙，但从水中倒影可见，我这张纯洁的脸因吹笛而变得肿

① 戴维·利文斯通（1813—1873），曾到非洲探险并失联，后由探险家亨利·斯坦利找到。——译者注

胀不堪。我没有那么高的艺术修养，再见了，我的笛子！”故事还有一个版本：雅典娜有两个心胸狭隘的同行和对手，阿佛洛狄特（爱与美之女神）和赫拉（主神宙斯之妻），她们嘲笑雅典娜的表情像吹喇叭一样，于是雅典娜扔掉了这个新乐器。不管是虚荣作怪，还是同伴压力促使她做出这个决定，她维护外貌的决心都要比表达艺术更为坚定，这也意味着雅典娜可以凭借美貌得到更多结识达官显贵的机会，从而摆脱奥林匹斯山上那个纷争不休的“乡村俱乐部”。

凡人演奏家则不同，他们只是血肉之躯，而不是希腊奥林匹斯山上 12 位主神的“富二代”，所以他们不仅要无视虚荣，更要不怕疼痛。在肉体上，他们要为艺术而遭受痛苦。芭蕾舞者要想获得优美自如的表现能力，必须用脚尖跑跳。吉他手、大提琴手和贝斯手，都需要苦练到手指流血。吹奏类乐器演奏家都会抱怨他们的嘴唇受到了损害，越是优秀的演奏家，越会把更多的时间用在日常训练上，嘴唇所受的伤害也就越严重。

路易斯·阿姆斯特朗（美国爵士乐家、小号演奏家）可能是 20 世纪最优秀、最具影响力的爵士小号和短号演奏家。他不断地受到“嘴唇受伤”的折磨，痛苦不堪。阿姆斯特朗后期的照片不仅记录了这位巨匠磨损严重的双唇，还捕捉到他正在涂抹药膏的画面。1932 年，新年除夕音乐会在巴尔的摩举办，刺痛、肿胀的双唇给这位 33 岁的音乐家带来了持续的疼痛。乐队成员报告说，阿姆斯特朗不停地对着镜子涂药膏，并查看嘴唇的状况。萨克斯演奏家米尔顿·麦兹罗后来回忆说，他看到阿姆斯特朗用针挑嘴唇上的疮口，并对自己解释说："你知道，很久以来我都是这么做的，我得把死皮清理一下，因为它们会堵塞乐器的吹口。"

麦兹罗描述了阿姆斯特朗那晚的演出情况："他开始吹奏副歌部分，撕心裂肺，震颤的曲调从他极度痛苦的唇间流淌而出，听上去像一副疲倦的灵魂，沉重而缓慢地走在寂寥、空旷的路上，他背负着整个世界的悲哀，对着人们呼求着慰藉……大家都知道，每当小号碰到他的嘴唇，就如同一根烧红的铁棒靠近了他。"当观众的掌声淹没他最后一个音符的时候，阿姆斯特朗站在那里，拿着号不停地喘息，嘴唇渗出鲜血，而他只是默默地舔舐干净。第二年的 11 月，他嘴唇的情况变得更糟了。一天晚上，他正在伦敦的霍尔本帝国剧院演出，嘴唇突然开裂了，一滴血结结实实地滴落在他礼服衬衫的前襟上。此后，他休息了 4 个月。1934 年，由于嘴唇出现了更多的问题，他不得不取消了很多场音乐会，他的经理还因此控告他违反合约。曾经大名鼎鼎的波士顿爵士乐 DJ（唱片骑师）艾德·彭尼回忆说，他曾邀请路易斯·阿姆斯特朗，给希望追随他脚步的号手们一些建议，这位伟大的爵士乐巨星只是说："你必须一直苦练，以保持演奏水准。"

阿姆斯特朗的后半生饱受嘴唇伤病的折磨。听听他在 1956 年与人合作为 Verve 唱片公司录制的爵士乐唱片《艾拉和路易》，你就能感受到这一点。唱片中的阿姆斯特朗平和柔软，没有了往昔的插科打诨和小号炫技。这种克制的原因之一，是由于合作者是不朽的艾拉·菲茨杰拉德[①]，要显得庄重严肃；而另外一个原因则是，阿姆斯特朗的嘴唇已经严重损伤，不得不改用人声演唱，已经不适合吹奏那个给予他名利，却需要耗费巨大精力的小号了。

娼妓的徽标

> 她的双唇红红，其中一片薄俏；
> 而靠近下巴的那片更加丰润，
> 刚刚有蜜蜂将其螫咬。
>
> ——约翰·萨克林，英国诗人

很多人赞美那些有着饱满下唇的年轻女子，17 世纪的英国诗人萨克林既不是第一个，又不是最后一个。在《洛丽塔》中，那个不能自拔的亨伯特柔声描述着他还未成年的心上人："她的唇像舔过的红色糖果一样，下唇丰满漂亮。"它标志着洛丽塔的性欲望正"含苞欲放"。人们常常难以分辨婴幼儿的性别，于是会尽早给男孩、女孩做不同的衣着打扮，用来区分并强化性别，性别强化的大幕就此开启并持续一生。当青春期到来，性激素开始发挥作用时，男女的区别就会更加明显。区别之一就是，

① 艾拉·菲茨杰拉德（1917—1996），被誉为"爵士乐第一夫人"，20 世纪重要的爵士乐歌手之一。——译者注

女孩的嘴唇看上去更成熟、更丰满。

拥有像被蜜蜂叮咬似的肿胀嘴唇或红润双唇的，不仅仅是青春期的女孩，但是相较于其他人群，这种嘴唇和女孩的联系更加紧密，特别是这种联系还释放着其他信息。任何伴随性成熟而发育起来的性别特征，作为交配标志，都可能具有进化意义。显然，除了胸部和多脂的臀部，青春期女孩的嘴唇也是具有生育能力的一种视觉提示。此外，当她们表现出性兴奋时，嘴唇会像乳头一样膨胀、隆起，颜色更加红润。这已是科学家的共识。但是有些生物学家推断说，成熟雌性的双唇会更大、更红，这是模拟她们性兴奋时生殖器的样态。另一部分科学家不同意这一观点，认为这不过是对弗洛伊德学说的迷恋，而伪装成适应主义在泛滥。然而，大自然的动力远比我们所能想象的更令人惊奇，它对性的念念不忘和来自维也纳的那位先生（指弗洛伊德）不相上下。有些灵长类动物的脸部特征确实酷似它们性兴奋时的生殖器官。狒狒属的山魈以颜色艳丽的面孔著称，这一特征在哺乳动物中很少见。它们有蓝色的脸颊，脸颊有沟槽，还有像小丑一样的红鼻子。这样一张好似狂欢节面具的脸孔，酷似山魈的生殖器。

千万年的进化才塑造出狒狒的面孔，我们不禁要问，狒狒的脸为什么要“费尽周折”地长成生殖器的样子呢？原因是，如此一来，“不知羞耻”的（性）基因就可以占有脸部这一绝佳“广告牌”上更多的“广告位”了——灵长类动物的“广告牌”毫无遮拦且引人注目。据人类目前所知，自然界对人类或人类所谓的公平概念没有任何特别的兴趣。像大公司一样，“自然”在意的只是最要紧的“底线”，否则，“适者生存”又所为何来呢？自然界用打广告的方式来宣示自己的主张。一旦具备了繁衍后代的能力，人类就会表现出鲜明的性征。少女的唇以及发育起来的胸部，一如她们男友低沉的声音和毛茸茸的下巴，都是在宣示：“我已经做好了繁育后代的准备。”

毫无疑问，嘴唇是人一生中进行“性宣传”的重要场所，它在体现青春活力的同时，也暗示着生育能力。各年龄段的女人都用引人注目的唇膏对嘴唇加以强调。唇膏的颜色通常是色谱中最红的部分。这种装饰很可能只是人类想象力的另一种体现，终究是大自然的鬼斧神工，人们只是用具有某种文化意义的构想对其进行包装而已。对于女人的嘴唇和胸部这些第二性征，许多男人如同棘鱼或其他动物一样反应强烈，这些原本只是自然性征被人为夸大和凸显的结果。社会心理学家黛比·斯恩坦言，“唇膏有更多的性含义，而不仅仅是化妆品。”唇膏物美价廉、轻巧便携，在西方社会一直是最受欢迎的化妆品——实际上，许多女性认为它不可或缺。贝玲妃化妆品公司的创建人之一珍·福特·丹尼尔森宣称，整个美容业的核心是唇膏。各种报告显示，普通美国女性（假设存在这样一位普通女性）一生中涂在嘴唇上的颜料有好几磅①。拉加斯和科兹洛夫斯基在她们的著作《唇语》中写道：“女人即使不化妆，至少也要涂唇膏。”

① 1 磅约为 0.45 千克。——编者注

在大萧条时期，化妆品行业将化妆包装成一种梦幻的、不留痕迹的提升美貌的技巧。那时的广告记录下了这样的一幕：一张没有表情的脸，兜售着一种唇膏，广告语是，“它让你看上去不像化了妆，它本就不是化妆品”。有些广告商承认唇膏是一种性催化剂，并鼓动人们在寻找终身伴侣时认真地使用它。一开始，这种造作的自然主义潮流限制了人们在公共场合涂用唇膏——因为此举显然等同于当众揭穿魔术师的把戏。但是到1933年，《时尚》杂志对唇膏的使用大加赞扬，宣称它是“20世纪的象征之一”。

一根可以伸缩自如的金属管中储存着颜料，以方便涂抹，这种标准的唇膏形态直到1915年才被发明出来。但是，在20世纪之前，人们很早就开始在唇上涂色了。古代中国和埃及的插画描述了人们涂唇的情景。2 500年前的希腊妇女用植物颜料提升嘴唇的自然色泽。大名鼎鼎的埃及艳后克莱奥帕特拉用胭脂红颜料和指甲花染料涂抹嘴唇。当然，并不是所有人都赞成女性涂抹嘴唇来增强吸引力的做法。17世纪，英国有一个名叫托马斯·霍尔的牧师到处布道，宣讲悍妇和地狱一样会给人带来痛苦。像历史上所有的牧师一样，他恐惧女性性征，因为它可诱使意志薄弱的男子投入“撒旦”的芳香怀抱。他痛斥口红为“娼妓的徽标”，并且坚称，女人涂着唇膏出门，就是为了“激起那些对她们注目的男人的热情，点燃他们心中的欲望之火”。

20世纪六七十年代，有些女性厌倦了对所谓“女性气质”的僵化定义，拒绝使用具有诱惑性颜色的唇膏，为此，化妆品公司应声而动，推出了颜色更加丰富的唇膏，时至今日，它们的销路仍然很好，包括白色，甚至狂野的黑色。显然，涂唇膏并不仅仅与令人着迷的唇膏本身相关，更能给使用者和观赏者带来实在的愉悦，此外，它还带来了一种别样的快乐，这种快乐可能又会让托马斯·霍尔心惊胆战。薇若妮卡·魏纳在她《无所事事的艺术》一书中，热情地赞颂涂唇膏给人们带来的感官享受：

> 如果不是一支像黄油一样莹润、像香草一样芬芳的绚丽妖娆的娇兰唇膏，轻轻地触碰我的双唇，我可能永远也体验不到唇膏带来的乐趣，体会不到它所激发的飞扬思绪……它带来丰盈、润滑的感觉，提醒我们应言辞谨慎、表达清晰。当我们轻启朱唇，美味绝妙的香膏也被延展或收缩，牵动着从唇部到下巴、面颊、鼻子、眼睛和耳朵的细小肌肉。

这种对唇膏的美妙感受，听上去令人异常愉悦，而在维多利亚时期，女人们有个简朴的染唇习惯：用湿润的嘴轻咬玫瑰色的绉纸，以便让红色印在唇上。显而易见，唇膏因其独有的特性而流传至今。从修辞角度看，嘴唇是一种视觉符号，代指其主人。美国波普艺术的领袖人物安迪·沃霍尔创作过一幅作品，就是将梦露涂着口红的嘴唇重复排列在一起，以示对她的怀念。早在1934年，著名的超现实主义艺术家曼·雷就描绘过一幅风景画，上面只有一张双唇漂浮于空中。唇膏在当代俚语中也具有重要的象征意义，比如“唇膏女同”——同性恋和异性恋都用这个词来指称“有些传统女性气质”的女同性恋。该构词法现在扩大到了“唇膏图书管理员”和“唇膏女权主义者”等。

有时，唇膏的作用不仅仅是凸显嘴唇，让其比自然原色更具诱惑性。一代又一代的女人巧妙地用唇膏改变双唇的外形轮廓，有时会用唇线笔重新勾勒唇形。从琼·克劳馥到克拉拉·鲍的美国女演员，引领了丘比特弓箭唇形和猎人弓箭唇形的风潮。到 20 世纪 90 年代，女演员和女歌手们为了彰显青春，又开始流行使用唇线笔，让嘴唇轮廓显得饱满、上翘。

让嘴唇显得更加性感和噘翘，不止涂唇膏和描轮廓两种方法。多年来，有人热衷于修改唇形，发明了无数方法用以改变嘴唇的形状和大小。19 世纪晚期，追求流行时尚的女性甚至要上专门的课程学习如何说 P 开头的单词。这主意首先是由狄更斯小说《小杜丽》中那个空虚矫情的寡妇——杰纳勒尔太太传播开来的，她的职业是为上流社会的小姐们教授礼仪。她列举了一组拗口的词汇单：爸爸（Papa）、土豆（potatoes）、家禽（poultry）、干梅和棱镜（prunes and prism，意为“吞吞吐吐”），号称这些词的发音都对控制唇形有好处，尤其是“干梅和棱镜”。可以想见，许多女性觉得这样做是荒唐可笑的。伟大的女权运动家伊丽莎白·斯坦顿曾公开说，她忍受不了那些磨磨唧卿、字斟句酌、爱使用装腔作势的字眼的女人。

斯坦顿同样不会认同奥尔尚普的观点。1907年，奥尔尚普出版了《女人的全部秘密》一书，在书中，她提供了一种烦琐的护唇方案。在她的笔下，嘴唇似乎成了一件可以拆卸的物件：“把双唇在一杯温水中浸泡5分钟，擦干，然后涂上樟脑滋润油。一刻钟后，用软布擦掉，再涂上一些甘油……轻轻地舔舐，再抿一抿双唇，它们瞬间便会如盛开的鲜花般红润艳丽。”第一次世界大战开始前数年，“吉布森女郎”[①]曾风靡一时，她们就是通过吸吮加热的肉桂滴剂和轻咬双唇来提升自己的唇色的。

所有这些古怪的做法都是在美容术发展起来之前曾流行一时的。美容术能更加彻底地改变人们在镜子中的形象。通过背诵以P开头的词训练唇形，或者用唇膏使双唇更加丰润的做法已被超越。如今，人的嘴唇已经可以被重新设计了。相关的美容术有详细的分类，比如：唇部提升术，硅胶、胶原蛋白、脂肪的植入手术等。所以，许多电影明星（以及许多渴望成名的新人）都整过容，以至于如果谁的嘴唇天生就丰满、圆润，就会有人说她进行过后天加工，她得对此进行解释。

广告就是要打击潜在客户的自尊心，让人相信：我们的外表、衣着、出行工具，甚至体味都有问题，唯一的补救办法就是使用某一种产品，它是某家公司为了满足大家迫切的需要而无私生产出来的。唇膏广告也不例外。许多无耻的广告营销策

① “吉布森女郎”是美国插图画家查尔斯·达纳·吉布森创作出的19—20世纪之交的美女形象。——译者注

略就是，将通过美容来增强唇部色泽变为一种需求。1927年，有一款含水量较低、名为“烈焰红唇”的唇膏上市，它的广告词是：“让人忍不住想要吻你。”

亲吻就是亲吻

亲吻是一个逗号、一个问号，或者一个惊叹号。

——密斯丹格苔，“女神游乐厅”的传奇歌舞演员

与“烈焰红唇”的广告词恰恰相反，让人忍不住想亲吻的缘由并不是唇膏。

远古时期，人类在开始大型狩猎活动之前，为建造金字塔辛苦劳作一天之后，都会相互亲吻。有证据表明，如果时光倒流，我们回到足够遥远的过去，甚至可以看到全身长着毛发的祖先在非洲大草原上相互亲吻。在世界各地那些不为人知的隐秘部落里，“亲吻”和“嗅闻”是同一个动词，嗅闻一直是亲吻行为的重要组成部分。在某些国家，朋友或陌生人之间也会用亲吻面颊或嘴唇的方式来表示问候。古代波斯男人在亲吻社会地位低于自己的人时，会亲他们的面颊，而地位相当的人则亲吻对方的嘴唇。在吉尔伯特和萨利文（维多利亚时代长期合作的戏剧家）合作的喜歌剧《恶毒的诅咒》中，有这样一句台词：

我敢打赌，他们很乐意亲吻对方的脸颊，

他们对待外国佬就是这样做的。

有的吻只是做出亲吻状，更像在吻对方脸颊旁的空气。无数擦了口红的嘴唇亲吻过那些青春偶像的海报，从詹姆斯·迪恩到后街男孩，吻痕像海报的装饰一样。人们还会亲吻自己的宠物。曼波音乐歌手卢贝加说，日子过得太美妙，美妙得让我想要亲吻它。在有些地方，对女士施以吻手礼仍被认为是一种浪漫的举动。当拉斯柯尔尼科夫（陀思妥耶夫斯基的小说《罪与罚》中的人物）亲吻十字路口的土地来赎罪时，旁观者们大笑不止，而教皇保罗二世亲吻过的土地则遍布世界各国。父母哄孩子睡觉时也会亲吻他们。在乔伊斯的作品《一个年轻艺术家的肖像》中，主人公代达罗斯年幼时曾注意到："男孩的妈妈把嘴唇放在儿子的面颊上，妈妈柔软的嘴唇弄湿了儿子的脸颊，然后'叭'地亲了一口。为什么人们要相互贴着脸颊亲吻呢？"这其实是萦绕在许多男孩头脑中的问题，但是他们很快就不再有这样的疑问了，因为人类学家注意到，在世界范围内，亲吻俨然成了一种文化，人们都以这样或那样的方式亲吻他人。

这种源于史前时期的行为，也可以从教皇仪典中寻到踪迹：屈膝跪地的信徒亲吻教皇的戒指。一些灵长类动物学家，比如简·古多尔和比卢特·葛莱迪卡斯通过研究发现，亲吻行为在人类的近亲中非常普遍。古多尔在坦桑尼亚的贡贝观察黑猩猩，目睹了地位较低的雄性黑猩猩会谦恭地跪在地上，亲吻雄性黑猩猩头领的身体。在其经典著作《在人类的阴影下》中，古多尔描写了一种亲吻行为，她写道："我看见一只雌猩猩刚加入群体，就急忙赶到一只体形健硕的雄猩猩面前，向他伸出自己的手。雄猩猩像帝王一样，伸手握住雌猩猩的手，将其拉到身前，用唇亲吻她。"葛莱迪卡斯因其在婆罗洲岛（加里曼丹岛）对猩猩的研究而著称，她描述了一对猩猩母子间温馨的亲吻行为。一个猩猩妈妈和儿子拥抱后，小猩猩就走开了。过了一会儿，妈妈温柔地叫它，它又折回来。妈妈把左手放在儿子头上，把右手伸到儿子面前，儿子轻轻地亲吻妈妈的手。

达尔文离世很久以后，一些灵长类动物学家才通过艰苦的野外调查，逐渐开始取得科研成果，其实达尔文早在撰写《人和动物的情感表达》一书时，就记录了他在动物园观察到的一幕：在不同时间，大猩猩初次见面时，会用拥抱和亲吻的方式表达对彼此的问候。达尔文还引用理查德·斯蒂尔（爱尔兰作家）关于亲吻的论述："亲吻的创作者是大自然，它始于第一次求偶。"这一说法显然并不准确。即使倒退几百万年，斯蒂尔的想法也未必领先于求偶行为的产生。亲吻在人类近亲——灵长类动物中非常普遍，这提醒我们，亲吻不只是文化现象，更应到远古时期去追寻其渊源。亲吻发生于早期原始人或灵长类动物首次求偶之前，它会令人产生一种安慰性的愉悦，因此被归类为"浪漫的行为"。

灵长类动物学家们观察到：亲吻是黑猩猩之间例行的交流方式。一名实地研究人员看到，黑猩猩妈妈为了安慰闷闷不乐的幼崽，会像人类母亲一样把孩子揽在怀中并亲吻它的头部。古多尔曾注意到：一只雄性黑猩猩狠揍了一只雌性黑猩猩，之后，雌猩猩紧追上雄猩猩，并屈膝蹲下表示臣服，雄猩猩则鼓励性地拍拍她的脑袋，甚至低下身去亲吻了她的额头。外出游荡的浪子回到家后，也会用嘴唇轻触妈妈的脸颊表达问候。虽然多数黑猩猩的问候行为都不太明显，但老朋友之间会拥抱、亲吻对方的脖子和脸颊。简言之，亲吻是一种交流行为，它出现的时期比我们定义的“古时候”还要早。英国灵长类动物学家卡罗尔·加墨总结了亲吻的历史和技巧：“亲吻和性行为都早于语言，它们不需要语言就能进行，实际上，话语甚至是多余的。”

罗马人把吻分为三种：友谊之吻、爱的亲吻、激情之吻。（按照当时的司法制度，对同等社会地位的人之间“过于明显的强吻”要接受审判和惩罚。）亲吻作为婚礼高潮的做法可追溯到罗马时期。它是罗密欧落在死去的朱丽叶双唇上的吻，“用来签封无限期的爱的合约”。像罗马人一样，犹太法典也对吻进行了精确的分类，分为“告别之吻”“敬重之吻”“问候之吻”。

在《旧约全书》（以下简称《旧约》）中，好朋友在见面和告别时亲吻对方的情形很常见，在亲属之间则更为普遍。《旧约》中有表兄弟之间充满欺骗性的吻。《旧约》中的约押（大卫王的元帅）假意问候他的竞争对手，同时也是他的表兄亚玛撒，他用一只手抓住亚玛撒的胡子亲吻他，另一只手却将剑刺入亚玛撒的腹部，将其杀死。《新约全书》则成了伪善文学的终极象征。

在客西马尼园，耶稣向天父祷告并训斥那些昏昏欲睡的门徒，这时，犹大带人进入园中，假借亲吻耶稣的机会，暗中向仇恨耶稣的犹太教长老和司祭们指认耶稣，致使耶稣蒙难被抓。

因此，《圣经》中的“亲吻”并不都是那么美好的。再比如全书极少提到的欲望之吻。《撒母耳记（下）》记述了一个恶劣女人的故事。她试图诱惑一个规规矩矩的男人，手段是亲吻他，并诱使他到香气氤氲的床边。作者写道，“她用讨喜的嘴唇和谄媚的话语征服他”，还引述了那个古老的哀诉——亚当对上帝抱怨说：不是“我”（亚当 / 男人）的错，是“她”（夏娃 / 女人）先引诱我的。在《圣经》的其他篇章中，对亲吻的不同态度导致人们对诱惑的看法也不同，比如富有争议的《所罗门之歌》或《雅歌》。这样一部桃色意味浓重的爱情诗集，是怎样潜入《圣经》的，至今仍是一个谜。全书没有宗教词语，只有一处提及“神”。《圣经》学者称它为 hapax legomenon（希腊语，意为“只出现过一次的词或短语”“罕见语”）。《所罗门之歌》是一部忽略罪恶、上帝和以色列的《圣经》。出于多种类似的原因，作者不可能是所罗门本人，他是书中被描写的对象。他是那本书的创作者只是一种流传的说法。

有些犹太教徒和基督徒对《所罗门之歌》中这种公然的色欲描写感到不安。即使无法令人信服，他们也试图说服众人：书中的爱欲故事寓意为神对以色列人的爱，或者基督对信徒的爱。而对于大多数人来说，这些诗不过是常见的、对肉体欢愉的较为纯粹的表达，是最早对色欲的一种文学描写。诗歌中的男女，青春洋溢、互相爱慕，使得这些诗歌充满了情欲色彩，简直是一部令人难忘的接吻指南。第一首诗就热情洋溢地直入主题："让他吻我的唇，因为他的爱比美酒香醇。"到后面，诗就变得俗艳起来，并用食物来借喻："我的恋人，你的双唇甘甜如蜜，蜂蜜和牛奶就在你的舌底。"男人将女人的身体比作"水果"，女人则邀请男人进入"果园"。正是这种男女巧答激起了民众对阿维拉的圣特蕾莎修女的批评，她是16世纪西班牙的修女，主张神秘主义和禁欲主义。批评者说："一个女人评说《所罗门之歌》，成何体统。"女人不能评述《所罗门之歌》的看法一度非常流行，实际上，批评者当中也有女性。

爱尔兰诗人路易斯·麦克尼斯这样描写伦敦：它到处都散落着记忆中的吻。其实，全世界都散落着记忆中或预想中的吻。"亲吻"一词中神秘地交织着情感和欲望。我们梦想着亲吻渴望拥有的人；我们在聚会上偷偷地亲吻；我们"以吻封笺"，或在信笺上潦草地涂鸦，以表示亲吻和拥抱；我们向火车车窗外的亲友"飞吻"告别；我们亲吻爱人的照片。我们就是这样，用各种稀奇古怪的方式表达爱意。"带吻电报"一词，出现于20世纪上半叶，指的是寄件人亲吻过的"情人节礼物"。20世纪80年代，这一说法又重新出现，指的是穿着惹火的女郎发出的某种信息，外加一个实实在在的吻。

把亲吻的习惯上溯到人类的近亲和祖先——灵长类动物——是不够妥当的。假如不是人类发明了亲吻，灵长类动物又是为什么要这样做呢？有些人类学家和心理学家认为，亲吻是由母亲对孩子的口对口喂养进化而来的。弗洛伊德指出，婴儿吸吮妈妈乳房的快乐在吸吮手指和亲吻中也可以被激活。他认为，这标志着口唇期的开始，之后是肛欲期。不管弗洛伊德开拓性的心理描述与真正的成长标记期有多大程度的契合，早在我们聪颖的灵长类祖先称自己为人类之前，有些类似的行为就已经处于发展状态了。男性将舌头探进女性口中的行为被看作男性生殖器侵入女性身体的一种象征。对于某些人来说，亲吻比性交更加亲密且充满深情。在1953年的电影《乱世忠魂》中，编剧詹姆斯·琼斯表达了相同的观点："有这样一个禁忌，你永远不要亲吻娼妓，她们不喜欢，因为她们的吻是私密的，就像大多数女人的身体一样。"

嘴唇之所以能够亲吻，是由于口轮匝肌的作用，它是一组像环绕在眼睛周围的眼轮匝肌一样的括约肌，是嘴唇周围环状的肌肉，延伸到下巴，连接鼻子和上唇。有些人叫它"吻肌"。通过这块肌肉的收缩，我们可以做许多有趣的事。单就浪漫之吻和情欲之吻来说，其花样就令人目不暇接。我们可以轻轻地、快速地、淡淡地触碰嘴唇，可以闭唇或轻启嘴唇慢慢地、浪漫地亲吻，可以进行试探性的初次亲吻以预测接下来要发生的事，还可以来一场马拉松之吻，包括"舌斗""轻咬"和一系列其他的行为，随即，甚至会有想要"吞噬"对方的渴望。许多人谈到过这种欲望。当萨尔瓦多·达利（西班牙超现实主义画家）初次见到他的妻子加拉的时候，他还是一个25岁的没有任何性经历的青年，而加拉比他大了 10 岁。他们是在西班牙岩石海岸的卡达克斯相遇的。数年后，达利声称，在加拉之前，他没有拥抱过任何人，他感叹道，他们在岸边的第一次接吻开启了“他想彻底吞噬对方的渴望”。有趣的是，达尔文也有过类似的感受，他用笔记录下了这种充满饥渴的吻。他的笔记被保存在学者们所谓的“N 笔记”的残卷中，这是达尔文早期关于进化论思考的衍生物。他用习惯性的潦草、仓促的笔迹写下：“人们想要亲吻，甚至啃咬对他们有性吸引力的人。”达尔文还注意到，狗和人“有性冲动时都会流口水”。

弗洛伊德把这种渴望叫作“口欲期攻击性”，它令人恐惧。作为繁殖行为的预热活动，似乎任何一种行为，比如某种形式的问候或晚间娱乐等，都应该是自然而然发生，并且令人异常愉悦的。然而，接吻作为一场性爱盛宴的“开胃酒”，却令人畏惧。在西班牙内战期间，清教独裁者弗朗西斯·弗兰科联合教会，建立了一个虚伪的道学政权，甚至禁止人们在公共场所亲吻。好莱坞的“海斯办公室”[①] 深为电影中泛滥的性表达所困扰，在大萧条时期及之后的时间里，尽心守护着好莱坞电影的道德规范。为了避免过度的亲吻镜头给美国年轻人带来性刺激，“海斯办公室”限定了电影中接吻镜头的时长。在电影《声名狼藉》中，导演阿尔弗雷德·希区柯克授意演员加里·格兰特和英格丽·褒曼亲一会儿、停一会儿，从而绕过了亲吻时限的规定。

① “海斯办公室”是威尔·海斯于 19 世纪 20 年代主持《美国电影协会》时协会的俗称。——译者注

如果你对性交的危险感到恐惧，那么对接吻有所害怕也不失为一个聪明的想法。在 1971 年出版的《亲密行为》一书中，动物学家戴斯蒙德·莫里斯，即《裸猿》的作者，从身体和社会的角度研究了人类的交配行为。他把人类典型的动物性求爱行为划分为 12 个阶段，据此画出了一幅交流亲密度逐步升级的曲线图，大多数动物都会经历这一从视觉吸引到身体吸引的过程。这 12 个阶段的行为包括第一次见面、第一次身体接触、搂抱、性交等。第一次亲吻处于曲线图的中间位置。每个人都可从经验中获知接吻之后可能发生的事情，莫里斯清晰地描述了这一点：

> 接吻，伴以全身拥抱，是推进关系的主要步骤。如果接吻、拥抱时间较长或重复这一行为，那么就有可能激起强烈的生理反应，女性可能会分泌体液，而男性的生殖器会开始勃起。

这可能就是对接吻设限多多的原因。神经末梢最丰富的身体部位包括嘴唇、阴蒂、阴茎。显然，它们像计算机网络那样相互连接，彼此促进沟通。

这一常识引发了人们对接吻的责难和恐惧，但并不是任何“恐吻”的表现都具有政治性。1901 年，“美国妇女基督教节制联盟”发起了一场全国性运动，向大众普及亲吻嘴唇的危害。即使以清教的名义援引科学理念，也拯救不了这场运动失败的命运，但是联盟的强势领导人安娜·哈特菲尔德还是将唇吻诋毁为“野蛮的、不健康的”旧习俗：假如脏兮兮的野蛮人忍不住非要嘴对嘴亲吻，弄得别人满脸口水的话，他们至少应该事先给嘴巴消毒。

不幸的是，接吻确实存在危险——它是传播感冒的捷径。单核细胞增多症被称为“接吻病”，因为接吻正是传播这种高传染性疾病的简易渠道。接吻病是由艾普斯登–巴尔病毒引起的，这种病毒对慢性疲劳综合征也有影响。20 世纪 50 年代，人们害怕这种病毒，并将其作为一种可怕的警告，试图阻止人们的接吻行为。不久，研究者发现，世界上大多数人的身体对这种病毒呈阳性反应，感染的年龄越小，他们感受到的痛苦就越少。顺便说一句，这种接吻病毒和接吻虫不一样，接吻虫是一种真实存在的臭虫，是猎蝽家族的嗜血者，它们喜欢叮咬人嘴唇周围的皮肤。

接吻病可以通过接吻传播，但接吻双方对此常常毫无觉察。而有些疾病的发生就有明显的症状，比如疱疹，尽管疱疹病毒藏在皮下的神经细胞里，但其发作时却是清晰可见的。1 型单纯疱疹病毒，简称 HSV-1，是邪恶的疱疹病毒家族 90 多个成员中的一个。祸不单行，疱疹病毒家族侵袭的对象，还包括除了人类的许多动物。很多因素比如失眠、心灵创伤、便秘、感冒等传染病，甚至在太阳下长时间被紫外线照射，都可触发疱疹。莎士比亚将疱疹看作可怕的接吻障碍。在《罗密欧与朱丽叶》中，罗密欧刚从一场噩梦中醒来，他的好友兼参谋马库修说梦总是骗人的，当罗密欧反驳他的时候，马库修开始了关于麦布女王的长达 42 行的演讲。马库修提到的麦布女王，是凯尔特传说中的精灵，她带领着童话世界里的众精灵，趁人类熟睡时进入他们的身体跳舞，从而唤醒人类的阴暗面：

> （她带领众精灵）经过女人的嘴唇，
> 女人们就在梦里跟别人接吻，
> 可是因为春梦婆讨厌她们嘴里吐出来的糖果气息，
> 往往惩罚她们满嘴长出疱疹。

尽管马库修指出了接吻的危害，但是罗密欧和朱丽叶在舞会上初次见面，就玩起了关于接吻的文字游戏，并把初吻给予了彼此。警告对于我们普罗大众没有什么用。我们总要接吻，也终会做爱。正如弗洛伊德所说：“一个男人会热烈地亲吻一个漂亮的姑娘，然而，使用姑娘牙刷的想法却会令他感到恶心……”顺便说明，HSV-2 型的单纯疱疹病毒主要入侵生殖器并通过性爱传播。两种近亲病毒的作用方式相似，可以在条件合适的时候侵入对方的地盘。口交也会传播病毒。科学作家韦恩·比德尔谈到了这两种人际传染性皮肤疱疹时说：“一个是不成问题的社会问题（1 型病毒），另一个是丑闻（2 型病毒），这样的事实恰好说明，人们对疾病的态度反映了人们的文化价值观。”一旦病毒侵入身体，使人罹患这类疾病，即使当今的医疗水平和药物的先进程度足以让人乐观，但也只能缓和发病强度，或缩短病痛持续的时间，却无法彻底治愈。

如今，商品的营销卖点通常是性感而非健康。数不清的漱口水、牙膏或口气清新剂的广告都宣称，若购买、使用他们的产品，会更吸引他人与之亲吻。显然，“法式热吻”可能携带细菌，可引发单核细胞增多症那样的疾病。最近的研究表明，“法式热吻”还会传播牙周致病菌。这种“舌戏”不仅人类独有，比如与我们关系密切的灵长类动物，它们的亲吻也并不单纯。倭黑猩猩张嘴亲吻时，舌头灵活得堪比好莱坞大片中的镜头。英国人把这种吻叫作“法式热吻”，而在法国，它却被叫作“意式亲吻”，也叫“心灵之吻”。人们通常认为，用于呼吸的口鼻是众神向“小泥人”吹入仙气的通道，而“嘴”一直被认为是心灵和肉体的结合点。在1915年上演的默片《从前有个笨蛋》中，美国演员蒂达·巴拉扮演的荡妇（吸血鬼）就是通过一个长吻，开始了偷盗男人灵魂的勾当。20世纪60年代初期，新兴的嘴对嘴心脏复苏术，曾一度被大家的想象力提升到了“生命之吻”的高度。

艺术反映了我们对亲吻的痴迷。不提亲吻的情歌还是情歌吗？20世纪“爵士乐第一夫人”艾拉·菲茨杰拉德问另一位爵士乐大师莎拉·沃恩，格什温兄弟写的歌《它持续多久了？》如何。莎拉坦言道，她觉得歌曲咏唱的是“吻”。艾拉的问题强调了人人皆知的亲吻的乐趣。同时代的爵士乐巨匠比莉·霍利戴改编了这首歌的前奏，使“吻”的味道更足——这才是爵士乐的真谛。其他的艺术流派也都有各自的以“吻”为主题的作品。摇滚乐界甚至有一支乐队以“吻”（KISS）命名。

自从爱迪生公司制作的首部记录奇闻逸事的电影于1896年公映以来，吻就被记录在了电影胶片上，这无疑会让激进的批评者们不安和气恼。嘉宝在她的最后一部默片《吻》中扮演女主人公，充满偷情意味的吻注定了角色的悲剧命运。有几部电影把真正的或象征性的吻直接融入片名或角色名中，比如由科尔·波特作词、作曲，于1949年首演的音乐剧《凯特，吻我》，罗伯特·奥尔德里奇于1955年执导的《致命亲吻》，以及20世纪80年代的《蜘蛛女之吻》，还有1970年罗伯特·奥特曼执导的电影《陆军野战医院》中，一个女护士赢得了“热唇”的绰号……一些令人难忘的屏幕之吻挑战了当时社会的接受限度。20世纪60年代末期，在《星际迷航》系列电影中，白人舰长科克和黑人中尉尤乌拉进行了跨种族的纯洁之吻，但是美国南方有些电视台拒绝播出该系列片。对于“亲吻”来说，1971年则更具有里程碑意义。当年，在《哈洛和穆德》一片中，巴德·寇特饰演的20岁的小伙子亲吻了露丝·格登饰演的80多岁的老妇人；同年，在约翰·史莱辛格执导的《星期天，血腥星期天》中，两个男人献出了银幕之吻。

摄影师们自然也不会对亲吻视若无睹。摄影师艾森施塔特于“二战”对日作战胜利纪念日当天，在纽约时代广场上抓拍到一名水手正在亲吻一位护士，这张照片被疯狂地转发到世界各地。画家和雕塑家创作的象征永恒的吻也随处可见。在奥地利画家克里姆特的作品《吻》中，青年男女穿着亮晶晶的衣饰，像柔术演员那样相互缠绕着亲吻。在俄国画家夏加尔的笔下，一对恋人在空中拥吻。罗马尼亚雕塑家布朗库西用石头雕刻出一对连体共生的爱人。罗丹的雕塑作品《吻》传达出的情感热烈得几乎能将青铜融化。在西非一些商店中出售一种蜡烛，拥吻的蜡人随着燃烧的火苗一起融化，让人不禁联想到罗丹的作品。

诗人和小说家对“吻”的描写极具渲染力，就好像吻是他们发明的一样。古罗马作家彼得罗纽斯引用古希腊杰出的哲学家伊壁鸠鲁“爱赋予生命以意义”的观点，说出“智慧是一个吻”的隽语。有时，“吻”是那样令人愉悦，让我们欲罢不能。古罗马诗人卡图卢斯称颂他迷恋的女人，他在诗中乞求爱人吻他千百次……直到他们陷入“吻的迷宫”——吻的次数数都数不过来。17 个世纪之后，英国诗人罗伯特·赫里克增加了索求爱吻的次数，他期盼所爱之人吻他 300 万遍，然后从头再来。又过了 3 个世纪，这种绵绵情愫又出现在爵士乐家阿姆斯特朗的小号声里。在童话《睡美人》中，王子用一个吻把因魔咒而陷入百年沉睡的公主唤醒。在希腊神话《皮格马利翁》中，塞浦路斯国王皮格马利翁爱上了他雕刻数年的美女雕像，于是他用吻赋予了雕像鲜活的生命。在莎士比亚的悲剧《科里奥兰纳斯》中，归来的国王向他的妻子索取一个与他流放时间一样长、如他的复仇一样甜蜜的长吻，以让她确信：他的唇一直是纯洁的，只待与她亲吻。英国戏剧家马洛创作的浮士德博士，乞求海伦用吻使他获得永生。甚至连一本正经的美国诗人罗伯特·弗罗斯特都将“唇上的爱恋”描写为“他所能承受的甜蜜的碰触”。在《卡萨布兰卡》一片中，杜利·威尔逊唱道，“你必须铭记它”，是的，人们又怎能将吻忘记。

在法国作家马塞尔·普鲁斯特所著的《追忆似水年华》中，与作者同名的主人公马塞尔准备亲吻他一直钟情的姑娘阿尔贝蒂娜，作者花了很多篇幅表达主人公对阿尔贝蒂娜的迷恋，不厌其详、细致入微地描写他如何为亲吻做准备，对此，20 世纪西班牙思想家、散文家何塞·奥尔特加·加塞特把这种描写叫作“令人愉悦的短视”。直到最后，马塞尔的赞美终于落到了阿尔贝蒂娜粉红色的双颊和垂落的美丽黑发上。读者经过这部分长而艰难的“阅读跋涉”，几乎要失去耐心、大声求饶了：“看在上帝的分儿上，快吻那个女人吧！”不管怎样，普鲁斯特确实表达了关于亲吻的有趣看法。他在书的开篇就指出，“人”生来就不具备实施“亲吻”这一行为的工具：

> 由于人没有专门的亲吻器官，只能用嘴唇替代，人们以这种方式得到的满足感，应该会比用獠牙亲吻爱人得到的满足感多些。双唇原本是为了将那些引发人类食欲的美味传至口腔。因为亲吻中的双唇不辨对错、不计得失，因此它感受到的一定是满足。双唇如果遇到极为诱人而又难以逾越的脸颊，有时会不得不停止接吻。

因为人类缺乏理想的亲吻器官，故由嘴唇充当“替补”。尽管是“替补”，嘴唇的亲吻工作却做得相当到位。由于人的嘴唇布满敏感的神经末梢，所以人们几乎不假思索就能辨别对方是否匹配。我们可以大胆地假定：亲吻可以引发人类其他行为，世界的存在是男女亲吻升级的结果。此时，在水域广阔、不停地旋转的地球上——在地铁里、马背上，在电梯里、茅屋中，在机舱中、游艇上，在海滩上、蒙古包中，当然还在数不清的汽车后座上，人们随处在亲吻和温存。此刻，在南非的索韦托，一对中年夫妇在关灯前给对方匆匆一吻；在长江边上，一个老妇人在和将逝的老伴亲吻告别；在俄勒冈，一对对少男少女正向对方慢慢靠拢，直到彼此的唇第一次触碰。

不可或缺、毁誉参半的舌头

许多人败在剑锋下，

更多的人倒在舌根边。

——《德训篇》

虽然舌头隐藏于头部，并由嘴唇保护，但它在人们的生活中却非常显眼且重要。像手一样，舌头也会爱抚世界。人丰富的大脑生成象征性意象，将舌头的美德大力颂扬。半岛、钟舌、跳动的火焰、鞋的皮瓣——都可以用“舌”形容。关于“舌”

的说法还有：教徒在拜神仪式中“不知所云”（speak in tongues，意为“在拜神仪式中讲不为人知的语言”），腼腆的人“丢了舌头”（lose one's tongue，意为“说不出话来”），批评家“有锋利的舌头”（have a sharp tongue，意为“言语犀利”）。人类意识具象化的路径是：我们用动物性的舌头，表达出古老大脑中鲜活的独特意象。

有史以来，世界各地的人们都是借由舌头这块万能的肌肉进行着口头交流，尤其是在书写文字普及之前。那时的暴君或罪犯会把受害人或目击者的舌头割掉，让他们无法辩驳。希腊神话中就有这样一个可怕的惩罚事例。国王蒂留斯欺骗了他妻子普洛克涅的妹妹菲洛梅拉，并强奸了她。如古罗马诗人奥维德所述：事后，菲洛梅拉向她的父亲、姐姐和众神哭诉，但是没人听信她的话。于是，她向蒂留斯发誓，她的声音“将回荡在森林里，会使岩石为之动容”。于是国王将菲洛梅拉绑起来，持剑走到她的面前。菲洛梅拉露出脖颈想要寻死，但是蒂留斯却用钳子夹出她的舌头，将其割掉。最终，菲洛梅拉和姐姐对这个强奸犯进行了报复。当两姐妹逃跑时，之前曾疏忽大意的众神终于出面帮忙，把她们俩变成了鸟儿，以便逃得更快。（在最初的希腊神话中，菲洛梅拉变成了一只燕子，普洛克涅则变成了夜莺。但是，后来的罗马诗人把两姐妹的变身弄颠倒了。于是，19 世纪初的诗人济慈就顺理成章地把夜莺称作菲洛梅拉。）

有些时候，发不出声音并不是由于缺失了舌头，而是因为有些话难以出口。津巴布韦当代小说家伊冯娜·薇拉在《在舌头下》中讲述了一个如梦一般令人心碎的故事，女主角枝扎被自己的父亲穆罗伊瓦强奸，母亲将父亲杀害后入狱。自此以后枝扎就不再说话了。整部小说中，薇拉统一使用“舌头”来借喻语言本身，她写道：“我知道自己的嘴巴里埋着一块石头，它就在我的舌头下面。声音已经把我遗忘了……要说的话在舌头下埋藏得太久，已经腐烂。”这是世上所有沉默女性发出的无声呐喊。

虽然舌头本身不能生成语言，但是这种拟人的说法贯穿整个人类文化史，表明了我们对舌头这一器官的依赖。托马斯·亚当斯在1619年的作品《驯舌记》中感叹道：“哦，离不了的舌头！假如不是你为人们提供发泄的出口，有多少人将会心碎、崩溃！”就像亚当斯作品的题目所示：虽然人们知道舌头传达的是心的渴望，但也惧怕它的直率和力量。浏览一下当时出版物的标题即可见一斑：《毒舌》《舌头的束缚》《舌头的管制》。如托马斯·亚当斯所言：“眼、耳、脚、手，虽然也狂野任性，但终究被我们驯顺，却没人能够驯服舌头。”大约在同一时期，艺术家乔治·威瑟在《寓意画册》中描绘了舌头的一意孤行，他把舌头画成一个长着翅膀的怪物，它一心想从地表腾空而起。画的文字说明是：“心思难定/不羁的舌头。”但事实上，对舌头最猛烈、最恶毒的谴责出现在《圣经》中。使徒詹姆斯在《使徒书》中对流散的十二支派疾声规劝道：“舌头是火，是罪恶之源。我们的舌头也是如此，它玷污全身，引发地狱之火，烧尽世间万物。”

舌头罪孽深重，并不仅仅在于人类用它发声。16 世纪初，伊拉斯谟把舌头贬低为“松软无力的小器官”，这位人文主义大家也承认舌头的善恶二重性，称其为“好坏参半的器官”。舌头是身体很有天赋和力量的组成部分，难怪我们对它既爱又恨。它与嘴唇、咽喉及肺部相互配合，发出声音并形成语言。没错，我们可以这样回应使徒詹姆斯：舌头可以许下承诺，做出保证，也能编织谎言；它能让流言纷飞，也能表达强烈的爱欲；它能下达致死的命令，也能给予他人以赞美和惩戒。然而更多时候，它还是扮演着最纯粹、最原始的角色：帮助我们品尝、咀嚼和吞咽食物，给我们带来营养，让我们体味到世俗的快乐。所有生物都是通过身体感受世界的，也对世界做出相应的身体反应。

如同身体其他器官一样，自然界中动物的舌头也是多种多样的。鸟类的舌头并不起眼，但火烈鸟却因为它们美味的舌头而遭了殃，成碗的火烈鸟舌被摆上了罗马皇帝的餐桌。蜂鸟在用力盘旋的时候也伸出舌头与花儿进行“法式热吻”。19 世纪，无数头美国水牛被屠杀，它们的尸体在荒原上腐烂，它们的舌头却变成美食，与人类的舌头“相聚”。蜥蜴的变色隐身术并不是它们唯一的技能。在脊椎动物中，蜥蜴的肌肉伸缩力是独一无二的，它们的舌头可以伸至身长的两倍。酷热难耐的时候，狗狗们看上去笑意盈盈的，其实它们是在伸出舌头散热。人们对蛇的普遍偏见是，它们叉状的舌头代表着狡诈，那不过是在解读空气中的“可靠分子”。从根本上说，鹿用舌头舔盐巴的方式，就和小孩子用舌头舔冰激凌筒的样子如出一辙。每个婴儿和每只小狗都在忙着用舌头感知这个世界。Lingua franca，意为“共同的舌头”，即“共通语言”。

虽然人类的舌头缺乏某些动物舌头所拥有的功能，但它被赋予了一个最伟大且令人愉悦的功能——语言，这让《毒舌》和《管住舌头》的作者烦恼不已。Tongue 这个词既指“舌头”，又指“语言”，下列这些词也蕴含“舌头”的意思：lingo（行话、术语）、glossary（术语表、词汇表）、linguini（扁面条）、bilingual（双语者）和 glossolalia（语意不清、言语不清）。Tongue 的词源要追溯到中古英语（约 1100—1450）中的 tunge 和 tonge，这些中古英语词和其同源词 zunga（古高地德语，约 500—1050）都源于拉丁词 lingua，lingua 衍生出古法语（约 800—1400）词 langue，langue 又衍生了我们熟悉的英语单词 language（语言）。由此可见，舌头这一说话器官和它发出的有声意义符号之间具有古老的联系。对此，新西兰语言学家埃里克·霍尼伍德·帕特里奇指出：“舌头和语言的联系，是自然而普遍的现象。”美国学者卡拉·马吉欧进一步评述道：“因为‘舌头’也指代‘语言’，一提这个词，就不免让人把语言和身体、要旨和媒介、意义和物质联系起来。”

舌头取得的各种“成就”，都源于舌固有肌之间的合作，固有肌的纤维有纵、横、垂直三种，固有肌精巧地锚定在舌外肌上。舌头的味觉感受器——味蕾是彼此独立的。舌侧的味蕾尝酸，舌边的味蕾尝咸，舌尖的味蕾能迅速品尝甜味，而苦味到了口腔最里面，才能被舌根的味蕾感知。舌面上圆形的凸起叫作乳突，类似指纹脊线上的乳状凸起。指纹乳突有抓取和充当汗腺源两个功能，舌乳突也有两个功能：搅动食物和存储味蕾。味蕾排列在舌乳突的侧缘，有些散布在咽壁上（喉咙和鼻子后部）和口腔顶部，大多数味蕾则分布在舌面，尤其是舌尖部分和舌侧面，特别是舌的背面。味蕾上的开孔叫作味孔，它是进入味细胞内部的通道。通过这种微化学反应过程，我们得以品尝巧克力和桃子的美妙滋味。

舌头不仅管控味觉，还用自己独特的方式进行触碰。聪颖的舌尖灵巧地把牙缝里的食物搜罗出来，迷人地舔去唇上的鲜奶油。它与另一条舌头接触时，或小心翼翼，或肆意大胆，并由此激活全身的情绪。哪怕湿润的舌面上有一颗罂粟籽或一粒盐，舌头都能察觉。少数人可以灵活地用舌头将鸡尾酒樱桃的梗打上结，他们还可以把舌头卷成管状。不能这般熟练操弄舌头的人也不必忧虑，因为这种天赋并没有进化意义。

勿读我唇

唇语的艺术性和科学性说明，唇和舌的形状直接影响着人类交流中的发音模式。许多聋人需要学习唇语。如今，人类拥有越来越精密的扩音设备，间谍不再单纯地依赖读唇术，但它仍然发挥着作用。唇语成就了一些老电影的经典桥段：间谍用双筒望远镜监视着目标——“她说什么呢？”“她好像在跟着收音机唱歌。”虽然在看外国电影的同时看字幕并不容易，但与看译制片中唇形和声音的错位相比，对于大脑来说其实还算轻松。长久以来，人类形成了听人说话时看人动唇的习惯。

因为双唇生来就是要开合翕动的，所以嘴唇不动就特别引人注目。许多人经过训练后，可以不动嘴唇地说话。Ventriloquism（venter，腹部；loqui，说话）一词意为“腹语、口技”，表明“以腹说话”具有悠久的历史。在古希腊和古罗马时期，腹语是占卜者拥有的神秘天赋之一。占卜者能熟练地使用这一招数蒙蔽众人，使人们轻信神灵正借助他受众神眷顾的肚皮说话。但这一招偶尔也会失灵。16 世纪的英格兰就出现了臭名昭著的“肯特神女”案。当时，伊丽莎白·巴顿通过“腹语”声称：她肚子里烦躁不安的神灵给出了预言，它们反对亨利八世的婚姻。国王的反应是，“别拿我们开玩笑”，于是把巴顿处以绞刑，结束了其口舌生非的一生。

如今，腹语从通灵术降为娱乐手段，仍然保有活力。有不少人主要凭借不动嘴唇说话这一技能来谋生。当然，这种技能也要通过大量的练习才能掌握。发辅音 b、p、m 时，一般都需要动唇，腹语者为了避免让嘴唇在发这些辅音时出现翕动，就用隐舌的灵活运动来模拟嘴唇的发音。专业人士认为，虽然技能可以提高，但是灵活的舌头却是天生的。当然，像魔术师一样，腹语者也会运用“误导法”。为了把观众的注意力从他们的嘴唇上移开，就让手中的玩偶做出逼真的体态姿势，或把脸转向玩偶，听它们“说话”。

人类的愚蠢中最可爱的地方在于总是会对这种把戏乐此不疲。在20世纪40年代，美国口技大师埃德加·伯根创造了自作聪明的木偶查理·麦卡锡和摩尔迪莫·斯纳德，其广播节目广为人知。伯根节目的成功之处在于：由于广播这种媒介不能使观众亲眼看到口技演员的绝活——不动唇的表演，于是为了弥补这一缺憾，他创作了可信的角色和有趣的对话。在广播里，谁知道伯根的唇动没动？口技的流行也能说明，在想象力的驱动下，人体文化史的发展可以产生巨大的变化，比如嘴唇这一灵动、多能、敏感的身体器官，其功能已经远远超越了其自然的生理作用。

第二部分

世界之重

第七章

强健的臂膀

多数工作不再依靠体力，肌肉逐渐成为一种身份的标记。像晒成褐色的皮肤一样，它们代表一种老式的审美。

——丽贝卡·索尔尼特，美国作家

许多希腊神话故事的灵感都源于人类臂膀上强健的肌肉，比如擎天神阿特拉斯这一古老的神话故事。阿特拉斯是伊阿佩托斯（希腊神话中十二泰坦巨神之一）之子、普罗米修斯的兄弟。阿特拉斯属于泰坦巨神一族，在奥林匹斯山的诸神掌管宇宙之前，他独步天下。泰坦族在与奥林匹斯众神的战役中落败，众神之王宙斯为了惩戒败者，命令阿特拉斯用他阔厚的双肩撑起苍穹。神话的有趣之处在于，众神都被“拟人化”了，无论是希腊诸神、基督之神，还是美国印第安人的纳瓦霍神，抑或是东南亚的高棉之神，无一例外地被赋予了人的体貌特征，这些特征被无限夸大，一如漫画中超级英雄和超级反派的形象。

众神之王宙斯认为，需要举起某种东西时，最好的办法当然是凭借肩膀和双臂之力，正是人类肩与臂之间的“背部”，支撑着原始文明时期的辛苦劳作。除此之外，还有什么能承受世界之重呢?

巨神阿特拉斯的故事赋予人们多种多样的灵感和启迪。非洲西北部的阿特拉斯山脉就是以该神的名字命名的，人们认为他的故乡不仅仅是希腊，而是超越了希腊的疆域。有两个古老的相关术语，可以更好地阐释人体故事，并说明人体的文化史是如何反映其自然史的。其一是建筑学中的 atlas 一词，指支撑建筑物的人形圆柱，它的另一个希腊语称谓是 caryatid（女像柱）；其二是解剖学中的 atlas vertebra，即第一颈椎，它支撑着人类沉重而高贵的头颅。另外，atlas 也指地图集，因为在早期的地图集中经常印有这样一幅画：疲惫的巨神阿特拉斯背负着地球（而不是宇宙）。此外，如果你手边恰好有好几本地图集或周围有好几根支撑柱，那么你在表示复数时需要注意：地图集的复数形式为 atlases，而支撑柱的复数形式是 atlantes。

阿特拉斯的故事不免让人想起宙斯和阿尔克墨涅之子——大力士赫拉克勒斯的传说。在一些神话故事里，这两个大力神的故事还存在着交叉的部分。虽然赫拉克勒斯狡猾机巧、足智多谋，但在完成著名的“十二项业绩”时也曾多次依靠身体的力量。比如，他不得不竭尽全力勒死尼米亚猛狮，杀死勒拿的九头蛇海德拉，肩扛厄律曼托斯山的野猪，甚至冒险进入地狱，去捕获冥府看门狗刻耳柏洛斯。如今，我们常用“赫拉克勒斯”一词来形容任务的艰巨。关于臂膀力量的神话还有很多，如战神阿瑞斯和阿波罗之子安菲萨斯，他们的臂膀强壮得超乎想象；还有特洛伊战争中的勇士埃涅阿斯，特洛伊沦陷后，他用肩膀扛着父亲逃离了危险。

但在所有这些角色中，没有谁像巨神阿特拉斯一样担当过擎天的重任。直到20世纪末，才出现了一个人，被阿特拉斯的故事激励，并成了他的化身。很久以前，喝醉的希腊牧羊人盯着满天星辰，惊奇于是谁将苍穹撑起。数千年后的1892年，一个名叫安吉洛·西西里亚诺[①]的婴儿在意大利出生，他在孩童时期就被带到美国纽约，在困顿中长大。他人生中一个重要的转折点发生在年少时代，那时，人人都知道他是一个只有97磅、体弱多病的家伙。他写道：

> 有一天，我和一个非常漂亮的女孩去了科尼岛。我们坐在沙滩上的时候，一个强壮的大个子救生员朝我脸上踢沙子。我无力反击，女孩觉得我很可笑。于是我告诉她，若将来再遇见那个家伙，我会狠狠地揍他一顿。

虽然西西里亚诺写下这些话时已经改名，但是“无力反击”确是他的原话。还有一件比较玄虚的逸事，讲他是如何选择自

① 安吉洛·西西里亚诺（1892—1972），意裔美国健身运动家，以查尔斯·阿特拉斯的名字扬名于世。——译者注

己的人生之路的。“踢沙子”事件后不久，西西里亚诺的女朋友就不再挽他骨瘦如柴的手臂，与他分手了。某一天，他孤独狼狈地走回家中，偶然看到一幅阿特拉斯肩扛地球的海报。他说，就在那一刻，他决心重塑身材，使自己充满力量，让他人不敢轻视。于是他成功地把自己塑造成了健美、强壮的人，还成了雕塑家的模特，并决定帮助那些身体羸弱的男性。安吉洛·西西里亚诺把名字改为查尔斯·阿特拉斯，逐渐从科尼岛的助兴表演者变为歌舞剧演员。他还发明了一套肌肉“动态拉伸”训练法。1922 年，《体育文化》杂志授予他“世界最健美先生”的称号。

“你是否充满血性、活力十足？”“查尔斯·阿特拉斯运动法”的广告用这样的方式奚落男人。广告将强壮的男人比作老虎，直白地宣称，正是这些强壮的“老虎人”，才能得到他们想要的一切并打赢战争；正是因为“老虎人”在现代达尔文式的生存斗争中占据着优势，才得以为自己“积蓄财富”。这些宣传频繁地出现在以青春期男孩为读者群的杂志或漫画中，其中大多数男孩被灌输了这样的思想：运动可以增强男子汉气概。男孩子们为重塑自我而省吃俭用，攒下钱来给“阿特拉斯先生肌肉训练专利”交学费。通过训练而增加的力量能否让男孩子们的银行储蓄额增加不得而知，但对于查尔斯·阿特拉斯而言，这是只赚不赔的生意。在经济大萧条时期，查尔斯的事业反而兴隆昌盛。到第二次世界大战爆发之际，他已成为美国历史上最成功的邮购公司的老板。

正如查尔斯·阿特拉斯展现出来的那样，臂力在男性文化史上起到了意料之中又十分有趣的作用。懦弱的少年安吉洛·西西里亚诺为了塑造完美的身材，曾用健美运动员尤金·桑多[①]的照片激励自己。在19世纪和20世纪之交，桑多被誉为“世界上最强壮的人”，是（白人）男性身材的完美典范。他创立了一套自己的动作体系，这套体系实际上是受到了弗里德里希·路德维希·扬[②]所创动作的影响。尽管承认这一点会影响桑多自己的原创性，但确实是这样。扬的目的是帮助德国人找回在拿破仑战争中丢失的男子气概。像任何历史时期一样，这个时代仍存在大量“刻意展露男子气概”的男人。西奥多·罗斯福总统会精心设计一些活力四射、充满男子气概的表演，由摄影师记录下来，用以激发和鼓舞民众。逃脱术魔术大师胡迪尼不仅强调身体的敏捷性和专业技能，同时注重力量的纯粹作用。文化历史学家约翰·卡森说：“男子气概既具有先天的生物性，又具有后天的表演性。”至今依然如此。1984年，美国总统大选期间，罗纳德·里根进行总统辩论时，向竞争对手沃尔特·蒙代尔下“战书”：“我随时准备着和他掰手腕。”

总统的“掰手腕”之说，也是在提醒人们，任何一种力量都与人类的臂膀息息相关。这种象征不仅限于男性，大力英雄中也有女性。在希腊神话中，女神雅典娜有许多化身，其中有

① 尤金·桑多（1867—1925），生于普鲁士，被誉为“现代健美之父”。——译者注

② 弗里德里希·路德维希·扬（1778—1852），德国体操运动教育家，被誉为“体操之父”。——译者注

两个与力量直接相关："强力守护者女战神"雅典娜和"强壮的盾牌女神"雅典娜。当我们形容一项任务十分艰巨、繁重时，会使用strenuous一词，该词源自罗马女神斯特莱尼亚（Strenua）的名字。在凡人陷入困境时，斯特莱尼亚会将自己的神力借予他们。"二战"期间,"铆工露斯"（"二战"期间美国女工的统称）这一文化符号激励着广大女性和普通民众，露斯强壮的手臂证明她可以像男人一样做好自己的工作。当时，"铆工露斯"的海报随处可见，露斯扬起手臂、握紧拳头，海报上印着口号："我们能做到！"如今，这一口号仍盛行于女性研究部门。

手臂和肩膀是动力源，用以支撑全能的手，它们也用来比喻其他事物。在当代美国人谈论"法律的强大威力"（the long arm of the law，意为"法律的长臂、法律的强大威力"）之前，希腊史学家希罗多德就曾说，国王的"胳膊太长了"（喻指权力太大）。有些学者认为柏拉图（Plato）本名叫亚里斯多克利，柏拉图（plat在希腊语中意为"宽阔、平坦"）这个广为人知的名字源于他宽大的额头或广博的学识。但也有人认为他是因宽阔的肩膀而得名的。胳膊的象征意义比人们想象的要复杂得多。人们在课堂上举手，像旗子一样挥舞手臂，都是为了引起注意，在路边扬手叫车也是这个道理。人们在法庭做证时也会举起手臂。在希腊神话中，乌拉诺斯和盖亚之子恩克拉多斯有一百只手臂，另一位百手巨人是古阿斯。多臂的印度教神灵具有多样的神力，每只手臂都有特定的象征意义。舞王湿婆右手执鼓，象征生命；左掌举火，象征毁灭，代表着生与灭的相克相生、动静平衡。

左右手臂这种对立的象征意义说明二者的根本属性就是它们的配合与协作。1923年，土耳其共和国的缔造者及第一任总统（亦称“土耳其人之父”）穆斯塔法·凯末尔发表了一则令人难忘的声明。在声明中，他从女性的视角出发，用“双侧肢体的配合动作”来形容男女两性协作的重要性，阐述如何使得两性的社会地位更加均衡：“如果一个社会只满足于单一性别的现代化，那它的竞争力将被削弱大半……如果一个社会只有‘一侧肢体’处于积极状态，‘另一侧肢体’惰怠消极，这个社会必将陷入瘫痪之中。”

万幸的是，双臂总是“合作无间”。人类属于四足动物。虽然分类学家一直在完善四足动物的归属，但一般来说，它们包括哺乳动物、鸟类、爬行动物和两栖动物——所有脊椎动物都有成对的四肢。但鱼类是例外，就其进化史来看，鱼类的祖先与四足动物不同。（有的动物，比如蛇类，在进化的过程中肢体退化，但其祖先确是四足动物。）经历了约4亿年的进化，四肢才变得如此灵动、全能。这种进化可追溯到泥盆纪时期的水生总鳍鱼类。目前已知的活的总鳍鱼类只有一种——著名的“活化石”腔棘鱼。人们一度认为腔棘鱼已经灭绝，直到1938年，有人发现它带着古老的“躯壳”静静地游动，像极了年逾花甲的老人开着祖父的“老爷车”慢慢地游走。严格说来，腔棘鱼和鲨鱼一样，都不属于鱼类。

人体进化的遗留特征还反映在其他方面。如同人类的海洋祖先一样，人体也是由中心枢椎、骨架及成对的肢体组成的。任何一家科学博物馆的骨骼藏品，都无一例外地说明，人类同其“近亲”的构造何其相似，包括那些乍看之下与人类渊源甚浅的“近亲”。仔细对比细察，你会发现，星鼻鼹鼠“按需定制的园艺工具”——爪子，其骨骼与蓝脚鲣鸟和菊头蝠翅膀的骨骼结构十分类似。蓝鲸的祖先原本是适应陆地的四足动物，后来在隐藏的鳍的作用下重回大海。蓝鲸鳍下隐藏着的指骨与短尾猴的手指骨并无二致。鲸没有后肢，但后肢骨骼仍然存在，只是藏于皮肤和鲸脂之下。人类的四肢不但与其他生物相似，而且上、下肢也彼此相仿。在人体结构中，上臂对应大腿，肘部对应膝盖，手腕对应脚踝，手掌对应脚掌，手指对应脚趾。

人体四肢生长的位置和方向不同，为的是执行不同的任务，这一点与松鼠和黑猩猩等其他生物无异。当我们提举行李时，使用的是古老的“提升装置”——手臂。人类进化成为直立行走的动物后，不必再四脚着地地爬行，双手、双臂也被解放，并演化出了操作功能。不管怎样，每次我们把所购物品从市场搬回家，或者每次做引体向上运动时，手臂的优势都格外明显。“荡臂行进”是一种通过摆荡手臂行进的方式，人类的灵长类“兄弟们”就是通过这种方式穿梭在热带丛林中的。人类自身的手臂和肩膀运动正是从“荡臂行进”演化而来的。我们爬树或打排球时，都离不开肩和臂的运动。臂神经丛属于脊神经网，贯穿于第五到第九颈椎及胸椎，控制前肢活动。这些脊椎“操纵线”操控着斜方肌、三角肌、胸大肌、胸小肌和其他肌肉的运动，使肩和臂充满力量。正是这种力量启发了人类的想象，创造了擎天神阿特拉斯和大力神赫拉克勒斯的神话故事。

生物学家斯蒂芬·沃格尔在他的作品《人类发动机：肌肉的自然史》中说道：“埃及金字塔和中国长城的成功建造，不仅是社会成就和技术成就，还是肌肉的功业。”肌肉几乎占人类体重的一半，牵动和管控着我们的每一个动作。皮下骨骼不受大脑直接控制，而是由肌肉牵引的，其原理类似提线木偶；而肌肉又由最神秘、最有力的身体组织——神经所控制。绘画及故事中“跳舞的骷髅”之所以让人觉得毛骨悚然，原因之一就是其表面没有牵动骨骼的肌肉。沃格尔表示：“人类的肌肉同动物的肌肉差别甚微。对于蚂蚁和大象而言，肌肉的作用几近相同，只有经过特殊训练的眼睛才可以在显微镜下看出它们之间的细微差别。”人腿与蛙腿中的腓肠肌极其相似，人类借助腓肠肌行走、攀爬，青蛙借助腓肠肌跳跃。据此，沃格尔指出，“青蛙的小腿很棒”。蛙腿美味，鸡翅可口，牛腿鲜美，这些绝非巧合。大多数食肉族群偏爱多汁且营养丰富的肌肉。人类甚至会以人肉为食。人类学家在调查原始部落时发现，食人族也偏爱肌肉——人体中营养最丰富的部位。

对那些默默造出生动文字的古代“无名氏”，再多的感激也不为过。这些文字历经岁月洗礼，得以留存到现世。一个新的术语不会自己从时代思潮中产生，必须由创造它的人将其广而告之。创造了“肌肉”一词的人，一定具有丰富的想象力。注意观察你的肱二头肌：当你抬举手臂时，它会紧绷成一块；放平手臂时，肌肉块又会舒展开来。很久以前人们就注意到：绷紧、放松肌肉的动作，就像受惊逃窜的老鼠挤扁自己的身体，穿过狭窄的缝隙。后来，古拉丁语中的“mus”（老鼠）就演变成了现在的单词“muscle”（肌肉）。美国作家保罗·韦斯特这样评论该词的词源：“如果你太过倒霉，被黑曼巴蛇咬伤，就会在腿肌上形成波痕，你会感觉腿部发软。这就是‘肌反应’，罗马人肯定从未见过这种‘肌反应’（因当时该词还未出现）。”许多诸如此类的用语都是受到手臂的启发而产生的。类人猿有厚实的肩膀和粗壮的手臂，所以它们在击打、投掷物体时，力气比普通猴子更大。人类利用这一天赋来残害同胞，发明矛和弓箭，延伸了双臂的威力，同时衍生出一个极具影响力的暗喻：“手臂”（arms）意为“兵刃、兵器、武器”。公元前1世纪，维吉尔创作了歌颂迦太基女王狄朵和特洛伊英雄埃涅阿斯的爱情史诗《埃涅阿斯纪》，他在开篇就咏颂了兵器和勇士埃涅阿斯。英国诗人约翰·德赖登将其译成了生动而富有韵律的英文，至今仍是被引用最多的英译版本：

> 兵刃和勇士，我都咏唱；
> 勇士的命运无常，为朱诺的妒恨所伤……
> （Arms, and the man I sing, who, forced by fate,
> And haughty Juno's unrelenting hate ...）

与德赖登的翻译不同，罗伯特·菲茨杰拉德于20世纪80年代翻译《埃涅阿斯纪》时，将开篇句译为：“I sing of warfare and a man at war... ”（“战争和战士，我都咏颂……”）翻译上的差异凸显了arm的象征意义。维吉尔原词arma以及德赖登的英语词arms，都不是具体指代哪件兵器，菲茨杰拉德进一步阐明了这一点，认为维吉尔的arma指的是兵器的总称（weaponry）。维吉尔的选词完美地例证了同一个词的不同用法——arm既可以指手臂，又可以指手臂所使用的武器。我们对arm的这两种含义早已习以为常。手臂的隐喻——武器、武装，用法广泛，比如，我们会说：铠甲（armor）、全副武装的军队（armed forces）、手无寸铁的旁观者（unarmed by-standers）；我们也知道海明威的小说《永别了，武器》并不是描写截肢手术和断臂维纳斯的故事。一些学者认为，拉丁语arma是“武装”（arm）和“军队”（army）的词根，而arma又很可能衍生于armus（“手臂”的词根）。在这一过程中，还出现了“armare”一词，意即“以手臂装备”（equip with arms）。这种推测颇具吸引力，因为纵观世界历史，不论是在大卫征服哥利亚的神话中，还是在查普曼枪杀约翰·列侬[①]的案件中，武器都是由人类的手臂操纵的。

词源关系密切的“手臂”和“武器”，同时又与“伤害”有关。当敌人手持“武器”对付你时，你很可能会失去一条“手

① 约翰·列侬（1940—1980），英国摇滚音乐家，被患精神病的狂热歌迷枪杀。——译者注

臂”。人们往往痴迷于观看魔术师迷幻的截肢和斩首表演，这种舞台上的“肢体残害”是否给人们带来一种错觉，以为“断肢”可以轻易地失而复得？不幸的是，在现实中，断臂不会重生。法国小说家埃米尔·左拉秉承批判现实主义的创作观，用令人敬佩的真实笔触，在《卢尔德》中描写了折磨患者的各种疾病和病痛。在另一部作品《崩溃》中，左拉真实地再现了普法战争中那些身心破碎的受害者。《崩溃》于1892年出版，描写了战争的恐怖，不夹带一丝伤感和做作。小说关注士兵和平民的痛苦遭遇，而非统治者的阴谋诡计。左拉将截肢的鉴级以及紧急手术的场景收录其中，直观地展示了没有麻药或只有麻醉效果不明的三氯甲烷辅助的截肢手术，是如何进行的。左拉描写了被弃的断肢，抨击了漠视生命的行为：“在死者脚下，断腿、断臂堆积成山，杂乱不堪，手术台上被剪除、砍掉的所有人体组织，都被当作肉铺里的废弃之物扫除。”一名惊醒的士兵发现自己的手臂不见了，看着自己血淋淋的残缺肩膀，他开始抽泣，进而大声哭喊：“我还怎么活下去？”

这是人类战争史上受害者的哭诉。当今社会，安装义肢是解决断肢问题的一种方法（尽管不能完全替代真肢）。经证实，新型仿生手臂可以适应人类复杂的神经系统。爱丁堡皇家医院生物工程中心的戴维·高等人研制出一种义肢，他们用维可牢扎带将义肢连接到残缺的肩膀上，用电极测试神经电流，使手臂做出反应。一位名叫坎贝尔·埃尔德的苏格兰受试者在谈到仿生手臂时说：“想要活动仿生手臂，我只要收紧或放松肩膀和背部肌肉即可。”这些义肢仍处于开发阶段，而且并非所有人都可以佩戴。然而，就算没有义肢，失去手臂的人们也能慢慢地平复下来并坦然面对现实，这让身体健全的我们心生敬畏。

我们习惯了两条手臂的对称结构，习惯了二者的标准比例。侏儒之所以看起来奇怪，不仅仅是因为他们比常人矮小，还因为他们的身材比例不协调。当然，我们心中都有一个平均比值，任何与它不符的、过大或过小的比值都容易引起我们的注意。英国艺术史学家与艺术理论家贡布里希在其经典著作《艺术与幻觉》中，讲述了一个关于手臂的故事。一位女士在马蒂斯[①]的画室里一边仔细研究着一幅画，一边向马蒂斯抱怨：“这个女人的手臂太长了。”马蒂斯说：“女士，你看错了。这不是女人，这是画。”这位女士是从现实角度评判这幅画作的，就像很多人从神话的角度评判人类手臂的力量一样。当这位女士和画家在进行这番对话时，都可能抬起手臂指向画作。这个姿势不是一个符号、一种幻象或一种概念，而是肌肉、骨骼、韧带、肌腱和神经等的协助组合，共同为生物体塑造了完美的“实用工具”——四足动物的前肢、类人猿的肩膀，以及人类的手臂。

---

① 马蒂斯（1869—1954），法国画家，野兽派代表人物。——译者注

第八章 魔力之手

人类如果没有双手，现在绝不可能统领世界，因为这双手能够按照人的意愿出色地行事。

——查尔斯·达尔文

自如之手

人类最明显的标志就是其用来行恶的手。

——雪球，出自乔治·奥威尔《动物庄园》

英国艺术家埃德温·兰西尔[①]以其充满感情色彩的动物画作而广为人识，能够"左右开弓"的灵巧双手更是给他带来了盛名。人们曾看到他同时用左右手各画一只动物。1840年，兰西尔用这双灵活的手向他的艺术家朋友——杰出的意大利小提琴

① 埃德温·兰西尔（1802—1873），英国画家、受封爵士，以动物作品著称，并得到维多利亚女王的青睐。——译者注

家帕格尼尼致敬。兰西尔用闪电般的笔触，通过交叉线的阴影来表现人物的鬓角和袖子的褶皱，以及轻描淡写却充满柔情的双手，完美地捕捉到了音乐家的激情与力量。一只手的五指握着弓杆，另一只手握着指根并轻触琴弦，食指扬起，小指优雅地伸展以完成和弦。在这幅作品中，艺术家本人和其描绘的对象都见证了人类双手惊人的能力。

并非人人都是艺术大师，但人类多才多艺的双手确实塑造了我们的生活。自新生儿第一次将自己的小手握在母亲的手指上起，终其一生都将与母亲互相牵绊、分分合合。大多数人总是对自己的双手不以为然，而对小提琴家和魔术师的手感到惊叹，但其实，我们的双手同样灵巧和机敏。想想我们如何用双手系鞋带、签名；如何用手爱抚亲人、捏拿隐形眼镜、投掷飞盘；我们还用手实施心脏手术，或者使用手枪射击。美国卡通漫画家盖瑞·拉森在漫画《远端》中描绘了一个实验室，里面满是痛苦焦虑、试图破译“门把手原理”的狗，从而说明人类的双手有多么强大的作用。

盯着自己的手看几分钟就会发现，我们习以为常的双手实在是无所不能。设想你正从汽车旁边走向公寓的前门。此时正下着雨，你右手高举着雨伞，握伞的方法与握锤的动作一致；而你的左手则拎着公文包，这种简单的“勾握”手势，正是我们的祖先用双臂吊在树枝上、跳荡于林间时所采用的动作。你在路上遇见邻居，她的食指和中指呈剪刀状“夹”着一根香烟。随后，你放下雨伞，伸手摸钥匙。这时，你突然想起最近有研究者说，尼安德特人可能更擅长“力量型抓握”，就是我们平时抓起石头扔出去时所用的动作；而我们的直系祖先——早期现代人可能更擅长“精准抓握”。你站在门口，做出了两种常见的精准抓握动作，专家称之为“两爪卡盘”式的握姿：先用大拇指和食指将钥匙“夹”住，把它从口袋里掏出来，然后将钥匙“贴”在大拇指和食指侧面之间，将它插进锁孔并旋转。到了厨房，你用“圆盘抓”的方法拧开一瓶罐头，这种方法与我们周末玩垒球时抓握垒球所用的“球面抓”类似。最后，你用一种“五爪卡盘”式的抓握法，把罐头瓶盖放到一边。

计算机应用程序的运行需要大量的硬盘空间，同样地，我们的双手要行使这样多的功能也需如此。怀尔德·彭菲尔德[①]是一位出生在美国的神经外科医生，后移居加拿大，他成立了颇具影响力的蒙特利尔神经病学研究所。彭菲尔德的职业生涯持续了20世纪的一大半，其间他倾尽心力描绘出一幅“人体地图”，揭示了大脑对双手的重视程度。在他绘制的系列图表中，人体与我们日常所见不同，每个部位均按照其所需大脑皮层的面积成比例呈现。彭菲尔德描绘了管控运动的运动皮层以及监控触感的躯体感觉皮层，并把它们分别称为“运动人体模型”和“感官人体模型”。现在，人们用三维的方式将这些图表描画在纸上和计算机上。在模型中，有两个身体部位占据着主导地位，使得人体看起来如漫画般扭曲变形：人的头部异常巨大，

① 怀尔德·彭菲尔德（1891—1976），被誉为“神经外科之父”。——译者注

面部的眼睛和鼻子尤为突出；手部也奇大无比。虽然和身体的其他部位相比，生殖器明显要大得多，但它依然没有办法与头部和手部相匹敌——大脑在资源分配方面也有优先考量。

大脑的"神经分配预算"是由手指这一"地方办公室"所决定的。正如英国的博学之士乔纳森·米勒[①]在纪录片《身体之谜》中所言，这些细小、微妙的神经末梢"如同绣在人体衣服上的数百万颗小粒珍珠"。彭菲尔德的"人体地图"表明，这些神经实际上是集中在某些特定区域的。此外，许多神经生理学家认为，动物的皮肤上遍布着活跃、丰富的神经，而人类的皮肤神经早已不再丰富和敏感，只在性欲区和指尖两大部位，人类的敏感性才可与动物相提并论。在这些区域，神经末梢的数量能够达到每平方英寸[②]1 300 个。由此可见，正如米勒所说，彭菲尔德所绘的"人体地图"实则是"自然选择"之图，而非"地理之图"。关于指尖灵敏度这个主题，20 世纪的俄罗斯诗人涅克拉索娃为数不多的作品中有一首关于盲人的诗，她描述道，这个盲人的"指尖仿佛有 10 只眼睛"，他触摸世界，"感知万物之本"。美国神经外科医生、作家小弗尔托思克用医学术语强调了"触感"的重要性，在解释腕管综合征时，他说："正中神经是人类手部的命脉，手将人类与物理世界联系起来，麻木的双手如同失明的眼睛。"

---

① 乔纳森·米勒，生于 1934 年，英国戏剧导演、演员、作者兼医师。——译者注

② 1 平方英寸约为 6.45 平方厘米。——编者注

如果对婴儿使用手语，他们很快也会开始打手势，似乎是在牙牙学语，尝试讲话，这便体现了大脑与手部的另一种联系。达特茅斯的一位心理学家劳拉·安·佩蒂托[①]曾就这一迷人课题展开研究，她于2001年在《自然》期刊上发表了论文，公布了相关的研究发现。她认为，“那些不惹人注意的小手势”其实是语言的微小迹象，它们表明大脑中心已准备就绪，为语言能力的形成做好了准备，而语言并不仅限于狭隘的言语。婴儿用手在身体前的“手势空间”做着手势，这是他们无声的表达。另一位俄罗斯诗人尼古拉·格拉兹科夫则描绘了聋哑人如何用他们的手大声“朗读”诗歌的场景。

人类是如此依赖双手，因此，可想而知，手要比看起来复杂得多。手指上的神经末梢很丰富，对应的大脑空间也非常大，因此双手看上去像具有自主记忆力一样。音乐家们说，一段时间以后，那些演奏过的旋律以及和弦结构，都存储于他们的手指之间，而非大脑里。查尔斯·狄更斯做过议会报道的学徒记者，很久以后，当他在口述信件或者听人讲话时，双手总会不自觉地做出一些抽颤的小动作，以便用速记法精确地记录下一切。马塞尔·普鲁斯特在《追忆似水年华》的最后一卷中写道，“我们的大腿和手臂都蛰伏着回忆”。主人公提到，自己在半梦半醒间，手臂居然凭借记忆不由自主地伸出去，为早已逝去的

① 劳拉·安·佩蒂托，生于1954年，美国认知神经学家，以其关于黑猩猩的语言能力的发现而闻名。——译者注

阿尔贝蒂娜按铃。1999年，拉乌尔·鲁兹[1]在其拍摄的同名电影《追忆似水年华》中，将这一令人惊诧的时刻精彩地呈现了出来。

手指的敏感性非常重要，它的一个副产品是产生快感。设想一下，两个人的手不自觉地探寻彼此。五指交缠和四肢缠绵一样，都能唤起人的性欲。1992年，在让·雅克·阿诺根据玛格丽特·杜拉斯[2]的抒情小说拍摄的电影《情人》中，就有这样一幕性感的主角相遇的场景。在湄公河的渡口边，少女和青年初次见面。两人坐在青年的车中，双手慢慢地、一点点地越过横在他们中间的座位，直到他们的手指相触，激情涌动。这样的情景应该是数不胜数吧！披头士可不是想要牵你手的第一个人（《我想牵你的手》是披头士乐队的经典歌曲）。牵手是走向亲密的第一步。

手与手相握也是灵长类动物的接触方式。简·古多尔曾观察到这样一个场景：面对成年雄性黑猩猩，吓坏了的小黑猩猩会本能地伸手去牵它的母亲。古多尔和其他研究者发现，黑猩猩也会像人一样亲吻、拥抱和鞠躬，而它们的牵手行为出现得比人类还要早。有一次，古多尔把水果放在掌心给黑猩猩吃，黑猩猩先是看看她的手，然后又望向她的脸，这才拿走水果并且握住了她的手。古多尔后来写道，“它温柔的指尖与我相触，这

---

① 拉乌尔·鲁兹（1941—2011），法国著名导演，被评论家誉为最具革新意识和创造力的电影大师。——译者注

② 玛格丽特·杜拉斯（1914—1996），法国女作家、导演。——译者注

并非智力上的交流，而是一种更原始的情感沟通：人类和黑猩猩之间因各自进化而产生的长久障碍就在这几秒钟内分崩离析”。

手如此重要，因而握手也慢慢演变为朋友，甚至是陌生人之间常见的问候形式。能言善辩的小布什曾说：“我究竟握过多少人的手呢？这可是个重要的问题。”对于许多政客和商人来说，这问题确实重要。据我们所知，现代意义上的握手礼仪直到 19 世纪初期才完全确立，握手的历史反映了我们对于阶级和阶层的态度转变。最早的握手形式是“手手相扣”，可上溯至古罗马时期。其中一种“扣手”形式叫作 dextarum iunctio，即新郎、新娘的右手相互紧握，宣誓结婚。到 16 世纪，人们在“扣手”时，还伴随着“摇”的动作，但这仍与我们今天的握手不同。关于握手的理论还需回溯到史前。高等灵长类动物有一种较为普遍的“扣手”方式，就是顺从地将自己的一只手伸向一个较高级别的雄性。据古代文学所记，向对方伸出空手表示休战，意为：我这个陌生人可以与你成为朋友。然而，在中世纪，人们握手时还要屈膝或鞠躬，向级别较高者表示恭敬，此时，握手仪式才算完成。到 19 世纪早期，中产阶级的崛起和壮大对握手行为的演变产生了两方面的影响：商业扩展意味着握手等交易仪式越来越频繁且重要，同时这也渐渐销蚀了阶级差别。如今，握手已演变为一种较为中性的问候方式。

握手的形式也各不相同：有坚定有力的，热情友好的；也有敷衍无力的，从容不迫的；还有沾满汗水的或干燥清爽的。

一个有趣的例子说明，坚定有力的握手方式具有社会意义，这个例子与法国作家马赛尔·普鲁斯特的同性取向有关。显然，普鲁斯特当时极力向朋友们隐瞒自己的同性取向。爱德蒙·怀特[①]在他为普鲁斯特撰写的简练优雅的传记中提到，罗马尼亚王子安托万比·贝斯科曾描述年轻时的普鲁斯特有着“生漆”一般乌黑的眼睛，目光深邃，而握手时却软弱无力。为此，贝斯科曾试图告诉普鲁斯特如何坚定有力地与人握手，因为这在以前象征着充满热血的男子气概。普鲁斯特则以其一贯使人费解的方式回答道，“如果我改变握手的方式，人们就会认为我刻意为之，更以为我不正常了”。怀特认为这种思想上的矛盾十分可悲，同时也表明“那个时代的同性恋者思想是多么迂回——同性恋者与他人握手时故意假装柔弱无力，目的是让异性恋者觉得自己没有用‘有力地握手’伪装什么，这样异性恋者也就看不穿自己了。但其实，真实的他和伪装出来的他是完全一致的——一个握手无力的同性恋者”。

文化不可避免地反映了人类大脑的关注点和焦点，而手是最常见的符号。“手边的”（handy）、“把手”（handle），甚至包括“英俊的”（handsome，其最初的意思是“易于掌控的”，即 easy to handle），这些词都源于我们熟悉的双手。当然，还有许多其他与手相关的谚语，比如保罗“撰写《加拉太书》”

① 爱德蒙·怀特，生于 1940 年，美国小说家、传记作者。——译者注

(extended his hand to the Galatians)，彼拉多(Pilate，是杀害耶稣的罗马总督)“为自己开脱”(washed his hands of the whole affair)，“人多好办事”(Many hands make light work.)，“恩将仇报”(Bad dogs bite the hand that feeds them.)，你或许以为自己遇到了“得力助手”(in good hands)，但一旦“事态失控”(Matters get out of hand.)，你很可能“落入恶人之手”(fall into the wrong hands)，你还可以通过“鼓掌或协助他人，尽一己之力”(give a hand)。梅 · 韦斯特[①] 曾警告说，“你如果‘让男人放手去做’(give a man a free hand)，那么他将把手游走于你全身”。

在影片《我的小山雀》中，男演员菲尔茨拉着梅 · 韦斯特的手感叹道：“多么匀称的手指啊！”此刻，暂时将那些关于内在美和外在美的争论抛之脑后吧。菲尔茨和托马斯 · 阿奎纳[②] 的观点不谋而合——“比例恰当的事物令人赏心悦目”。《宋飞正传》有一整集都是关于一个喜剧演员不愿意和一位女性约会的故事——这位女性若不是有着男人般的大手掌，定是妩媚动人的。虽然男女的手掌在大小和比例方面差异巨大，但在希腊、埃及和希伯来等文化中，手依然被作为一种测量单位来使用。亨利八世颁布过一项法令，将手的宽度定为 4 英寸。现在我们在表示马匹的高度时，依然用它来做测量单位。

我们经常会用手来借代很多事物，借代是一种修辞手法，

---

① 梅 · 韦斯特(1893—1980)，美国女演员，被称为“银幕妖女”。—— 译者注

② 托马斯 · 阿奎纳(约 1225—1274)，中世纪经院哲学的哲学家和神学家。——译者注

即用部分指代整体或者用具体指代抽象。譬如："全体船员（hands）到甲板上集合！"就是用手（hands）来指代船员。同样的例子还有当一位男性向女孩子求婚（ask a daughter's hand）时，他指的也是女孩本人而非她的手［类似的文字游戏在动画片《骑警杜德雷》中也有出现，坏蛋约翰绑架了骑警杜德雷的真爱，还朝杜德雷大喊道："你永远也无法让她重回你的身边/得到她的背（get her back）——她的任何一部分都不行！"］人们也时常用手来形容那些活跃分子。德国诗人海因里希·海涅[①]曾非常怪诞地称罗伯斯庇尔[②]是"从时光之躯的子宫里抽出来的血淋淋的'手'——卢梭赋予了这躯体以灵魂"。

摄影师也经常以手为主题创作作品。阿尔弗雷德·斯蒂格里茨[③]曾多次将他的庇护对象和爱人乔治亚·欧姬芙[④]美丽的巧手作为他的拍摄对象。美国当代摄影师霍莉·怀特则着意于描绘双手带给人的陌生感——我们因太过熟悉而忽略不见的那些特质。在表现鼓掌这类动作的模糊效果后，怀特从1985年起开始记录她自己的双手。在怀特的特写镜头下，由于光影效果，手上的褶皱呈现为连绵不断的千沟万壑，使我们熟悉的双手重新变得陌生而新奇。

---

① 海因里希·海涅（1797—1856），德国著名抒情诗人和散文家，被称为"德国古典文学的最后一位代表"。——译者注

② 罗伯斯庇尔（1758—1794），法国大革命时期的领袖人物。——译者注

③ 阿尔弗雷德·斯蒂格里茨（1879—1937），被尊称为美国"现代艺术之父"，身兼各派的全才摄影家。——译者注

④ 乔治亚·欧姬芙（1887—1986），美国20世纪艺术大师之一。——译者注

在聚焦于双手的艺术家中，摄影师和电影人是新生力量。早在凡·高著名的木匠画中，木匠工人的手就被他画得特别大，看起来很不真实。但是这双拿着锯子和木板的双手却有着某种令人信服的权威，雅各布·劳伦斯[①]随后也被劳动工人的双手吸引，而凡·高和劳伦斯不过是延续了一种更为古老的传统。很久以来，手一直是视觉艺术中的一个重要主题和描绘对象。直至今日，艺术课上的老师们依然通过让学生描绘自己的手来做练习。据说，萨尔瓦多·达利[②]为人画肖像时，如果画像中包含手的话，他就会收取更多的费用。从埃及的墓室壁画到中世纪的挂毯画，其中手的姿态千变万化。在罗马时期的西班牙壁画上，一排排的“圣徒”在祈祷时紧握双手，仿佛被永久冻结在了鼓掌的一瞬间。在米开朗琪罗为罗马西斯廷教堂创作的巨幅穹顶画《创世记》中，上帝把手伸向亚当，亚当则伸手迎上。借用摄影家卡蒂埃布列松的话说，与其他任何艺术作品相比，这一幕记录了无与伦比的“决定性时刻”。

一直以来，人类都对双手所展现出来的才能心存敬畏，手自然而然地成了人类直观记录的首批对象之一。本章开头提到的画家兰西尔，描绘了小提琴家帕格尼尼的手，彼时，手既是工具，又是被描绘的对象，而早在旧石器时代，手就具有了这样的双重功能。在原始艺术中，手通常会作为一种装饰图案反复出现。要做一个手部印痕图案其实十分简单，只需将手浸染

① 雅各布·劳伦斯（1917—2000），非裔美国画家。——译者注

② 萨尔瓦多·达利（1904—1989），西班牙著名的超现实主义画家。——译者注

颜料，再印到石头上即可，而用吹管在伸开的五指上喷洒上颜料，手的图案模型就做成了。亚利桑那州的笛箫谷的岩壁上便有阿纳萨齐族印刻的此类装饰图案。在世界的另一端，昆士兰的卡那封国家公园，其岩石表层装饰有澳大利亚人早期最重要的两大工具——回力镖和人手——的图案。许多洞穴里面的手部图案显示：要么某个手指残缺，要么几个手指完全缺失。或许，疾病、冻伤，以及与动物之间的打斗可以解释部分手指残缺的情形，但不足以解释所有手指都残缺的现象。在西班牙西部一个名为马特维索的洞穴内，有许多手部图案，其小指的最后两个关节都消失不见了。考古学家起初认为这是某种截肢仪式所致，但紫外线照射表明，开始时印上去的是完整的手部图案，随后，一些手指或手指的某些部位被涂掉了。据此，新近的理论认为，这些图案代表的是该地区住民彼此熟知的手势符号。考古学家还推测，世界上有些图案确实有意无意地代表了截断过的手指。

然而，人类的双手存在着一个巨大的悖论——这双手雕刻了巴黎圣母院顶端的滴水兽，也是它，在广岛上空投下了灾难性的原子弹。手既能代表压迫者，又能代表“救世主”。在19世纪，灵长类动物的前爪剪影象征着西西里岛的犯罪组织——“黑手党”。在20世纪60年代以前，一只扬起的拳头代表黑人权利运动。而紧握的手同时也能代表社团组织，譬如彩虹联盟。1977年，南非反种族隔离运动家史蒂夫·比科被南非秘密警察杀害，他的尸体下葬时，其棺木上刻有一个极其有力的标志——一双正在极力挣脱枷锁的手。

手指迷津

> 我手掌上一个极小的关节都可以使任何机器黯然失色。
>
> ——沃尔特·惠特曼

手最明显的特征就是其相互独立的五指。虽然有时手指（脚趾）达不到五根，但哺乳动物、鸟类、爬行动物、两栖动物等的指/趾头，通常不会多于五根，这种有五根指（趾）头的特征被称为“五指（趾）形”。人类的手指在“五指”的基础上所产生的其他形态一般被视为病态，通常会引人侧目。在托尼·莫里森[①]的小说《最蓝的眼睛》中，故事的叙述者和她的好朋友一起嘲讽了班里极受欢迎的一位同学，因为她们发现“她出生时双手各有六指，多余手指被截掉处留下了凸起的疤痕”。还有一种畸形叫作“并指/趾症”，即手指/脚趾的皮肤粘连在一起；而“缺指/趾畸形”指的是缺失某根手指/脚趾，譬如没有拇指的疣猴，或缺失食指的金熊猴。数年来，科学家曾一直以为五指/趾形的身体构造是“上帝所造、天生如此”的，因为大多数的非鱼类脊椎动物都是五指/趾形。然而，随后关于

① 托尼·莫里森，生于1931年，美国文学史上最负盛誉的黑人女作家之一。——译者注

泥盆纪两栖动物——鱼甲龙和棘螈的研究表明，早期一些四足动物的趾头不止五根。现在，科学家认为指/趾头的数量并非由DNA决定，更确切地说，是受DNA的促动而形成的。许多现存的两栖动物只有四根趾头，研究者认为，这种“缺指/趾畸形”的状态是个体发展过程中第四趾和第五趾合并形成的。

所有发育正常的哺乳动物，每根手指的指节数量都是同等的。就此而言，它们的某些祖先，即首批进化成哺乳动物的爬行动物也是如此。哺乳动物的“指式”为2、3、3、3、3，即大拇指有两个指节，其余四指各有3个指节。目前，人类五指的名称按顺序依次是：大拇指、食指、中指、无名指和小指。

人类在应对自然现象的过程中，会出人意料地衍生出某种文化，比如，哺乳动物的五指形前爪/掌。人类逐步形成计算的概念后，首先做的就是数自己的手指头。Digit这个词源于拉丁文，意思是手指或脚趾，而它现在的意思是指数字，是名词，也可以作为形容词的词根，用以表示我们身边的电脑化产品。与年、月、日等周期性自然现象形成对比的是，诸如十年、百年、千年等人为衡量标准是十进制的必然产物。虽然还有其他的数位制（例如苏美尔人使用六十进制，电脑系统使用二进制，这会让学校的孩子们学习起来感觉沮丧），但因为十进制源于哺乳动物的十根指/趾头，这使得它成了最常用的数位制。顺便补充一下：苏美尔人使用的以六为基数的六十进制，是六十秒计一分钟、六十分钟计一小时这种计时方式的源头，也是以角秒、角分、度为单位的弧度制的源头，弧角用来测量地球表面和天体图中的角度。

我们的五指总是能够自如地操纵周围的一切，它们能像我们远祖的爪子一样，五指并用共同发力，也能像灵长类动物一样最大限度地利用每根指骨的力量。由此可知，不管是单独使用还是合力使用，手指必须要有神经和肌腱才能完成各种动作。手指的弯曲需要用到手上的九块屈肌腱：单关节的大拇指有一块，其他四指各有两块。“手腕”对应的拉丁词是 carpus（即手腕的解剖学专业术语），我们由此衍生出 carpal tunnel（腕管、腕隧道、屈肌管）来表示神经和肌腱聚集的手腕通道。我们可以想象一下，半英寸宽的正中神经从脊柱延伸出来，像宽阔的“八车道高速公路”，沿着手臂铺展开来，正中神经承载着的“车流”，必须先经过一座狭窄的“两车道的大桥”，最终分散开来，分别驶向“五大目的地”。可见，狭窄的腕管太过拥挤，从而导致手腕极易受伤。

虽然，目前我们对这种“进化缺陷”的原因还不甚明了，但它的一大后果就是腕管综合征。神经外科医生弗兰克·维多兹克认为，“从医学角度来看，腕管综合征是非穿透性的‘气孔’（stigmata）”。Stigmata 源自希腊语，意为“以利器刺穿”，但是在天主教中，这个词指的是耶稣被钉死在十字架上受的六道伤痕，包括荆棘冠冕给耶稣带来的划伤。主教吉姆在《耶稣受难日》中提到，一些油画和电影用将钉子钉进手掌来描绘耶稣受难时的情形，这是不准确的。对于吉姆的这种言论，维多兹克医生给出了这样的医学解释：“许多尸体解剖实验证明，如果一个人以这样的方式被钉在十字架上，他的中指和无名指肯定会被钉子撕裂，所以十字架上根本挂不住人。”将人钉死在十字架上在当时是一种常用的酷刑，其残酷性在于，它既能延长受难者的痛苦时间，又起到了以儆效尤的作用。如果把钉子钉在手腕上而不是手掌上，人会感到更剧烈的疼痛，也会被钉得越发牢靠。维多兹克写道，“如果钉在手腕上，最重的身体也能挂很长时间，因为强健的韧带把腕骨黏合住了”。如此，正中神经被刺穿带来的痛苦一定更令人难以忍受。

当然，我们无须被钉在十字架上也能体会到手腕这个恼人的部位所承受的疼痛。施压于手腕的重复性活动会导致腕管综合征。维多兹克医生指出，“由于手部存在大量的触感神经，我们对于手部的疼痛异常敏感。同样，脸颊和头部的丰富神经元则会让我们很容易头痛或发生面部抽搐”。人类的双手进化至今，已参与了各式各样的任务，因此，许多职业——从数据录入员到电钻工，从木匠到作家等——都有可能患上腕管综合征。

显然，钢琴家是极有可能患腕管综合征的一个群体。19 世纪的德国作曲家罗伯特·舒曼便很好地例证了人和其灵巧的手指之间的心理联系是多么复杂。舒曼的许多作品，甚至早期的 C 大调托卡塔曲[①]，所需要的钢琴弹奏技巧已经达到了手指能力的极限。最终，他手指的麻痹症就是他疯狂练习的结果。他在日

① C 大调托卡塔曲是舒曼的第 7 号作品，于 1834 年出版。该类乐曲用一连串的分解和弦以快速的音阶交替构成，具有即兴性和技巧性。——译者注

记里写道："先是两个小时的手指练习，然后弹奏10遍托卡塔曲，再做6遍手指练习，最后弹20遍变奏曲。到晚上，手指竟然动不了了！真的太气人了！"舒曼的这首托卡塔曲让后来的许多钢琴家都"抓狂不已"，因为曲子实在太难了，需要右手分别使用大拇指和食指、无名指和小指同时弹奏两种旋律。

如果外出旅行没有钢琴，舒曼就会拿出无声的键盘来练习，装有弹簧的琴键能让他的手指保持灵活。这位年轻的作曲家十分看重手指的灵活性，他曾这样解释："强大的机械力量能够让我更好地控制音乐作品。"他后来也试过把手腕抬得更高，在这样的姿势下，前臂的屈肌会比较放松，手指弹奏琴键时也会更加轻松。可惜，这样的后果是：舒曼有时会失去对琴键的掌控，演奏的流畅性就没那么好了。

舒曼在年轻时，右手就开始疼痛了。为了在提高灵活度的同时又能缓解疼痛，他用尽了各种办法。直到今天，许多学者和音乐家仍在争论舒曼使用的机械装置的价值和危险性。乐队指挥约翰·伯纳德·罗格尔①曾发明了一种叫作练指机的装置，它能使学生在弹琴时保持固定的手指间距。许多钢琴老师也推荐过不同种类的机械装置来拉伸手指。舒曼的日记里也提到过一种装置，英国人将其称为"雪茄盒"。

精神病学家彼得·奥斯特瓦尔德在《一位音乐天才的内心独白》一书中，详尽地剖析了舒曼手伤的病因。在奥斯特瓦尔德

---

① 约翰·伯纳德·罗格尔（1777—1846），德国作曲家、教师、发明家。——译者注

看来，舒曼手部的疼痛伴随着心灵上的煎熬。当时，他一直在努力征求他的音乐老师弗里德里希·维克[①]的同意，把尚未成年但音乐才华出众的女儿克拉拉（德国女钢琴家）嫁给自己。奥斯特瓦尔德由此认为舒曼的手伤是心理和生理共同作用形成的结果。他补充说，“分析表明，舒曼的手伤与以下因素密不可分：他与维克之间的冲突，他想在钢琴方面超越克拉拉的好胜之心，他想成为创作型音乐家而非表演型钢琴家的渴望”。很显然，舒曼常常分不清哪些是问题，哪些是动机。舒曼同时还是酒鬼，也是疑病症患者。杰米森[②]等学者证实，他还患有躁郁症（舒曼非常清楚自己异常的情绪状态，他甚至还给它们起了一些别名）。舒曼的手伤后来的确成了他表演生涯的绊脚石，相反，克拉拉的事业却蒸蒸日上。奥斯特瓦尔德深信舒曼的手伤是存在复杂的心理原因的，这推论或许是对的，但另一种更直接的解释就是舒曼患有腕管综合征，即重复的练习动作所带来的疼痛。

舒曼并不是唯一受手部病痛困扰的音乐家。加里·格雷夫曼[③]和莱昂·弗莱舍[④]是20世纪下半叶的顶级钢琴家，他们俩的右手也伤得很严重，甚至无法正常演出。不过，他们没有就此

---

① 弗里德里希·维克（1785—1873），德国著名音乐家、音乐教育家。——译者注

② 凯·雷德菲尔德·杰米森，生于1946年，美国临床心理学家、作家。——译者注

③ 加里·格雷夫曼，生于1929年，俄罗斯裔美国人，柯蒂斯音乐学院院长。——译者注

④ 莱昂·弗莱舍，生于1928年，美国钢琴家、指挥家。——译者注

结束职业生涯，反倒创作了一系列强调左手技巧的钢琴曲。保罗·维特根斯坦是哲学家路德维希·维特根斯坦的哥哥，他在“一战”中失去了右臂，之后成了著名的左手作曲家。由于西方音乐无理由地强调右手的使用，再加上钢琴家必须通过现场演奏来传播作品，这导致舒曼和其后的许多音乐家都患有右手手疾。与右手相比，左手的病痛则没有那么常见。

手部伤残必然会极大地影响个人生活，因此，几个世纪以来的法律体系都有关于受害人手指受损的赔偿规定。《出埃及记》中有一段冗长的文字，讲到用报复这种简单的方式来抵偿，“以眼还眼，以牙还牙，以手还手，以足还足”，而多数法律规定则更为详细。根据史料记载，9 世纪时，英格兰韦赛克斯王国国王阿尔弗雷德曾制定了有关断指赔偿的法规，我们也因此得知了他对手指的叫法：他将拇指称作 duma，其他四指依次为 the scythe finger，midlestafinger，goldfinger 和 lytlafinger。而 finger（手指）这个庄严、尊贵的词则源自古英语，也与丹麦语 vinger 和古挪威语 fingre 同源。

11 世纪，丹麦国王卡纽特（亦被称为克努特）占领了英国，制定了一套独特的断指补偿法规。他用当时中世纪的拉丁文分别为五根手指命名：pollex（大拇指）、demonstratorius（食指）、impudicus（中指）、annularis（无名指）和 auricularis（小指）。这些名字值得我们深究：pollex 至今仍被当作拇指的技术术语使用，它也是古拉丁短语 pollice verso 的词根，意为“拇指朝下”，是古罗马时期把败北的角斗士处死的手势；demonstratorius 似乎暗指食指充当了指针的角色；而关于 impudicus 的猜测则较为广泛，有人认为这个词含有侮辱意味，有人则认为它具有实际用途，是测量女性阴道的工具，这些看法的理论依据是这个词与 impudent（厚颜无耻的）一样，都是由 pudendum（外阴）一词衍生而来的［粗鲁手势——竖中指，并不是近年来才有的发明，它可能源于中指的另一个名称——obscenus（淫秽）]；annularis 原意指的就是如今人们常用来装饰无名指的物品——戒指；auricularis 这个词源自 auricle（外耳）一词，因为人们常用小指清除耳垢。顺便提一下，詹姆斯·邦德的电影《金手指》中，有一个反派角色就叫 Auric。不过，auric 在这里和掏耳垢的能力无关，在化学术语里，它是一个形容词，意为“金制的、含金的”。

在麻风病人遭受歧视的年代，他们因病导致的“手指缺失”成了一种社会现象。虽然现代医学已经极大程度地降低了世界上麻风病的发病率，减弱了其爆发的程度；文化高度发达的国家也基本摒弃了其传统的应对态度，但在历史上，麻风病人通常被视为贱民。麻风病患者的一个明显标志就是指尖或整根手指残缺。很多人误以为这是麻风病本身的一个病症，但实际上，这是由于他们的身体预警机制迟钝而造成的伤害，“知觉退化”是这种可怕疾病的后遗症之一。

当我们的手指完好无损时，它们可以合力形成杯状、钩状，抑或拳状；它们能算数，会弹琴。手指既能共同合作，又可相互独立。美国黑人教育家布鲁克·华盛顿[①]巧妙地抓住了手的这一特点，以手指为喻体，描述了一个存在种族隔离但并不致敌对的社会："面对所有的纯社交场合，黑人和白人可以像手指一样相互分离；面对益于共同发展的事业时，他们又能像同一只手一样齐心协力。"美国历史上演的种族隔离悲剧时刻提醒着我们，一旦任何一根手指缺失，我们的手将不再强大有力。

拇指法则

五指各有所长，其中拇指的优势格外突出。德国解剖学家阿尔比努斯甚至称其为"小手"，用以描述它的无所不能。19世纪的手相家达彭蒂尼曾写道："手是高级动物的标志，而拇指则是人作为个体的标记。"

拇指为灵长类动物所特有。约翰·纳皮尔[②]写道，"6 000万年前，大拇指的进化程度很低，那时，它还无法独立活动，只是一根平淡无奇的手指罢了"。古生物学家推断，拇指早在1 800万年前就能够独立转动了，随后进化到能与其他四指相对的状态，这种进化让人类引以为傲。当然，最后真正进化成人类拇指要比这晚得多。纳皮尔在20世纪60年代早期，和古

① 布鲁克·华盛顿（1856—1915），美国最后一代黑人运动领袖。——译者注

② 约翰·纳皮尔（1917—1987），英国灵长类动物学家、古人类学家。——译者注

人类学家路易斯·李奇以及菲利普·托拜厄斯，在坦桑尼亚坦葛尼喀的奥杜威峡谷发现了一具古代原始人类的骨骼残骸。纳皮尔断定，这些骸骨显示，大拇指在那时已能与四指相对。由于遗骸的脑部体积较大，因此它可能属于早期古猿和直立人之间的过渡物种。他们能够在附近的家庭作坊里打凿石制工具，这种能力源于他们的拇指与四指的对向性，而该人种的名字也是由此而来——能人（Homo habilis），意为“巧手匠”（handy man）。残骸周围的火山岩可追溯至150万至200万年前。

总体看来，其他哺乳动物身体上的“大拇指”并无突出优势。由于拇指位于手的边缘，所以活动相对自由；由于小指处在手的另一侧，因此也相对灵活。但是灵长类动物的情况就完全不一样了。从等级较低的灵长类动物，比如指猴、狐猴和眼镜猴，到高等灵长类动物，比如新、旧域猴和类人猿，最后再到人类自身，拇指的灵活度与准确性呈现规律性的增长。

与能力较弱的“表亲们”相比，高等灵长类动物的手部灵巧度已经与人类非常接近。很显然，二者手部灵活度上的区别并非本质性的差异，而是程度上的不同，但程度差别之大，也令人吃惊。比如，20世纪90年代初期，印第安纳大学的科学家尼古拉斯·托斯试图用他自己的智慧和巧手教一只名为坎齐的倭黑猩猩怎样用石头制造工具。坎齐聪明机敏，有着很高的语言天赋，正是它，在20世纪90年代重新引起了人们研究黑猩猩的兴趣。不过，虽然坎齐能够捡起一块石头去猛砸另一块石头，但它无法准确地将两块石头合在一起；此外，虽然坎齐会认真谦恭地模仿托斯的动作，但显然他并不明白制造工具这个概念。这再次证明，制造工具的行为为人类所独有。

人类手指的高度灵活性应当归功于拇指掌骨上的鞍状关节。《格雷氏人体解剖学》一书中描述道："当鞍状关节弯曲时，掌骨会移至手掌前侧，从而让拇指慢慢转向四指。因为有了这个独特的'拇指转向四指'的动作，拇指指尖才得以与其他四指相对并捏合。"当然，这个独特的动作是长期进化的结果，"拇指的对向性"是绝妙的进化之举。

偶尔也有其他动物演化出类似人类拇指的器官和功能，例如大熊猫的"伪拇指"，斯蒂芬·杰·古尔德举这个著名的例子是想说明，为了生存，生物会演化出"权宜器官"。熊猫的"伪拇指"实际上就是腕部桡籽骨，它初步具备了与四肢相对的功能，虽然还不太完善，但是已经足以让它那不甚灵活的爪子握住竹子了，要知道，熊猫醒着的时候基本都在吃竹子。非洲的一些猴类，比如蜘蛛猴，由于拇指退化或者完全消失，又被称为"无指"猴。新域猴则与它们的远亲旧域猴截然不同：新域猴进化出了非常灵活、具有抓握能力的尾巴，它们的尾巴被称为"第三只手"，能帮助它们爬树、采集食物。这条能抓握东西的尾巴与拇指的功能十分接近，其末端甚至有一块敏感的皮肤是没有毛发的。

由于拇指在生物演化和人类历史中起着至关重要的作用，因此有关它的修辞表达异常丰富。拇指只有与其他四指合力才能有所作为，因此，to be all thumbs 就是“笨手笨脚”的意思。在生活中，我们大多数人都“凭经验行事”（rule of thumb，意为“经验法则”）。由于“拇指疼痛”（sore thumb，引申为显而易见、引人注目或痛苦尴尬之事）使人备受折磨，因此我们说“没有比‘拇指疼痛’更引人注目的了”（nothing sticks out like a sore one）。滚石乐队的歌词里说，to be under others' thumbs（在别人的拇指下），其意为“受制于他人”。

拇指也常涉及侮辱之意。Thumb your nose at 指的就是把拇指搁在鼻端，其余四指张开或稍做挥动，这个动作有嘲弄之意，表示对他人嗤之以鼻。在《罗密欧与朱丽叶》中也有一个类似的挑衅动作：蒙塔古家的一个仆人亚伯拉罕突然看见凯普莱特家的仆人山普孙走来，便问道：“你是在向我们咬你的大拇指吗（bite your thumb at us，对着某人咬大拇指，引申意为“对某人表示蔑视、嗤之以鼻”）？”

“我是在咬我的大拇指。”山普孙答道。

亚伯拉罕又重复了一遍：“你是对着我们咬你的大拇指吗？”

“要是我说是，那么打起官司来，我们这边占理吗？”

“不占。”亚伯拉罕的同伴回答道。

于是山普孙机智地回答，“不，我不是向你们咬我的大拇指”，接着又忍不住补充了一句，“我只是在咬我自己的大拇指”。

在大萧条期间，搭便车的人在美国随处可见，人们甚至管他们叫作“竖大拇指的人”（thumbers）。Ride your thumb 就是指跷起大拇指表示要搭顺风车。在汤姆·罗宾斯（美国小说家）1976 年的小说《蓝调牛仔妹》中，韩细细的拇指生来就无比巨大（在电影里，饰演韩细细的演员乌玛·瑟曼戴了特大号的手指道具）。年轻的韩细细查了字典，找到了拇指的定义：“手的第一个指头，最短、最粗，与其他四指不同，有两节指骨且灵活自如。”韩细细把最后一个特点——灵活自如——当成了自己的口头禅，同时深信弗洛伊德提出的观点，“人的生理特征是天定的”，最终她成了世界上最伟大的便车客。

古罗马竞技场的角斗士最初大多是奴隶、罪犯或战俘，后来才出现了一些专业角斗士。在列队经过贵宾席时，他们会高喊：“皇帝万岁！赴死者向您致敬！”在乐队的音乐声和零食小贩的吆喝声中，角斗士们开始人兽相搏或者与人互搏，而搏斗双方的力量往往对比悬殊。那些取得胜利、表现出超凡勇气的角斗士受人仰慕，甚至因此而获得自由，而那些战斗不力、懦弱胆怯，或者仅仅是摔了一跤的角斗士，都会面临观众发出的呐喊声：“割断他的喉咙！”在这种情况下，大家都会看向皇帝，远处的观众都可清晰地看到他做出的 pollice verso，即拇指朝下的手势，这是处决败者的指令。观众有时也会做出同样的手势来表示支持。如果观众或皇帝想免某个角斗士一死，也不会做出竖起拇指（thumbs-up）的动作，因为这个手势表示赞扬，他们会伸出拳头，将拇指握在里面，以示赦免。

罗杰·艾伯特[①]和吉恩·西斯克尔[②]的影评中既有“拇指朝下”（表示批评），又有“拇指朝上”（表示赞赏）。他们两个人常常意见相左，于是就产生了一个令人费解的标志——一个朝上的拇指和一个朝下的拇指。当然，不同于古罗马皇帝图拉真，艾伯特和西斯克尔的拇指并不能决定一个人的生死，但是它们却能影响电影的上座率和票房收益。在一篇关于他们两人的杂志报道中，他们的拇指被画成了剑状，旁边的标题是：“谁的拇指更大？”1995年，《兔八哥》的导演——极受敬重的查克·琼斯[③]发行了一部新的动画片，名为《又一个讨厌的夜晚》。在这部历险短片中，主人公是一只名叫密歇根丁蛙的青蛙，它发现自己身处古罗马，对于它的表演，看台中的评判员全部做出了拇指朝下的手势（其中也包括漫画版的查克·琼斯），观众席中只有两人把拇指高高举起，即动画版的西斯克尔和艾伯特。

数个世纪以来，有一小部分人利用大拇指举足轻重的地位和颇为敏感的特点，将它变为他们施虐的对象。比如，旧时的一种刑具叫作“拇指螺丝”，专门用来挤、夹大拇指；古时，当士兵想给敌方留条命时，通常会砍掉他们的大拇指，如此一来

① 罗杰·艾伯特（1942--2013），美国影评人、剧作家，普利策奖获得者。——译者注

② 吉恩·西斯克尔（1946—1999），美国影评人、《芝加哥论坛报》的记者。——译者注

③ 查克·琼斯（1912—2002），美国动画师、漫画家和动画电影导演。——译者注

他们便无法再拿握武器，对他们也起到了警示作用。在《圣经》中，犹大与他的兄长西门一同追击迦南人与比利洗人，在比色遇见了敌方国王亚多尼比色，“但是亚多尼比色逃走了，他们追赶并捉拿了他，砍断了他手脚的大拇指和大脚趾”。这使他遭受了更大的痛苦与侮辱，也因此失去了行动的平衡感和灵活性。在迈克尔·翁达杰[①]的小说《英国病人》及其同名电影中，其中一个人物因拒绝透露纳粹想要的情报，被纳粹刽子手砍掉了拇指。没有了拇指，他便失去了与四指对合的功能，此时的手就如同鸭脚板一般无用。这残忍的一幕让我们知道拇指这个“小手”有多么重要。

天生的印记

我们认为雪花具有独一无二的特质，因为不存在两片完全一样的雪花。其实，任何两种物体都不会完全相同。或许，我们身上的一样东西——指纹，可以更好地解释雪花原则：大自然就像一个谨慎的官僚主义者，她不会给两个人分配同一枚指纹。当然，指纹并不是验证身份的唯一可靠的办法。人类足底的足纹看似相同，但实则不同，且永不改变，因此医院通常都会给新生儿录下足印。但是用指纹来验证身份仍然有两个优点：

---

① 迈克尔·翁达杰，生于1954年，斯里兰卡籍加拿大小说家及诗人。——译者注

一是指纹录入非常简单、易行；二是罪犯一般也不会用脚去洗劫公寓或者开枪。

自从指纹成为一种身份验证的方法，那些想躲避公众视线的人就把它视作负担。许多臭名昭著的恶棍、歹徒都试图抹去自己的指纹，约翰·迪林杰就是其中一位。为了抹除指纹，他经历过数次非常痛苦的手术，但都无济于事。每次手术后，指纹又会重新长回来，不仅清晰可辨，而且和原来的一模一样。迪林杰碰到了最强劲的对手——人类神秘的天赋之一。龙虾的腿失去之后还可以重新长出来，这已经令人惊叹不已，事实上，人的指纹更为神奇。龙虾每次长出的新腿，都要比原来的更小一些；而人类的指纹——除非是真皮层受到了严重损伤——在受伤后会完全恢复原状，就好像身体记得自己独特的生物图谱并重新创建它一样。指尖的皮肤会重新长出和原来一模一样的涡纹、环纹和弓纹，如同水星上的伦勃朗撞击坑（坑底反复被火山熔岩填平，形成轮辐图案），每次都能神奇地自我修复。

指纹辨识除了能在追踪罪犯方面大展神通，还有许多其他的用处。事故、自然灾害、战争、恐怖袭击等都会造成许多受害者身份不明，需要识别。数据库里录入的往往不是歹徒的指纹。执法部门和民政部门都建议人们（至少是那些目前没有想过要犯罪的人）去录入指纹。指纹是如此重要，它甚至拥有一个专门的术语——“手指纹样”（dermatoglyphics），该术语有时也表示“皮纹学”，“皮纹学”还可以用另一个术语

dactylography 表示。目前，有关指纹的各种术语得到了广泛使用，说明指纹学研究的程度有多么精深。比如，弓形纹又分为普通弓形纹和帐形纹；箕纹又分为正箕纹和反箕纹；涡纹又分为普通涡纹和杂形斗。在这些类别之下还可细分。一条纹路既可以在节点处分岔，又可在此终结，从而形成各种形状的指纹，如桥纹、短脊纹和涡纹。另外还存在不与其他任何纹路相接的短纹，那些极小的短纹则被称为岛纹。指纹学家又用字母与数字将这些不同形状的指纹进行分类，包括基数词、序数词、小写字母、索引码等。早在护士将婴儿的手脚印印在出生证明上之前，人类在胚胎时期就已经携带了具体的身份信息。在母体怀孕两个月后，胚胎不再是苏斯博士[①]笔下的动画形象了，它更具有人类特征——手指和脚趾已清晰可见。再过一个月，指纹和脚纹便开始产生了。

指纹和人体其他部位一样，都有存在的理由。形式的确是服务于功能的。人类独特的指纹标记，首先证明了人是用"非标准化"的方式演化出的物种，此外，指纹还有自己的使命。人的皮肤极具变通性：膝盖和肘部附近的皮肤松弛灵活，而掌部则紧绷有力。不同部位的皮肤厚度也不相同，从极薄的眼睑到粗硬的脚底。皮肤担任着各式各样的任务，其中最重要的便是抓握东西。在放大镜下，你可以看到指尖的肉垫上凹凸不平、布满纹路，这些表皮纹路由"山脊"与"山谷"交替构成，像

① 苏斯博士（1904—1991），美国作家、漫画家，以其儿童绘本而闻名。——译者注

极了轮胎胎面的花纹，只是表皮纹路更为敏感，用途也更多。互相独立的四指和能与之相对的拇指让你能够拿起酒杯，但是指尖皮肤上的纹路可以帮你握紧酒杯，否则杯子就有可能摔在地上。凸起的“山脊线”是由表皮增厚形成的，它们不仅能协助抓握，还是汗腺孔的所在。它们叫作“乳突脊线”（papillary ridges），或者“真皮乳突”（dermal papillae），该词源于拉丁文中表示乳头的术语——papilla，生物学家用这个词表示任何类似的小凸起。指肚上的纹路和汗腺使得人类会在所有触摸过的地方留下油质指纹。指纹样式的生成无规律可循，但这恰是其重要性的根源所在。

虽然在很早以前就有许多人发现了指尖上的纹路，但直到放大工具出现后，人们才开始对其有了全面的了解。17 世纪初叶，双筒望远镜和显微镜问世，暴露了此前人类认识世界的局限性，同时也告诉人们：技术手段会将人类视野扩大到何种程度。在非凡的 20 世纪，有三个来自不同国家的人为指纹认知的发展做出了巨大贡献。第一个是来自意大利的生物学家兼解剖学家马尔切洛 · 马尔皮吉，他发现了毛细血管，从而完善了威廉 · 哈维[①]关于血液循环的解释。马尔皮吉在放大镜下仔细地观察了指尖上的一切，发现毛细血管和神经末端就贮存在“真皮乳突”这些“山脊”中。1684 年，英国物理学家与植物学家尼

① 威廉 · 哈维（1578—1657），英国医生，实验生理学的创始人之一。——译者注

希米·格鲁发现，“真皮乳突”常呈现球面三角形或者椭圆形，其上的汗液清晰可见，“每个汗腺孔看起来都像一个小喷泉”。其后一年，荷兰解剖学家哥瓦德·彼得罗出版了著作《解剖学》。这本书里有数幅美妙的皮肤特写图，其中一幅就是简化的但仍十分清晰的拇指指纹图。

指纹研究的后续发展同样也得益于各国科学家的共同努力。1823 年，波希米亚的生理学家贾恩·伊万杰利斯塔·普尔基尼公布了他发现的 9 种指纹式样，和现今仍在使用的式样基本一致。人们普遍认为他是第一个提出指纹可按式样分类的人。旅日苏格兰籍传教士亨利·福尔茨①则促成了指纹学研究迈出历史性的一步，他向《自然》这本科学杂志投了一篇稿——《手上的皮纹》，并发表于 1880 年 10 月 28 日。

> 我在日本采集了大量指纹，目前正在采集其他各国人们的指纹，希望这样能够帮助人类文化学的学生做分类工作……
>
> 当黏上或者杯子上留下沾有血的指痕或印记时，用科学的方法便可找出罪犯……毫无疑问，除了照片，收集要犯终身不变的指纹对于破案来说也是大有裨益的……

---

① 亨利·福尔茨（1843—1930），英国皇家内外科医师学会会员，1874—1886 年在日本筑地医院工作。——译者注

显然，在《自然》杂志上发表的这篇文章，很快就在“日不落帝国”传播开来。仅一个月后，该杂志就刊登了孟加拉国胡格利区总督威廉·赫歇尔写给福尔茨的回信。威廉·赫歇尔是英国著名天文学家威廉·赫歇尔的后代，他似乎急于确立自己发现指纹作用的优先权。

> 20多年来，我一直用指印代替签名，并且将这一做法引入了印度，用在不同的领域，效益显著。
>
> 使用指印是为了解决冒充、否认签名等问题，只要有指印，基本不会出差错……

福尔茨和赫歇尔开启了一场革命，淘汰了当时最为流行的身份识别方法——人体测量术。这个体系主要是由法国的阿方斯·贝蒂荣[①]建立的，通过测量人体各部位的比例，如中指长度，头颅的高、宽，前臂的长度和脚的大小等，便有可能描绘出人体图像。人体测量术精确、具体，但一共要测量243个数据，因此，其缺点也是显而易见的。

维多利亚时代的科学家弗朗西斯·高尔顿[②]是优生学的创始人（优生学，即通过选择性繁殖提高人类的质量），他在福尔茨

---

① 阿方斯·贝蒂荣（1853—1914），19世纪法国巴黎警察局的一名警察，被誉为“犯罪鉴识科学之父”。——译者注

② 弗朗西斯·高尔顿（1822—1911），达尔文的表弟，英国著名生物学家，早期心理测量运动的倡导者。——译者注

和赫歇尔开辟的这条道路上走得更远。1892年，他出版了经典著作《指纹学》，提出了沿用至今的指纹识别法。首先要在金属或玻璃板上铺上薄薄的一层墨水，然后将手指蘸过墨水再滚印于白纸上，这样才能完整地记录每根手指的指纹。高尔顿还提出了一些收集指纹的方法，并建立了一套复杂的指纹分类体系。然而，当时负责将人体测量术引入英国的委员会却步于高尔顿复杂的体系，只推荐将其作为贝蒂荣测量法的补充。在高尔顿所处的时代，皮纹学家还未受到尊重，这一点，我们从高尔顿自卫性的语气中便可略知一二。"任何人都不要看不起指纹，因为在某些方面，它们是最重要的人类学数据。"这是高尔顿对指纹的评价。实际上，真正应该受到批评的当是高尔顿本人所持的偏见，他声称这些观点都得到了皮纹学研究的确证。比如，高尔顿曾认为非洲人的指纹要比欧洲人的简单得多，说明非洲人的手指比欧洲人的手指笨拙和粗陋。

移居到阿根廷的克罗地亚人胡安·沃赛蒂希[①]发明了首个实用的指纹鉴识法。沃赛蒂希于布宜诺斯艾利斯创办了人体测量术识别局，他仔细研究了高尔顿指纹体系，并进一步提高了它的完整性和可靠性。1891年，他创造的指纹鉴定法成了首个正式用于实践的方法，一些南美洲国家至今仍在使用它。没过多久，英国的爱德华·亨利引入了一个差不多的方法，并逐渐将其从伦敦警察厅推广至欧洲和美国。数年后，沃赛蒂希在一次会

① 胡安·沃赛蒂希（1858—1925），阿根廷警官、人类学家。——译者注

议上说道："不管我们在人体测量术上费多大工夫，都没有办法准确地判定一个人的身份，因为我们发现测量同一个人也会出现差异。因此，我们选用指纹法作为首要的鉴别手段。"

有了这种极为简单的身份鉴定法，警员甚至可以快速地收集死人的指纹，因为除了骨头和牙齿，指纹是人死后保留时间最长的身份特征。即使是那些已严重腐烂的尸体，其指纹依然可以被收集。人死后，随着皮下组织的腐烂，手部的皮肤有时可以像手套一样被剥落下来（除了指甲，因为指甲会自动脱落）。然后，实验室的技术人员会上演一幕"骇人"的身份模拟场景——将取下来的尸体的手部皮肤剥下来戴在手上，蘸上墨，再滚印于白纸上。

有时，指纹留存的时间超出人们的想象。1952 年，在丹麦的格努巴勒小镇附近，一群煤炭工人在泥塘发现了一具被割喉的尸体。起初，这些工人以为自己发现了一起近期的谋杀案，但尸检结果表明这具尸体竟源自铁器时代。与林多女子（在英国林多的泥炭沼发现的古代人）和图伦男子（在丹麦日德兰半岛的泥炭沼发现的木乃伊）相似，这具尸体在沼泽中保存完好。这要归功于泥炭藓腐烂时释放的腐殖酸，它能杀死细菌，从而防止尸体腐烂。这具尸体的双手保存完好，因此指纹也完好无损——此时距死者死亡已超过两千年了。

高尔顿的《指纹学》于 1892 年面世后，一位美国小说家也读了这本书，而且他说自己是"如饥似渴"地读完的。于是，两年后，有关指纹的另一部杰作问世，这次不再是枯燥的论文，而是马克·吐温针对旧南方种族歧视创作的讽刺小说——《傻瓜威尔逊》。马克·吐温一直关注科学和技术方面的进步，事实上，他是第一个使用新式打字机进行写作的小说家。马克·吐温将高尔顿的一些观点融入这本小说，他随后在给出版商的信中写道，"小说里提到的指纹是一个全新的领域，非常新奇、有趣，肯定会吸引所有人"。他后来又写道，"指纹鉴定法是经过高尔顿先生科学、仔细地核实的，我在书中提到的一切都严格限定在他所确认的事实范围内"。这本小说第一版的页边插图，就是一些真人的指纹图案。

小说中的侦探大卫·"傻瓜"·威尔逊是密苏里州道森码头镇的一位律师，他有着敏锐的观察力，其侦查手段和福尔摩斯及伏尔泰笔下的大侦探查第格十分相似。只不过，威尔逊是通过鉴别凶器上的血迹指纹破案的。威尔逊在法庭上告诉法官，20年来，他一直热衷于收集当地居民的指纹并对其进行分类。根据他收集的指纹，威尔逊最终找出了真凶。他将指纹称为"天生的印记"。在他向大家解释指纹独特性的时候，法官和陪审团甚至在他收集的指纹资料中发现了自己的指纹。

此刻，房间里所有的人都把手高举到灯光下面，并把头偏向一侧，仔细地观察自己的指肚。不时地，会听到有人轻声惊叹："天呐，这也太……我之前怎么从没发现！"

托宾的手掌

当然，并非只有指纹学家在“解读”身体的密码。内科医生、侦探、心理学家，甚至任何意欲理解面部表情或肢体语言的人都会尝试“解读”它。但并非每个解读者都有同样严格的标准。指纹解读是一种非常实用的身份鉴别方法，需要科学严谨地对待，而人们对掌纹的解读则往往天马行空：他们会把不相关的现象——比如皮肤褶皱和个人命运联系在一起。

在欧·亨利的短篇小说《托宾的手掌》中，故事的叙述者与朋友托宾一起去拜见埃及手相师佐佐。佐佐仔细地查看了托宾手掌上的“命运线”。很快，她便察觉托宾与女友之间有问题。她还“预言”了托宾女友名字的首字母，其实是因为她之前已偷听到托宾女友的名字。佐佐警告托宾，要特别留意一个深色皮肤的男人和一个浅色皮肤的女人；预测他会有一段海上航行，而且会损失钱财；还说一个长着歪鼻子、名字中有字母O的男人会带给托宾好运。佐佐的预言在同一天中全都实现了，只不过那个长着歪鼻子的男人的名字里并没有字母O。

很多人会对托宾这种急于知道未来的心情感同身受。人类会嬉笑玩闹，会制造工具和传播技术，当然也会拉帮结派，残杀同类，我们甚至得意扬扬地宣称，这些和焦虑一样，都是人类独有的行为和情感特征。出于这种忧惧，还因为理性在人类文明发展中的作用微不足道，才使得占卜成为古老的传统。大多数的宗教都存在某种末日预言，但信徒们更希望能预知与自身联系紧密的事物。千百年来，人类试图通过各种现象来判断人的性格或预测未来，比如，头部的肿块、鼻子的形状、祭品的内脏，太阳和恒星的相对位置，甚至鸟类的飞行方向等。这样一来，那些富有想象力的人便为自己的皮肤赋予了太多标志性的意义。很长时间以来，手相术在人们的生活中一直扮演着重要的角色。有两部《圣经》著作——《箴言篇》与《约伯记》都曾隐晦地提到手相术；此外，亚里士多德和老普林尼的著作中也有所论及。过去与现在一样，有信徒就有怀疑论者。罗马讽刺诗人朱文诺就曾将占卜讥讽为“卑贱的手相家的把戏”。手相术这个词源于两个希腊词语，意为“以手占卜”。

手掌上的每条纹路在手相家看来几乎都是有意义的。假如你要对照下面的信息来分析自己的手相，不妨将手稍稍握起，以使纹路更为清晰，当然，有些线条还是模糊难辨的。“头线”即智慧线，始于手掌中央，延伸至食指和拇指中间。“心线”即感情线，与智慧线大致平行，但与四指更为接近。该线起于食指或中指的下方，稍呈弧状延伸至小指下方的手掌边缘。“生命线”则围绕大拇指根部，呈现的是手掌金星丘的轮廓。手相大师佐佐看的是托宾的“命运线”，它位于手掌正中，从上到下延伸至手腕。此外，许多不太明显的掌纹也被赋予了不同的名字和意义。

食指、中指、无名指和小指依次被称为木星指、土星指、阿波罗指和水星指。月丘与金星丘相对，位于手掌的另一侧。这些名称实际上体现了手相术和神秘而古老的占星术之间的联系。在解剖学家看来，金星丘和月丘分别被称为大鱼际和小鱼际，即手掌上多肉、凸起的部分。手掌还可以进一步被划分为不同的区域，比如，按照某些分法，手可分为积极区、消极区、内区和外区。在一些手相家看来，我们的双手有主次之分：主手为我们习惯使用的那只手，反映着我们在外所经历的一切；次手则记录了我们内心的情感和创伤。英国作家奥兹波特·西特韦尔借用了手相术的相关隐喻，把自传定名为《左手，右手！》。他说，“在手相家看来，左手的掌纹生来就有，永远不变，而右手的掌纹则为后天环境、生活经历所影响和改变”。手相家现在仍然沿用1839年确立的一种分类方法，当时，一位名为德·阿彭蒂尼的法国退休士兵将手掌分为六类，分别是基本型、铲形、巫师型、直方形、多节型／哲人型、圆锥形。他后来又添加了一个非常重要的类别，名为“混合型”。另外，很多手相家认为脚底的纹路同样是判断个人性格和命运的重要线索。

20世纪的手相家马塞尔·布鲁克曼曾这样描述手上的纹线：“它们的形成原因未知，却能以一种复杂的语言清晰地表达。”实际上，它们的语言相当简单，掌纹的起因也易于理解，它源于手部皮肤各部位不同的松紧程度。比如，手背的皮肤非常松弛，以方便活动，而手掌的皮肤则算得上身体各部分中最不灵活的了，你只需捏捏手掌便知。不过，正因为这种松紧度的差异，手指才能方便地抓握东西、自如地旋转门把手等。关节周围紧绷的皮肤会产生褶皱，称为“褶痕线”。它们并非简单的褶痕，而是稳固的“合页”，此处的皮肤与皮下组织紧紧地贴合。如同衣服上的折痕，“褶痕线”也无法准确地指示关节的具体位置。在形成关节的骨骼和皮肤之间还存在着一些组织和肌腱，它们就像地质层一样，影响着皮肤表面的特征。虽然“褶痕线”无法预测未来，但它能告诉我们双手大致的活动范围，从而证明双手具有异乎寻常的灵巧性。

手相家若是观察一下人类的远亲灵长类动物的手，可能会发现，它的未来很难预测。非人科灵长类动物的智慧线和感情线并作一条，称为猿线（贯通线）。狐猴、眼镜猴、猕猴和大猩猩等都是如此。手相家无须特地跑到动物园也偶尔能观察到这个现象，因为每 200 个人中就有一人是这样的手相。在通常情况下，人类是没有猿线的，不同的皱纹反映了手的不同功能和特点。非人科灵长类动物的食指无法独立活动，必须与其他手指相互配合。相反，人类的食指格外灵活敏捷，这种独特性的表现之一就是手掌上的皱纹。

在一本关于手相术近期历史的书中，作者在做跨物种对比时，用了一张黑猩猩的手掌照片。很显然，此书作者并未意识到这种进化的相似性或许会削减人类掌纹的神秘色彩。或许，黑猩猩也在等待着手相大师佐佐来为它破译生命密码。

另一只手

报纸上有这样一封信，标题为《一封给有教育监管权的人的请愿书》，开头相当谦逊：

我恳求所有的年轻人能同情一下我不幸的遭遇，免除我所遭受的偏见。我有一个双胞胎姐姐，我们俩就像人的双眼，长得一模一样。要不是我的父母偏心，让我忍受最不公的区别对待，我们姐妹俩的关系肯定好得不能再好。我的姐姐有老师教写字、画画、演奏乐器等各种技能，而我要是一不小心碰到了铅笔、钢笔，或是针线，就会被骂得很惨。我被狠狠地揍了好多次，就是因为我太笨了，而且举止不够优雅。劳烦各位屈尊，让我的父母意识到他们独宠一人有多么不公，让他们明白给予每个孩子同等的关爱有多么重要。

致以最深的敬意！

您忠实的仆人，

左手

这封信的作者就是本杰明·富兰克林。当时看到这封信的人必定都暗自发笑，认为富兰克林又在开玩笑。其实，他言之有理。从来没有人能这么恰当地呈现人们对左撇子的偏见。当然，富兰克林写这封信并非仅仅出于同情，而是因为他自己就是一个左撇子。

富兰克林提到的这个问题由来已久。柏拉图曾宣称："可以这么说，我们的左手就是因为奶妈和母亲的愚蠢才变得好像残废了一样。我们的四肢原本生来平衡，却硬要养成坏习惯，把它们区分开来。”柏拉图坚信人类应当遵循自然，善用双手，同时还要训练自己和后代使用双手的能力。通常，与柏拉图持异见不过是观点不同罢了，但在这个问题上，柏拉图是真的完全错了。事实上，我们的四肢并不对称，而且是生来就不平衡的。右撇子的倾向是与生俱来的，大多数的人自古以来就是这样。只不过，有一定比例的人生来便是左撇子。对于这个比例并没有一个确切的数字，但可以肯定的是约有 10% 的人是左撇子。

由于个体之间存在差异，我们无法对左撇子一概而论。维多利亚女王、马克·吐温、“波士顿扼杀者”[①] 和玛丽莲·梦露都是左撇子。还有后来成为法国皇帝的拿破仑，他大学时的论文字迹几乎难以辨认，因为他也是左撇子，从左向右书写对于他来说非常别扭。警探根据“开膛手杰克”[②] 在受害人身上留下的伤口断定他是左手持利刃作案的。列奥纳多·达·芬奇在画连环画时是按从右到左的顺序进行的，比如他研究马前蹄的系列画作。此外，与大多数的右撇子画家不同，他的人物侧影都是面向右边的。

然而，人们对于左撇子这个少数群体的偏见自古有之。在许多地方，左手甚至身体的整个左侧都被认为是劣等的，或是邪恶的。许多文化都存在人类学家所谓的“二元象征分类法”，

---

① “波士顿扼杀者”指 1962 年至 1964 年波士顿连环杀人案凶手。——译者注

② “开膛手杰克”是 1888 年 8 月 7 日到 11 月 8 日间，于伦敦东区的白教堂一带以残忍手法连续杀害至少五名妓女的凶手代称。——译者注

在这个体系中，诸如左和右的二分法通常都与男 / 女、太阳 / 月亮、好 / 坏等概念相关联。关于这个现象，心理学家克里斯·麦克麦纳斯这样写道："世界被划分为成双的对立面，它们被捆绑在一起，只要提到其一，人们就会想到另一个。"而政治家们所发起的运动无一不是采用这种简单的套路。

很多穆斯林到现在仍然习惯用右手吃饭，因为在以前，左手被认为是不干净的。而一些基督教徒也坚持用右手领"圣餐"。大多数的印度人只用右手碰食物。直至今日，许多教堂在设计的时候都牢记左右之分。据说，米开朗琪罗是个左撇子，至少可以确定，他的左右手都十分灵巧。当他站在西斯廷教堂穹顶下的脚手架上绘制耶稣用手拣选灵魂这一画面时，虔诚地交替使用双手，因为上帝用右手指向天堂，左手指向地狱。在穹顶画的另一幕《创造亚当》中，上帝和他创造的第一个人互相将手伸向对方。自然，上帝是要用右手赋予其生命的。但是亚当看起来却像一个左撇子：他将手臂无力地搭在高高抬起的腿上，左手的食指向外伸出。也许，米开朗琪罗在刻画这一幕时，认为构图比意象更重要。

如今，虽然对左撇子的偏见正在逐渐消失，但大多数的东西仍然是按照右撇子的习惯设计的，比如保龄球和手表带。在美国，高速公路收费站以及银行和快餐店的快速通道窗口虽然不是专门为左撇子设计的，但是为他们提供了极大的便利。当然也有例外：雷明登（Remington）就有专为左手设计的散弹枪和步枪，雅西卡（Yashica）也有方便左手使用的相机，天美时

（Timex）也生产左撇子适配的手表。

我们从词源学也能看出人们对左撇子的偏见由来已久：dextrous（惯用右手的，手巧的）和 adroit（灵巧的）这两个词的来源与右手相关，而 sinister（邪恶的）、awkward（笨拙的）、gauche（粗鲁的）这些词的来源则与左手相关。实际上，sinistral 这个形容词指的是左撇子的、左旋的（逆时针）。我们现在用 ambidextrous 这个词形容两只手一样灵巧，但它的意思其实是"两只右手"。天真的我们可能会期望在科学里看到更加理性的态度，但许多关于偏手性（习惯使用一只手的偏手倾向）的所谓的科学论断也一样无情。19 世纪的意大利犯罪学家切萨雷·龙勃罗梭（我们在本书中会经常提到他的著作）认为左手性、招风耳、窄额头等特征暗示了此人有天生堕落的倾向。甚至到 20 世纪 40 年代，精神病学家艾布拉姆·布劳还写道，左撇子"表现出来的，不外乎是婴儿般幼稚的抗拒性，属于一种堕落"。还有一种理论将这种"反常现象"归因于其母亲在孕期所经历的激素失调。

美国西南部的祖尼人对于偏手性的直觉理解可能要更加深刻。在祖尼人的神话传说中，身体的右侧代表浮躁和不安，左侧则象征着思考与启发。面对这些近代科学出现以前的观点，托马斯·赫胥黎不禁评论道："当我们用现代手段对古老的传统进行严格查证时，它们往往会退变成一个个梦。而祖尼人的梦是相对清醒的，甚至能预兆现实，这是多么神奇啊！"祖尼人用心理二分法来看待镜像般的身体两侧，是十分有见地的。如今我们都知道，身体两侧分别由大脑的两个半脑所控制：左半脑更擅于分析，常以合乎逻辑的、理性的方式按顺序处理信息，还控制语言，包括听、说、读、写的能力；右半脑看待世界的方式则更加全面，能够识别图案，包括人脸、旋律的结构、艺术作品的构成等。右半脑在确定整体时并不需要将各个组成部分进行分解和分析。我们的右手是由左半脑控制的，左手则是由右半脑控制的。荷兰艺术家莫里茨·科内利斯·埃舍尔在其著名画作《画手》中描绘了身体两侧的互相依存性：左手画右手，右手画左手。

有关偏手性来源的理论也层出不穷，比如柏拉图提出的“愚蠢的奶妈”理论，又比如这一观点：被抱在母亲心脏附近的新生儿很少哭泣。确实，和我们的远亲灵长类动物一样，我们总是把孩子抱在左侧。不过，胎儿和新生儿更喜欢他们的右侧肢体，这表现在好几个方面。举例来说，我们从超声图像可以看到胎儿吮吸右手大拇指的频率要远远高于吮吸左手大拇指，这个现象早在胎儿还只有 13 周的时候就开始出现了，并且会一直延续到哺乳期。虽然测试结果并未确证这一现象，但确实有一个解释偏手性的理论，是以右手在胎儿发育的关键时期的相对自由性为基础的。在出生前的几周里，大约有 75% 的胎儿能够自如地将右手伸向母亲的腹壁，而左手则被限制在母亲的脊椎以内。

和龙勃罗梭一样，许多科学家都认为左撇子是身体的某个部位出了问题。不过，这种病理学主张无法解释有关左撇子的所有迹象，同样地，单靠环境影响论也无法得到全面解释。与身体诸多特征一样，导致偏手性的原因并不是单一的。胎儿时期或者出生过程中发生的某些问题或许可以解释一小部分左撇子现象，但其实多数左撇子是遗传的，而且女性左撇子要比男性多出 2%，当然左撇子的比例还具有民族的、文化的差异性。全球约有 85%~90% 的人都是右撇子。毫无疑问，偏手性必然与基因有关。如果你是左撇子，那么你的孩子遗传左撇子的概率要高于其他人，不过这个概率也不过是 50%。但是，不管是基因遗传还是后天影响，母亲对孩子的影响要比父亲大——左撇子母亲生出左撇子孩子的概率要远高于左撇子父亲。

有趣的是，为何左撇子在人群中如此罕见呢？目前，人类正试图通过基因制图和大脑两半球的功能不对称性来解释这个问题。

此外，偏手性并非为人类特有。和许多其他特征一样，人们常误以为偏手性是人类独有的，并且声称它们象征着人类在动物界的尊贵地位。1905 年，英国社会活动家约翰·杰克逊创立了“双手文化社团”。他认为：“双手兼用，百利而无一害！”杰克逊希望人类可以恢复至双手兼用的自然状态，正如他在动物园里所观察到的类人猿那样。“为什么现在就无法拥有无比灵活的双手呢？为什么人类不能恢复双手兼用呢？”

正如柏拉图对人类双手同利性的错误认识一样，杰克逊对于动物双手同利性的看法也是错误的。或许他在动物园的观察本该更加细致。在 20 世纪 40 年代以前，科学家一直都在研究圈养黑猩猩的偏手性，随后才开始研究野生大猩猩。研究发现，一半大猩猩惯用右手，另一半则惯用左手；而惯用右手的黑猩猩似乎要稍多一些。许多其他动物也展示出偏好某一侧的特点：鱼类通常喜欢转向某一侧游动，一些两栖动物总是用同一只脚去试探或者移动物体。克里斯·麦克麦纳斯在其 2002 年出版的《左手，右手》一书中，用生物学和物理学解释了偏手性。书中讲述了 12 世纪中国皇帝宋徽宗的一个故事：画师画出了御花园里的孔雀的写生图后，宋徽宗指出了一处错误——画中的一只孔雀正抬起右脚，迈上花坛。宋徽宗说道，孔雀登高时，总是先抬左脚的。

需要强调的是，偏手性其实是宇宙结构一个非常基础的特点。有一个自然现象可以很好地说明这一点，那就是人类所知的第一对暹罗双胞胎。同卵双胞胎是由一个未能完全分裂的受精卵发育而来，通常具有对映形态（镜像性）。1811 年，昌和恩于泰国暹罗出生，不过他们的父母是中国人。昌和恩具有和普通连体人一样的特征：他们的手腕相连，两个人的身体结构完全对映，就连头皮上的头发也是朝着相反的方向生长的。昌的左手指纹和恩右手的指纹要比和自己的右手指纹更加接近。另外，昌是右撇子，而恩则是左撇子。古希腊悲剧诗人索福克勒斯在其代表作《俄狄浦斯王》中，创作了“俄狄浦斯”这一杀父娶母的艺术形象；到 19 世纪，精神分析的先驱弗洛伊德用“俄狄浦斯情结”比喻一种心理疾病。远隔两千余年的文学和科学进行了镜像式的呼应。英国作家路易斯·卡罗尔在《爱丽丝镜中奇遇记》中，描述了现代生物化学和物理学的一个悖论——镜中世界和万物颠倒。这种文学与科学之间的呼应，本身也具有镜像性。

生物的偏手性会带来一系列奇怪的影响，而比这更有趣的是非生物体存在的“偏手性”。非对称性是一条自然法则。大多数盘绕于枝条或者其他植物上的藤蔓植物总是向右旋转缠绕，少数向左旋转，这便是它们所体现出来的“偏手性”。之所以被称为“偏手性”，是因为这种现象首先是在人类身上观察到的，但实际上，自然界有许多现象都体现出向左或向右的倾向性，甚至连亚原子这样的微粒也是如此。从专业角度来说，自然界这种对左侧或右侧的偏向性被称为手征性（chirality）。这个词和原来提到的手相术（chiromancy）一样，也是源于希腊语 cheir 这个词，意为“手部”。手征性几乎随处可见，就连生物分子也存在这种现象。蛋白质分子正是因为具有这种不对称的手征性，才得以形成螺旋式的氨基酸多肽链。而 DNA 双螺旋结构本身也存在一种偏向，这种螺旋总是向右旋转，原因显而易见，两条主链只有具有相同的偏手性，旋转时才能完全吻合。

物理学家还探测到原子核弱反应有左旋与右旋之分。同一组原子能以不同的方式结合，从而形成空间结构互异的分子。虽然其中只有一种连接方式具有实际功用，但大多数的生物分子都呈现出镜像结构。想知道这种镜像颠倒会对化学反应产生什么样的影响，你只需将双手手掌相对，置于眼前即可，因为它们即是对方的镜像。如果你把双手同向叠放，那么它们是不可能吻合的，这就是左右手的手套没有办法混用的原因。同样地，原子之间也以对映体的方式结合，最后形成成对的镜像结构。至于这种结构究竟是左旋（L）还是右旋（D），则取决于偏振光被偏转的方向。你在一些膳食补充剂上看到的神秘首字母，譬如 L-lysine（左旋–赖氨酸）指的就是这种区别。

由于结合的原子都是一样的，这些化合物在大多数情况下会产生相似的化学反应。但是，动物在代谢时则会产生不同的反应。我们可以想想自然界中一些非常美妙的先天偏手现象。我们平时闻到的香菜的味道就是左旋香芹酮，而绿薄荷散发出来的则是右旋香芹酮。具有右手性的右旋蔗糖常被称为葡萄糖；人类和动物可以代谢葡萄糖，但无法代谢它的镜像结构分子，即果糖。1959 年发明的镇静剂萨利多胺在导致三千余名婴儿先天畸形后便被禁止使用了，而问题就出在人体对这种药物的左旋结构和右旋结构的不同反应。随着人类对这些问题的认识不断加深，萨利多胺目前已被应用于麻风病的治疗。英国物理学家弗兰克·克罗塞说，“实际上，我们不过是处理偏手性分子的机器罢了”。

这些科学发现的确令人着迷，即便如此，我们依然无法回答为什么大多数人是右撇子，而只有极少数人是左撇子，且两者的比例还是恒定的。和宇宙万物一样，偏手性比我们原来想象中的要复杂得多。我们很难否认它在宇宙结构中的物理偏向性，更难否认它的社会文化性。作为一种文化现象，它已经深入社会的各个角落。

今天，“左翼”“右翼”这样的词不过是政党用来攻击或固化对手的口号罢了。这种用法始于18世纪，尤其是在法国大革命时期。当时，法国三级会议的座位表规定市民（被称为第三等级，另外两个等级分别是贵族和教士）坐在国王的左边，贵族坐在右边，另外一些欧洲国家的管理机构也是如此。在讨论君主否决权时，坐在左侧的市民投了反对票，而坐在右边的贵族则投了赞成票。逐渐地，“左”开始成为改革、激进，甚至是国际主义的代名词，而“右”的含义则完全相反——传统、保守、爱国。人们认为这些概念代表了两个极端，进而发明了政治中间派。当然，在现实中，政党从来不是非黑即白的，至少从“一战”时起，原来的描述就已经不那么准确了。

偏手性并非柏拉图和杰克逊所认为的反常缺陷。人类的思维和文化都趋向于把微小的自然差异夸大为一个重大的、具有象征意味的差异。美国著名民谣组合保罗·西蒙在与搭档加芬克尔于1965年创作的歌曲中，巧妙地将偏手性的自然特征和象征意义联系到了一起。《一份单纯散漫的抨击名单》的歌词讲述了一个人因为是左撇子而差点儿被误认为是共产党人的故事[①]。

---

① Left-handed意为“左撇子”，left，leftist和left-wing意为“左派人士”，一般认为共产党属于左派。——译者注

与死神对弈

电影大师英格玛·伯格曼[①]于1957年导演的电影《第七封印》用惊人的方式向“命运之手”致敬。骑士安东尼斯·布洛克从战场返回，却发现欧洲瘟疫肆虐，死神亲自找上了他。为了推迟自己的死亡日期，布洛克提议与死神下一盘棋。在整部电影中，棋断断续续地下着，有一次，他将自己下一步的走法透露给神父后，惊觉这个半掩面的神父就是死神。布洛克笑着举起了右手，又将它翻转过来仔细查看，满怀敬畏地说道，“这是我的手。我可以摆动它，感受血液的流动。天上的太阳依旧高挂，而我，安东尼斯·布洛克，在与死神下棋”。

随后，他走到了室外，和其他人懒洋洋地沐浴在阳光下共享午餐。此刻，信仰带给他的折磨已不再重要，他感受到生命尤为可贵。有人递给他一只盛满牛奶的木碗，布洛克喃喃自语道，“我会用双手抓住此刻，就像捧着满满一碗新鲜的牛奶”。他双手紧握木碗，然后把它举在空中，眼神充满爱意，仿佛抓住此刻就是我们双手一直以来的使命。

① 英格玛·伯格曼（1918—2007），瑞典导演。——译者注

第九章　圣母的乳汁

乳房和“乳房”

最有争议的科学领域之一，是关于女性乳房如何演化至今的。正如马克·吐温所说，科学家一般“基于零星的事实就能推测出多种结论”。有关乳房的种种假设，有的具有实验性或实证性，有的则极端激进或毫无根据。无论如何，有两点不容忽视：一是用乳腺喂养幼崽的哺乳动物种类繁多，人类不是这一哺育方法的“发明者”，我们把人类乳腺称为“乳房”，把其他哺乳动物的乳腺称为“乳头”，实则并无实质区别。二是人类女性的乳房千差万别，其大小不同，形状各异，我们通常理解的“乳房”只不过是一种知识概念。

在《自然之母：母性本能如何塑造人类》一书中，进化人类学家萨拉·赫迪写道：“随着家庭手工业的发展壮大，产生了诸多‘市场经济理论’，人们借用这些理论来解释青春期女孩的乳腺脂肪为何会不断地增长。”赫迪指出了其中两种理论解释的谬见。一个是驼峰论：乳房越大，贮存的脂肪越多，分泌的乳汁也越多；另一个是目标市场营销论：丰满硕大的乳房是一个广告牌，女人以此向男人昭示，她们已经积蓄了足够多的用于繁育后代的脂肪。但是，乳房的大小并不是分泌乳汁多少的精确指标，而乳腺组织的丰富与否才是关键。

此外，女性身体一般不会消耗乳房部位的脂肪，除非极度饥饿，这时，因为新陈代谢所需，身体不得不调动存储的所有资源。如果身体极需燃烧脂肪，也会优先消耗大腿和臀部的脂肪。有些生物学家认为，乳房确实是生殖能力的广告牌，但是赫迪指出，女孩的乳房通常在初潮之前就开始发育了，那时她并没有哺乳能力，也不具备怀孕的能力。

研究者还提出了其他很多有关乳房的观点。20 世纪 70 年代初，伊莲·摩根在《女人的起源》一书中指出，乳房的存在说明人类祖先曾经历水栖这一演化阶段。她认为，我们的先人在褪掉了大部分体毛之后，为婴儿留下了乳房这个“抓手”。她强调说，毕竟其他灵长类动物的幼崽在吸吮母亲小小的、平平的乳头时，都贴附着母亲的胸毛。

摩根还推测，乳房很可能是水栖猿类用于漂浮的“装置”。还有科学家提出，乳头的敏感性不是哺乳的“意外收获”；他们又指出，乳房进化得突出，为的是引人注目、令人愉悦。20 世纪 60 年代末，英国动物学家戴斯蒙德·莫里斯在《裸猿》一书中提出一个众所周知的观点：人类在能够直立行走之前，臀部可能是一个重要的性标记，它把配偶的注意力吸引到生殖器部位，表示可以采用后入式进行交配；人类直立行走之后，乳房进化得越来越像臀部。莫里斯注意到，“实际上，人类所有的性标记和性感带都长在身体的前面，比如：面部表情、嘴唇、胡须、乳头、乳晕、女性乳房、阴毛、生殖器、脸红区、性冲动区等”。莫里斯甚至指出，乳头周围的乳晕，标志着性冲动时皮肤的勃起。他还有一个观点：只有人类能面对面地性交。但是据观察，倭黑猩猩也热衷于用这种体位进行交配，他的这一观点因此不攻自破。

进化心理学家杰弗里·米勒在《求偶思维：性选择如何影响人类本性的形成》一书中提到，有母乳喂养专家认为“怀孕前乳房的大小与生产后乳汁分泌的能力没有关联”。所以，乳腺的发育和乳房体积增大不是一回事儿，前者的目的是分泌乳汁，而后者一定也有自身的目的。人类的生育能力不必像其他动物一样直白地表露出来，而是可以更加含蓄。米勒提出，“进化使然，未成年女性和成年女性乳房的区别不大，而年轻女性和老年女性的乳房差异却十分明显”。女性进入老年后，乳房会很快干瘪下来，预示着生育能力的终结。“老年女性乳房”的生物显著性为什么这么突出呢？有生物学家解释说，这种“内置截止日期的视觉符号”非常重要，它显示大自然似乎早已规划好一切：让女性尽早地拥有怀孕能力，拥有多次生殖的能力，比男性更早地失去生殖能力。不出所料，这种解释受到了一些科学家的质疑。但是米勒反问，若非如此，为什么女性的总体脂肪储备更多呢？这个问题似乎还远未找到答案。

> 假如我说的什么话伤害了谁，那么我只能说："太糟糕了（tough titty，意为棘手的乳头）。"
>
> ——多莉·帕顿，美国乡村歌手、演员

现在和过去一样，乳房都是热门话题：母乳配方公司努力制造更好的人工奶头，女装设计师设计的服装强调胸部曲线，胸罩聚拢乳房，使之坚挺，医学研究者分析乳腺癌细胞，审查官讨论黄金时段电视节目中乳房暴露多少才不至于有伤风化。生物学家和人类学家对人类乳房何以如此争论不休。人人拥有乳房，渴求乳房，利用乳房，几乎没人会忽视乳房。

纵观历史，有关乳房的用语如同乳房的生物起源论一般多种多样。相应地，人们为"乳房"这一人体器官创造了许多新词。大约在公元 1000 年，"乳房"（breast）的各种早期说法已经出现在英语书面语中，比如，brest 指的是"男、女乳腺"，breost 一词，除了指"乳房"，还比喻"胸怀""心情"。英国戏剧家和诗人威廉·康格里夫说过："音乐有抚慰'野蛮之心'（savage breast）的魅力。"尽管 breast 一词无伤大雅，有时也会遭到禁用。在维多利亚时代，大声说出"乳房"一词都会使人感到震惊和尴尬。那时的人们在点餐时不说"鸡胸肉"，而用"白肉"来替代。尽管人们仍然无法确定 bosom 的词源，但是可以肯定的是，它在 breast 出现时就已经出现了，指的是"一侧乳房”。

20世纪的最后几十年，人们对乳腺癌、隆胸等新闻报道已见怪不怪，但是在上流社会，“乳房”仍然是禁词。如今，用breast形容乳腺、乳房不会引起人们任何反感，而许多其他相关词汇倒是常常含有贬义，比如“乳头”（tit）一词。14世纪时，这个词指的是“山雀、各种小鸟”。两三百年后，它的意义扩展至“小马”“少妇”。到18世纪，该词开始有了负面含义，指道德水准有问题的女人。在17世纪以前，tit一词代指“女性乳房”。到20世纪30年代，人们用“比女巫的乳头还冷”（colder than a witch's tit）来形容寒冷天气。20世纪40年代，人们用“乳头男人”（tit man）形容那种尤其钟爱女性乳房的男人。俚语boob（乳房）一词尤为女性所喜用，因为它听上去幽默俏皮，该词可溯源至20世纪20年代末，但是，它实际上是从bub（小家伙、小弟弟）、boobie（老兄、伙计）、bubbie（= boobie）演化而来的，专家认为这组词可以追溯到17世纪初。有些文献学家推测，boob从拉丁词puppa（该词与pupil——“瞳孔”一词的词源有关）演化而来，意思是“小姑娘”。20世纪60年代末，boob sling开始作为bra（胸罩）的同义词出现。Boob的变体还包括boober、boobah等。到20世纪80年代，整形外科使“隆胸”（boob job）成为可能。1986年的“美国小姐”苏珊·埃金公开说：“我承认我隆胸了。”（I'll admit to a boob job.）

对词源进行探究，其结果往往不可预知。Titillate（使高兴、兴奋）一词确切地说，并不像某些幽默家所宣称的那样，指

“用乳房刺激某人使其兴奋”，它实际上源自拉丁词 tickle（挠痒）的过去分词。现在的褒义形容词 exuberant（繁茂的、生机勃勃的、充溢的）原意是“溢出奶水的牛乳和羊乳”——在拉丁语中，ex 意为“出来”，uber 意为“牛、羊的乳房”，显然，该词不适合用来形容胸部丰满的女人。

施皮格尔和塞巴斯塔在其著作《乳房大全：私密和奇异的历史》的最后，用六页的篇幅收录了关于乳房的各种俚语和绰号。这些词语从幽默的到令人反感的，不一而足。许多词形容和强调乳房的大小，比如：“大圆石”“救生用具”“沙袋”“定音鼓”“小手鼓”“兴登堡飞船”“齐柏林飞船”，以及巨蟒剧团的歌词“大片的土地”。还有含有潜在暴力性的“子弹”“加农炮弹”“鱼雷”等词语。显然，乳房使很多人想到了水果和蔬菜，比如：“桃子”“芒果”“西红柿”“甜瓜”（更具体的说法是“肉甜瓜”）。与食物相关的词汇有“天使蛋糕”“杯子蛋糕”等。有些绰号把乳房比作动物，比如：“熊宝贝狗”“小母牛”“吉娃娃狗”“毛衫小猫”。乳头还让人产生灵感，“棕色大眼睛”“粉鼻子小狗”等说法因此被发明。

为什么我们会发明那么多的俚语来形容人的乳腺？

在《女性用语》一书中，简·米尔斯提到了词典学家韦伯斯特说过的话：“委婉语存在的目的就是为了避免直接提及令人不快、痛苦或恐惧的事实。”她随后提出了一个强有力的问题：

> 女人的乳房至于让人那么恐惧吗？……简直找不

出形容男性乳房的俚语和委婉语，因为男人好像根本没有乳房。在由男性主导的男女关系中，男人几乎没有发觉自身的乳房也可以性感。

乳之源

因为乳汁是大自然赐予家养动物和野生动物的食粮，而这些动物又影响了早期的社会形态，所以乳汁在很早以前就成了一种神圣的象征符号。人们用动物乳汁甚至人乳供奉诸神，包括山林水泽女神、缪斯诸女神、罗马神话中摇篮婴儿的守护三女神邱妮娜、库巴和鲁米娜，以及希腊生殖神普里阿普斯。在今天的许多地方，牛乳被看作最重要、最可靠的营养源。

不管动物的乳汁受到怎样的赞誉，也比不过人乳。女人的乳房是世界上为新生婴儿准备的唯一食粮的制造者。相比之下，其他食物如花生酱、菠菜、龙虾、牛奶等，不过是“漂亮姜饼屋”中的装饰物，是我们饥不择食时方便拿来充饥的食物而已。乳汁是人类工厂为维持人类早期生命而设计的。分泌出的乳汁中含有母亲的抗体，所以母乳会增加婴儿抵御微生物细菌的免疫力。难怪整个人类历史都是对母乳和母乳喂养的礼赞。数千年间，在世界各地，虔诚的雕刻师们制作了无数的女神塑像，这些女神生育力旺盛、乳汁饱满，一对乳房显然不足以表现出她们的富足丰饶，所以雕像上往往有多个乳房。公元1世纪时，以佛所雕刻的希腊女神阿尔忒弥斯像（现存于土耳其的伊兹密尔博物馆）的整个腹部长着一排沉重的、乳汁丰盈的乳房。到1746年，瑞典博物学家林奈在他著作的标题页还放上了一幅长有多个乳房的雕像图。美国雕塑家路易丝·布尔乔亚更为大胆出奇，她戴着一排雕刻出来的乳房拍下了一张照片。

每天晚上天空展现出的景象，都不得不让人想到母乳和母乳喂养的文化重要性。下面这则神话的主角是奥林匹斯山上的众神天后——赫拉。她是众神之王、希腊十二主神之首宙斯的第7个妻子，因为宙斯滥情，与所遇见的女人、男人，甚至野兽苟合，子嗣众多，所以赫拉妒恨交加、备受折磨。宙斯与凡人女子偷情，生下后来的大力神赫拉克勒斯。为了使儿子获得神力，宙斯把他带回奥林匹斯山，让赫拉给儿子哺乳。赫拉以为这个孩子是弃儿，并不知他是宙斯的儿子，于是就答应给他喂奶。赫拉克勒斯用力吸吮，赫拉的奶汁流溢而出。实际上，因为拥有神力，婴儿的吸吮力极强，赫拉疼痛难忍，情急之下把婴儿从胸前推开，于是乳汁飞溅到苍穹之中，变为群星，化作了“银河”。这就是“银河”被称为“奶路”（the Milky Way）的原因。

性激素以许多奇怪的方式影响着身体，方式之一就是嗅觉敏感性。雌激素可以提高识别气味的能力，增强对气味的反应能力，而睾丸素则会降低这些能力，因此，一般来说，相对于男孩和成年男性，年龄相仿的女孩和成年女性对气味更加敏感。

女性在月经即将到来时也对气味越发敏感，因为此时孕激素水平下降，雌激素水平上升。怀孕的女性也对气味异常敏感。这种性别差异从出生时就开始显现。新生的女婴比男婴对气味的反应要强烈得多。有时面对某种喜欢或讨厌的气味，她们会踢蹬、吸吮或大哭，呼吸的频率通常也会随之改变。某些实验结果表明，有些婴儿可以像成人那样，用基本的面部表情来进行回应。这种敏感性通常在出生后的几天内渐渐增强。以上这些观察说明人类识别气味的能力与生俱来。睡梦中的人也被观察到有类似反应，表明此类反应具有潜意识性。法国科学家蒙塔涅尔将母婴之间的嗅觉联系描述为“婴儿通过与母体的接触练习感知能力的一种手段”。

但是你可能要问，这与乳房有什么联系呢？美国神经生物学家丽丝·艾略特写道：“婴儿的嗅觉才能之一，就是以一种神秘的方式认出妈妈乳房的气味。”婴儿对其他任何气味的反应，都没有对母亲乳头香气的回应热烈、投入和敏感。相对于产后被清洗过的乳房，初生婴儿更喜欢没有被清洗过的母亲乳房。刚刚告别子宫、娩出仅两周的婴儿，即使从未闻过奶味，也会本能地把头转向哺乳期女性，而对不在哺乳期的女性不予理会。婴儿也对母亲腋下和脖子的气味非常敏感。

人类是一种很有意思的动物，实验室的老鼠甚至也一样掩饰不住对气味的喜爱。乳腺和气味之间的紧密关联也没什么稀奇的，因为乳房就是汗腺的变体。哺乳动物最重要的体味受特定目的驱动，并由特定的腺体释放。一个生动的例子就是巴克狍子。在交配季节，它们的前额上会出现一个斑点，产生一种强烈的气味，但不久以后，斑点就会消失。几乎每种已知哺乳动物的乳腺都会释放独特的气味，它引导新生的幼崽吮吸到自己的乳汁。与妈妈皮肤的接触会加强幼崽的这一反应。反过来，抱着宝宝喂奶也会促进母乳的分泌，这种重要而愉悦的接触还会增强亲子的情感联系。

用乳汁喂养幼崽是哺乳动物的一般做法，仓鼠、灰熊、骆驼、狗等动物差异巨大，但都给后代哺乳。即便是无助的有袋动物[①]幼崽也会爬向母亲平平的乳腺。再也没有什么比女人给孩子喂奶更自然的事了。但是人类的大脑充满想象力，认为哺乳并不仅仅是自然行为。玛丽莲·亚鲁在1997年出版的《乳房的历史》(*A History of the Breast*)一书中，冷静、婉转地描写了乳房在激发象征性思维方面的作用："虽然乳房的某些特征恒久不变，比如能分泌乳汁、易受疾病侵袭，但人们赋予它的各种意义却是变化多端的。"在书名中，亚鲁就直接使用了乳房的隐喻意义。她没有用复数breasts，而是选用了the breast。前者是具体概念，实指"乳房"这一身体器官，强调它的功能性；后者是抽象概念，喻指"乳房"是文化产品，强调它的象征性。

亚鲁还谈及中世纪创作的以《哺乳的圣母》为主题的油画和雕塑作品。这些作品由不同的艺术家完成，在基督教影像创作史上，它们的涌现令人震惊。在中世纪的1 000多年间，"哺

① 有袋动物胎儿在没有发育完全时就早产，在母亲的育儿袋内靠吸吮乳汁继续发育长大。——译者注

乳的圣母”这一题材不时地出现在各种艺术作品中。尽管圣母的一只裸乳看上去通常虚假、生硬而缺乏生机，但这一时期的画面呈现却比以往更加生动、逼真。当然，“缺乏生机的裸乳”看似“败笔”，实则是表现圣母神性的一种常规艺术手法。在这一主题的艺术作品中，圣母的怀中不再是神化圣母的微型圣像图，而是第一次出现了一个生动鲜活的婴儿，使圣母散发出人性的光辉。亚鲁还指出，在14世纪的意大利，这种圣母像非常流行，这可能与当时的几大事件有关。当时发生了大面积的饥荒，有婴儿要喂养的母亲们忍受着双倍的煎熬，人们急需精神安慰，而圣母哺乳像给人们带来了精神寄托。再者，在长达一两个世纪的时间里，教会给人们树立的形象就是“用乳汁哺育虔诚子民的慈母”。后来这一主题有了变化。16世纪，阿玛切特里所画的圣母是站立的，右臂抱着裸婴，正在给炼狱中的死囚们哺乳，乳汁像溪水一样从她的裸乳中喷射而出，光芒四射。

圣母哺乳图的各种变体都有各自的渊源。在罗马神话中，皮斯塔斯神是爱与仁慈的化身。有些文字和艺术作品将她描绘成一个丰腴的、正在给年长的父亲或母亲哺乳的少妇。公元1世纪，老普林尼转述了历史学家马克西姆斯讲过的故事：

> 一个地位低贱的平民少妇刚刚生下孩子，得到许可去看望被关在监牢里的母亲。进牢之前，看守对她严加搜身，以防她偷带食物。后来发现她用自己的乳汁给母亲哺乳。

老普林尼说，在这一善举的发生地，罗马人建起了一座神殿，以表彰女子的“孝母行为”。长期以来，这种故事被归为“罗马仁爱”之列，在文艺复兴时期，它们被看作“基督教博爱”的体现。在许多作品中，女儿哺乳的对象是父亲，而不是母亲。对于这一性别转换，亚鲁认为，它带上了乱伦的色彩，因而玷污了孝行。在17世纪荷兰画家施托梅尔的画作《罗马仁爱》中，年轻的女儿和年老父亲之间的巨大年龄差，给人以一种不自在的感觉。

在约翰·斯坦贝克于1939年出版的小说《愤怒的葡萄》的结尾处，上述意象得到再现。在最后一章中，饱受苦难的乔德一家遭遇暴风雨，在一处谷仓暂且安身。尽管全家人穷困潦倒，但是谷仓内还是收留了一位境遇更惨的人——一个快要饿死的中年男人。在故事中，乔德一家和其他西进的俄亥俄州移民一样，一直在与残酷的自然界抗争，与无情的雇主和地主抗争。斯坦贝克通过使用神话意象暗示读者，受压迫的人们只能相互帮助，彼此给予物质支持和精神寄托。这一意象出现在小说的最后：少妇罗斯产下死胎，乳汁丰盈，她把那个垂死男人的头放在膝盖上，用自己的乳汁喂他。

在古代神话没落很久以后，兴起了一个思想派别——弗洛伊德学说。该学说仍然使用神话意象，但对自然哺乳行为的看法却大相径庭。如今，虽然语言学界仍然对弗洛伊德学说的教条主义隐喻术语津津乐道，但作为治疗方法的心理分析却已式微。虽然弗洛伊德首创的“性学版图”引领了人们的探索之路，但其结果却被无知和幻想扭曲了，对任何一个没有路标的大陆进行探索都会遭遇类似的境况。现在，人们常把弗洛伊德本人描写成一个奸诈的、只顾及个人喜好的自大狂。但是在整个20世纪，他有关乳房的论述对思想界产生的巨大影响，仍是无人能及。

弗洛伊德神话中两个占统领地位的神是阴茎和乳房，他对身体这两个部位的关注比对阴道和阴蒂多。当然，占主导地位的是“坏男孩的器官”，弗洛伊德自己的这一器官就有很多麻烦。他坚信：男孩害怕阉割，这种恐惧心理会一直折磨着他们；女孩则因羡慕、渴望她们兄长的阴茎而难以入眠。亚鲁写道：“然而，乳房像一个半遮半掩的女神雕像，告诉人们，它很久以前就待在那里了，魅力从未减退。弗洛伊德一直认可乳房的重要性，当然对阴茎的重视也从未减少过。”对弗洛伊德有关女性性征的论述，亚鲁戏谑地说，让我们沉思片刻，想一想假如没有“乳房渴望理论”，心理学将会怎么样。

像大多数神话一样，弗洛伊德学说中也需要“男神”和“女神”。在早期，乳房在弗洛伊德的“万神殿”中具有至高如上的地位。在他晚期的著作《精神分析纲要》中，弗洛伊德用惯常的自信语气说道，乳房和哺乳构成了“所有后续的爱之关系的原型，不论性别皆是如此”。诗中出现的苹果、睡梦中的鸟儿啄咬女人的嘴——无一不在隐秘地模拟“哺乳行为”，以及这一行为带来的持续终生的快感。借用灵活机巧的修辞，弗洛伊德甚至宣称：不管人们幼时是吸吮过母乳，还是由奶瓶喂大，或者根本没有得到过母爱，人类成年后无一例外都在体验着不能再与乳房亲密接触的痛楚。精神分析师认为有没有吃过母乳应该是一个至关重要的问题，于是几十年来，他们的标准提问是："母亲是否亲自给你喂过奶？"然后手拿钢笔，等着分析对象给出答案。

弗洛伊德所描述的性心理有 5 个发展阶段，其中之一是口欲期，它由婴儿吸吮乳汁发展而来。佐证这一观点的例子随处可见。美国历史学家德莫斯于 1970 年发表论文《17 世纪新英格兰巫术的隐含内容》，他在文中推断说：

> 在有关女巫的历史记录中，"口头内容"起到了突出作用。在"女巫大审判"中揭露的巫术，扰乱人心，令人瞠目，那些巫师一定在人格发展的最初阶段经历过某种创伤。此处很适合插入一些有关早期新英格兰人母乳喂养的信息：他们断奶的方式可能非常残忍。

几千年来，由于种种原因，许多母亲不愿意或没有能力亲自给孩子哺乳，于是就把新生儿交给乳母。乳母通常来自社会底层。从古希腊到中世纪的法国，再到维多利亚时期的英国，一直存在有关乳母的记录。父母给婴儿找乳母的动因非常多样。有的是因为母亲病亡，有的则因为雇请乳母可以象征社会身份。另外，在历史上还曾不断地出现这样一种观点：如果不给孩子哺乳，乳房的吸引力就会保持得更长久——特别是在崇尚小而坚挺的乳房的时代，这一观点更加流行。美国心理学家瑟若在《母性迷思》一书中写道：“曾经盛极一时的雇请乳母的做法，到今天几乎已难觅踪迹，这看上去挺离奇的。乳母喂养似乎已经从欧洲人的集体记忆中消失了，可能是因为人们对此有矛盾心理。”曾经雇得起乳母的社会阶层因为可靠的瓶装奶的发明，也不再请乳母了。

虽然一度盛行，但是乳母喂养一直颇有争议。18世纪末，阿姆斯特丹的一位医生布兰卡特愤怒地说：“如果不是出于健康原因让别人给自己的孩子喂奶，而任由自己的乳汁干涸，这样的人不配做母亲。”布兰卡特的一位医生同行贝弗维克诘问道：“什么样的母亲才不给自己的孩子喂奶呢？一个纯粹的母亲，怎会让自己无辜可爱的孩子冒这种风险？”18世纪法国启蒙思想的先驱卢梭确定地宣称：“母亲应该亲自哺乳……女人在这方面的责任无可置疑。”当然，大多数这样的话都是由男性作家所写的，他们常告知女人们应该怎么做。大多数人都认为母乳喂养非常重要，从实际角度看，这种看法不一定总有道理，但至少从理想主义的角度看，该观点正确无疑。当时还没有细菌致病论，有关母亲抗体的相关知识也不具备，布兰卡特等医生将问题描述得更加简洁：“孩子已经习惯于妈妈的喂养。”当时，荷兰风俗画将先前哺乳的圣母形象提升为奉献于普通家庭的妇女形象。普拉在《消费激情》一书中描述了乳母的卫生标准和品行标准是怎样的：“《公牛选择乳母的规则》这本书建议，要像研究母牛一样仔细察看所有的候选人——她们牙齿和牙龈的健康状况如何，舌头的洁净度如何，脸色如何，乳房是否结实、坚挺，最重要的是看她们是否品行端正、为人良善。”

1906年，安布罗斯·比尔斯在他编纂的《魔鬼词典》中，用讥讽的口吻对“哺乳动物”重新定义，对乳母喂养进行了讽刺，他说：“哺乳动物，名词，脊椎动物科属，雌性给幼崽哺乳，但是当她们文明起来、开化以后，就把幼崽交给奶妈或用奶瓶哺乳了。”虽然现在很少有人这么公然地反对乳母喂养，但是有人认为，过去曾经流行的乳母喂养应该对现代儿童发展和养育模式产生了广泛的影响。瑟若写道：

> 米开朗琪罗、朱丽叶、郝思嘉、丘吉尔全都有过乳母。雇请乳母不是需要遮遮掩掩的事。在不同的时代，欧洲的城市人家大多给初生婴儿请过乳母。这种做法，即使是善意而为，看上去也和今天的心理学家、儿童专家和绝大多数普通人最崇尚的母爱观背道而驰。

问题的关键是看乳母喂养这件事是否会带来良好的养育效果。乳母喂养过的婴儿，长大后也可能具备极强的立足社会、服务社会的能力，但这并不意味着，母亲亲自哺乳对孩子日后发展的益处就小。令人难过的是，许多有过乳母的人会碰到许多问题，其中包括：折磨他们一生的被抛弃感，与人进行情感和身体接触时的抵触感。瑟若举的例子只能说明雇请乳母曾是普遍现象，但很难证明它具有积极作用。众所周知，米开朗琪罗性格执拗、情绪多变；丘吉尔对人冷漠疏离、好胜心极强。朱丽叶和郝思嘉都是文学作品中虚构的人物，但是二人的行为都极具象征性，容易引起大众的共鸣：年轻的朱丽叶自杀，而郝思嘉也称不上是爱孩子的妈妈。

有许多迹象表明，母亲亲自哺乳会给亲子关系带来积极的影响，会加强双方的身体和情感联系。1973 年，由波士顿妇女健康写作组撰写的具有开创性的《我们的身体，我们自己》出版。作者们反驳了因医学原因拒绝母乳喂养的做法，这一做法在“二战”以后逐渐流行。她们认为，母乳喂养“令人喜悦、感觉充实、有成就感……喂奶对于母亲和婴儿来说都是一种快乐而放松的方式”，她们总结道：“这是对我们身体的一种认可和肯定。”

促进乳房发育的激素与植物中的一组化学物质之间有着惊人的联系。最主要的雌性激素是雌二醇，由卵巢产生。它负责设计和建造乳腺和生殖系统，也会对交配行为产生影响。经证明，雌二醇的化学成分与三叶草和其他豆科植物中的类黄酮和色素非常相似。根据英国科学作家莱尔·沃森的讲述，“二战”期间，澳大利亚农场绵羊的繁殖率大幅下降，大大影响了农场的生存。农夫们猜测，问题可能在于一种新品种的三叶草，并把这一三叶草病症命名为“三叶草病”。最后查清了“病因”：为了不让动物吃掉自己，三叶草释放了一种类似雌二醇的化学物质类黄酮。虽然看起来有点儿奇怪，但这是非常普遍的现象。这样做的目的是什么呢？沃森写道：三叶草和绵羊这对植物—食草动物搭档相互依存，绵羊以三叶草为生，而三叶草则竭力保护自身以免被绵羊食用过多而绝种。三叶草中的类黄酮就像避孕药，绵羊食用之后，受孕概率降低，动物数量减少，从而保证了三叶草的生长和草场的兴盛。

像三叶草一类的植物通过制造一种化学物质，让食用它们的动物降低受孕概率，从而控制繁殖率；与此类似，母乳喂养可抑制身体再次受孕，因此也是一种避孕方式。几个世纪以来，有见识的妇女都尽可能地延长哺乳期，为的就是充分准备，以应对下一次严重消耗精力、体力的怀孕和生产。

出乎意料的是，孕期激素变化导致的停经，让人误以为乳汁和血液是同一种重要体液，只是形态不同。这种看法非常古老，在文艺复兴之后仍然大有市场。16世纪的法国医生、作家茹贝尔写了《受欢迎的错误》一书，概括了当时流行的观点："原先子宫里的血和现在乳房里的奶，难道不是同一种东西吗？只不过奶水被血液的自然温度和生命活力漂白了。"美国历史学家托马斯·拉克尔在《性的建构：身体与两性的历史》一书中指出，达·芬奇时代的解剖学家就已明白，血管和乳腺没有明显的联系。但这种"无联系论"受到了冷落，因为它与"古老的模型"不符。拉克尔说，"子宫与乳房之间的联系，显然没有诗歌中描绘的血与奶的关系重要"。

胡特市来的女魔头

最官方的乳房……是芭比娃娃的乳房。

——娜奥米·沃尔夫，女权运动家

和许多名人一样，芭比娃娃从没有过隐私，几十年来饱受批评。假如她退隐到居所“梦想小屋”，并竖起她小小的塑料中指回敬世人，也无可厚非。艺术家们从她那里找寻灵感，对她持怀疑态度的人嘲笑她炫耀、摆阔、挥霍，讽刺她身材比例夸张。人们对她的看法各异：小孩子为衣橱里的芭比感到喜悦万分，而科威特官方在1995年发布了“禁芭令”，把她当作道德败坏的西方“女魔头”。她的来历和传奇，大多与她那对超大的乳房有关。因为她的原型——德国莉莉就拥有丰满的乳房，才大受欢迎，于是吸引了一个美国玩具制造商的目光。芭比象征并体现着人类对乳房的迷恋。

1952年，德国漫画家雷哈德·博伊廷在影响力较小的期刊《图片报》上发表了一组漫画。漫画的主人是一个叫作莉莉的年轻女人，她名声不好、狂野妖艳，从闺房到跑车，目的只有一个：钓到一个百万富翁。显然，钓饵也只有一个：她的身体。这个长腿的纸上莉莉是一个日耳曼金发女郎，常常梳着马尾辫，长着生动的眼睛和长长的睫毛，她的双腿逐渐变细，双足纤小。莉莉最引人注目的特征，是硕大丰满的胸部。莉莉像玛丽莲·梦露一样的形象广受男人们的喜爱，他们像被淫邪的巫师施了魔法一般，疯狂地想让莉莉变成三维的立体形象。纸上莉莉诞生三年后，一家玩具公司开始在市场上出售模制塑料莉莉玩偶。玩偶莉莉最突出的特征和漫画莉莉一样——乳房丰满、夸张，穿着容易脱换的清凉衣着。像漫画中刻画的那样，玩偶莉莉也是男人的新宠，是那种可以在《花花公子》上做广告的青春期的性玩具。

1956 年，露丝·汉德勒带着女儿芭芭拉到欧洲旅行。她当时是加利福尼亚州一家创办不久的玩具公司——美泰（Mattel）的创始人之一。有一天，她们在一个商店的橱窗里邂逅了莉莉。后来，汉德勒说她一直在努力说服美泰的设计师为美国玩具迷们开发生产一款成年玩偶。她购买了三个莉莉玩偶，并把她们带回加利福尼亚州。这是一次事业腾飞的好机会。制造德国莉莉的目的在于诱惑男性，因此当时德国（男性）漫画家和玩具设计师们全情投入，实现了这一目标。而汉德勒想象中的美国版莉莉要取悦的却是小女孩，对此，美国的男设计师们觉得无从下手。尽管手头有莉莉玩偶作为原型，美泰的男设计师们还是反对汉德勒的积极创意。他们断言，要创造一个比莉莉更灵活、更柔软的玩偶，在技术上存在诸多难以克服的难题，而且做出来也不会有市场。汉德勒确信，这种反对声音掩盖下的事实是：设计和销售有乳玩偶这一思路，让这些男人感到不舒服。显然，乳房是男人们的天生最爱，而小女孩们早晚会自己长出乳房。

在美泰设计部，似乎有几个人认同弗洛伊德的观点：身体构造是天生注定、不可改变的。怎么把一个专为男人设计的玩偶变为小女孩的最爱呢？最终，放荡不羁的德国莉莉变成了天真无邪的美国妹妹芭比，唯一不变的是那对丰满的乳房，还有世人对她们的纷争和议论。许多研究都聚焦于芭比对美国文化的影响，特别是她如何影响小女孩的自我认知和对她们乳房的认知的。美国作家麦克唐纳等维护者急切地回应道："难道有这么多人蔑视孩子的智商吗？她们真的像我们想象的那样蠢到受一个玩偶的摆布吗？"如今，芭比娃娃的塑料肩膀上承担着许多压力和使命。麦克唐纳在他于1999年出版的《芭比年代记》一书中，收录了"芭比的妇科之约""芭比，十二阶玩具"等散文和诗歌。

芭比诞生后，她胸部的比例问题一直在引发争议，可笑的是，早在设计阶段，芭比的胸部就引起过麻烦。德国莉莉尽管曲线玲珑、性感妖娆，但却没有乳头。日本玩偶制造商在把莉莉变成芭比的过程中，多次给芭比样本做上乳头，然后返给美泰公司，但是每一次，美泰的男设计师们都耐心地把乳头锉掉，再将一个流线型的样本寄回日本。美泰的管理层担心，没有乳头的玩偶会难以出售，但带有乳头的玩偶势必会招致公众的批评和责难，那就更难立足市场了。在20世纪50年代的美国，让玩偶女孩既有乳房又有乳头更是难上加难。

对于芭比体形的不断变化，人们提出了各种理据，这些解释像是专门为了掩盖事实真相而设计的"不在场证明"，难以令人信服，却很少有人去追溯芭比的欧洲血统。莉莉更像一个"阁楼上的疯妇”，而不是“不可告人的家丑”。她的存在不是秘密，在公共场合也不是不可言说。最初，除了一些微小的差异，芭比几乎是莉莉的克隆。这就引发了一个有趣的问题：假如异性恋德国男人收集莉莉，那么异性恋的美国男人收集芭比有何不可？芭比毕竟也是一个胸部傲人、穿着轻薄的娇娃。其中一个原因是营销方式带来的影响。芭比的电视广告一般投放在周六上午动画片播放时间，而不是周一晚上的橄榄球播放时段。所以，看到男人汽车仪表盘上或壁炉架上摆放着芭比娃娃时，人们不会认为男人淫邪，但绝对会感到吃惊、侧目。20 世纪 90 年代，芭比娃娃专家、商人布里特曼解释过：“很少有‘直男’收集芭比娃娃，但我认为许多‘直男’其实愿意收集芭比、时尚玩偶，或其他玩偶，只是社会禁忌的力量太大，他们敌不过而已。”不管他们是否收集芭比，美国“直男”对芭比的反应和德国“直男”对莉莉的反应一样。布里特曼说：“所有‘直男’对玩偶的反应基本一致，都是看向她的胸部，他们逃不出‘胸之城’。”

赤裸上身

直接给婴儿哺乳时，母亲不可避免地要露出一部分乳房，这就使人想到“袒胸露乳”，人们对此沸沸扬扬、莫衷一是。世界上的大多数地区是不允许妇女在公共场所哺乳的。这种荒唐的禁令体现和反映了人们的看法：不管是情欲性的袒胸，还是哺乳性的露乳，或是基于其他原因而赤裸上身，都让人感到耻辱和愤怒。

从古至今，人们设计服装时也一直把“胸部”作为考虑的要点。有些服装几乎将整个胸部袒露在外。比基尼式的服装早在几世纪前的艺术作品中就有呈现，这类服装在一个禁止裸露乳房和性器官的文化里算最大的尺度了。在西西里岛上马克西米利安一世皇帝的别墅里，有一幅马赛克像，其中描绘了一位参加地区运动会的女选手，她的穿着清凉，若出现在今天的新泽西州海滩上也不足为怪。在世界各地，在各个历史时期，只要女性稍稍袒露胸部，就会被认为是在诱惑异性，对社会造成危害。英国18世纪作家、评论家塞缪尔·约翰逊最终还是告诉朋友大卫·加里克[①]不会再来剧院找他了：“大卫，我不再来剧院后台找你了，因为你们女演员的丝袜和袒露的胸脯总是让我情难自禁。”1904年，教皇庇护十世禁止天主教妇女在青年教士在场时穿低领的服装，显然，有许多神职人员也受到了“裸胸”的极度“困扰”。

在艺术作品中，全裸的胸乳一直非常盛行，从伯拉克西特列斯[②]的雕塑《女神阿芙罗狄蒂》到德拉克洛瓦[③]的画作《自由引导人民》都是如此。许多建筑物上的新古典主义公共艺术作品也有对女性乳房的描绘。1986年，里根总统的同僚——司法部部长米斯举行了记者招待会，宣布其备受讽刺的“色情委员

① 大卫·加里克（1717—1779），演员、戏剧家。——译者注

② 伯拉克西特列斯，公元前4世纪希腊雕刻家。——译者注

③ 欧根·德拉克洛瓦（1798—1863），法国著名画家。——译者注

会”的工作成果。在这篇长达 1 976 页的报告中，他用 300 页的篇幅，形象地描述了人们在书籍、图片和电影中的色情描写，所用语言和那些色情描述并无区别。时任美国公民自由联盟主席的斯特罗森指出，米斯的报告特别像麦金农和德沃金的反色情作品，因为他们会大段引用要禁的材料。米斯站在一尊露出一只乳房的女法官雕像前，对美国道德水准大加评判，并没有意识到这一幕有多么讽刺。《时尚先生》刊登了记录这一“庄严时刻”的照片，标题是“色情品”。2002 年，时任司法部部长的艾希克罗为了与其前任的高道德水准相配，把该雕像遮盖了起来。

保守僵化、忧虑重重的父权社会发明了种种束缚女性的物品或象征符号，1968 年的美国选美游行对这些“发明”进行了抵制，“乳罩”就在此列（当时，“烧乳罩”已经成为女权运动的一种口号，尽管没有人真去“烧乳罩”）。古罗马的雕塑上就刻画了裹着束胸带的女人形象。法国人称为“胸罩”的东西，在英语里叫作“紧身上衣”（bodice），这个英语词也来自法语 brassière，到 20 世纪 30 年代中期，该词简缩为如今广泛使用的 bra（胸罩）。胸罩的概念可以追溯到 1885 年的一项专利“编织线健康衣”，但是第一件真正的胸罩应该诞生于 1914 年，当时，有个年轻女人发现她的紧身胸衣不但不舒服，还从领口露了出来，于是她用两条手帕做了一件胸罩。罩杯的大小直到 1940 年才出现。像紧身胸衣一样，胸罩也可以淡化、凸显或夸大胸部曲线。一些评论家认为，20 世纪 60 年代末到 70 年代初如火如茶的抛弃胸罩运动，其原因主要是胸罩被看作父权标志，而和1964年葛恩莱西发明“无上装泳衣”的关系不大。“无上装泳衣”的时尚趣味有限，但是它象征着一个摒弃各种束缚的时代的来临，人们先前认为那些束缚理当如此、自然而然。亚鲁在《乳房的历史》中写道：“在20世纪四五十年代，将胸部作为性感器官束缚起来是普遍做法，但是，20世纪60年代末兴起的‘解放乳房’运动，象征着一种无拘无束，代表着解除对乳房的限制。如今，乳房可以自由不羁地‘欢跃’，这预示着女性将会获得更多的自由。”现在，乳房和它们的主人们享有比20世纪60年代更多的自由，但是研究表明，由于胸罩替乳肌承担了部分负担，所以戴胸罩可以使乳房更长久地保持坚挺。

女性的裸乳很快就变成了商品，出现在“无上装洗车房”、按摩院、舞蹈俱乐部中。有些反对这种做法的激进人士采取了一种“用对手的武器打击对手”的“柔术”来表达立场，比如在1964年，60名男女赤裸上身穿过加利福尼亚州圣克鲁兹市中心，目的是吸引媒体关注乳房商业化等有关女性身体的社会问题。亚鲁引用了一名前模特安·西蒙顿在一次激昂振奋的演讲中所说的话：“假如人们不是由于羞怯而藏起乳房，假如人们不认为女性的乳房淫邪、可恶，麦迪逊大道（美国广告业中心）、色情作家、电影和电视怎么可以源源不断地从爆乳中赚得盆满钵满？……我们以为自己的身体属于广告商、选美比赛、色情作家、‘无上装酒吧’、西洋景……它们令人作呕。我们必须对它们说‘不’。”

Topless 一词有“女人赤裸上身”的含义，其历史可以追溯到 1964 年，当时在旧金山出现了一款泳衣，该泳衣迅速地流行起来。三年后，《伦敦观察家》报开始使用“无上装服务员”的说法。该词现在只用于女性，但是早在1937年，美国的《时代》周刊就用它来描述男性：“又一个穿泳衣的季节来到了，地方立法者出台管理条例，瞄准了赤裸上身的男人们，而不是穿着内衣的女人。”

意大利著名作家卡尔维诺在短篇小说《帕洛马尔先生》中，戏剧化地表现了公开露乳带来的社会问题。卡尔维诺的这篇短喜剧没有把女性乳房当作关注对象，而纯粹是关于男性偷窥癖的，它强调了人们在学会以负责的态度对待裸乳的过程中，有着复杂的思维过程。极度敏感、善察的帕洛马尔先生去一处无名海滩度假。在小说最开始的 6 页中，他一直用达·芬奇那样观察细致入微的双眼，凝视着大海的波涛起伏。然后他在海滩上漫步，路过一位裸露双乳晒太阳的女人。如对别人一样，他在脑中也对她进行了仔细的“盘问”，小说中如此描述他的反应：

> 帕洛马尔天性拘谨、小心翼翼，他向远处海的尽头望去。他知道，在这种地方，女人们一旦看到有陌生的男人走过来，就会迅速地遮住自己的身体。帕洛马尔认为女人遮身掩体这一举动不妥，因为这对安然进行日光浴的女人来说是个烦扰，男人也会因此觉得自己是入侵者，这个举动还隐含地证实了裸体禁忌的

存在，更因为这种半遮半掩的做法传递着不安和混乱，
而不是自由和坦率。

对于帕洛马尔来说，若要惶惑地望向天边，这些都是好理由，但他犹疑了。他再次思量了这件事：要是他把眼光移向别处，那就更说明公开露乳在某种意义上是不当行为，用卡尔维诺的话说，就是帕洛马尔的眼睛和沙滩女郎的裸胸之间存在着一件隐形的“心理胸罩”。想到这里，他重新行动起来。他慢悠悠地沿着沙滩往回走，其间，他平静地注视着大海、船只和海岸线，还有“一轮浅白的带着深色乳晕的明月”。然后，他意识到，刚才的行为把女人的裸体简化为一道风景，他觉得他可能在无意之间强化了人们平时对男尊女卑僵化看法的痛恨。帕洛马尔毅然决然地从女人的身边走过。这次，他的目光逗留了片刻，然后欣赏地落在了她的上半身。然后他突然明白这一次可能还会被误解。“他这么盯着看会不会被人认为是一种优越感的表现呢？会不会让人觉得他没有重视乳房的概念和意义，好像看书时把某个词句甩在旁边、放到页边或放在括号里？”

不出所料，这一出哲学闹剧的后果是：女郎得知骚扰她的是一个怪人（好在不是精神病人），她跳了起来，迅速遮住她引人遐思、引发纷争的乳房，愤然离去。

天堂的睡枕和历史的磨盘

嘲笑前代人过时的泳衣和发型可能有失公允，但是有时嘲讽我们祖先那些老套的设想和宣言却能令人振奋，正是这些设想和宣言造就了人的世界观。从历史上看，当男人宣称他们永恒的理想就是“女人”的时候，再也没有比这更可笑的了，其实“女人”不过是一个充满诱惑力的概念。一个代表性的愚蠢“宣言”出现在英国艺术作家莫文·利维于1962年出版的《天堂的卫星：艺术作品中的女性乳房》一书中。他写道：

> 女人犹如高山，吸引我们的始终不是她们的年龄、地位，而是外表。她们的生存不合时宜。男人们或贪婪、或憎恨、或柔情地对女性的肉体凡胎添油加醋，极尽阐释。女性只生活在由男性主导的历史中，她们不参与历史事件，且受到种种制约。

对上面的最后一句话，利维做了详细解释，顺便将修辞的索套牢牢地套在了自己的脖子上，他说：“女人躲开历史洪流，不参与历史事件，她们参与历史的方式只是按照男人的意愿，扮演不同的虚构角色罢了。”他透露说，这些观察都是基于他对艺术作品中女性乳房的研究，这显然是自投罗网，被唯我主义扼死。但是他并未就此停笔，而是继续写道，乳房是：

> 天堂的睡枕、沙漠中的仙人掌、出发地、归航港……作为女性最凸显的符号，艺术作品中的乳房或实或虚，亦真亦幻，它是美的源泉，是艺术家和诗人的精神依恋。女性乳房带给男性的美感可以使他远离凡尘，将他带入至福境地。

如果我们不愿听利维先生这些“青春期的呓语”，就看一看杰梅茵·格里尔[①]在她的《女阉人》一书中是怎么说的吧。她指出：

> 一对丰满的乳房实际上是套在女性脖子上的磨盘，是沉重的负担……没用的时候（即不哺乳的时候）才会受到宠爱。一旦失去光泽，变得松垮干瘪，就会成为被厌恶的对象。它们似乎不是女性的人体器官，更像是悬挂在她们脖子周围的诱饵，像油灰一样任人揉捏、扭曲。

即便利维写的不是男权社会对女性的历史影响，那他至少反映了女性在历史上的奋斗与挣扎，这与格里尔的观点并无二致。乐观主义者通常会被星星之火点亮，所以会发现这些书中的丝缕希望。鉴于女性在世界范围内开始大力发声，玛丽莲·亚

① 杰梅茵·格里尔，生于1939年，西方著名女权主义作家。——译者注

鲁在《乳房的历史》这一杰作的最后一段，回顾历史并展望未来，她写道：

> 与祖先相比，当今女性的乳房得到拯救的可能性更大，因为女性在某种程度上可以决定乳房的意义和用途。女性曾试图解放上身、摆脱胸罩的束缚，曾推动乳腺癌研究，曾争取在公共场合坦然哺乳，也曾努力打破大众传媒营造的鲜丽虚幻的女性形象而使之真实起来。因此，女性也终将能够找出保护乳房、确认其价值的有效方式和途径。

第十章

亚当的肚脐

是她的同行——一位接生婆，替呱呱啼哭着的我接生的。我从虚无中诞生。她的那只手提包里装着什么？一个拖着脐带的早产死婴，裹在红绒毯里，静默无声。脐带连接了祖祖辈辈，一条肉绳串起了芸芸众生。

——詹姆斯·乔伊斯《尤利西斯》

解结

人身体的许多部位都让人联想起中世纪的纹章图案，而肚脐给人带来的却是一种既抒情又诙谐的感觉。为什么人们会把肚脐与可笑联系到一起呢？先看看下面这则笑话：一个女人正在莲花上打坐、冥想，她注视着自己的肚脐，渐渐觉得有个像螺丝钉一样的东西显现出来，于是她起身拿来螺丝刀，坐在地上，将螺丝钉拧了下来。起初安然无事，可当她起身时，她的屁股却掉在了地上。

这个故事可能荒唐可笑，但肚脐的魅力确实无法阻挡，这究竟是为什么呢？你为情人宽衣解带时，若第一眼看到的是她的肚脐，那真是一种无与伦比的快乐。沙滩上，布满晶莹的汗珠、黏着粒粒细沙的肚脐，像周遭的海岸线一样，着实也是一处令人称颂的自然奇观和一道值得驻足的风景线。20 世纪 90 年代末，肚脐成了一种时尚“饰物”——当然，它通常“装饰”在大众认可的、年轻健美的腹部上。一些明星将肚脐打造成个人标识，时装模特、年轻女孩和成年女性紧随其后，也逐渐加入这一行列。

“肚脐诱惑”早就不是什么新潮流了。在意大利传说中，意式水饺的形状就仿自女神维纳斯的肚脐。几千年前，就有《雅歌》中的人物赞美过爱人的肚脐：“圆如酒杯，无须美酒。”自所罗门时代起，评说肚脐的人就不胜枚举。博学家托马斯·布朗称肚脐是一种“迂回曲折、复杂多结”的器官。外科医生兼作家理查德·赛尔泽在其作品集《临终笔记》中展开天马行空的想象：“渺小的肚脐，可怜地卷曲着，是残存的标记，标志着原始的分离。人们给它打上结，以免恶意伴着恼人的细碎噪声流泻出人的身体。”作家菲利普·洛帕特不顾虑世人的眼光，直言不讳地说：“我的肚脐是一条低调内敛的狭缝，父亲的肚脐则是得意扬扬的涡旋。尽管如此，我还是喜欢用手指戳进肚脐，嗅闻那种独特的气味。”马丁·加德纳为了讽刺 20 世纪过分荒淫的艺术行为，写了一则故事，故事描写了一场摄影展，专门展出神似名人面容的肚脐的照片。

肚脐展示了自然对文化的影响力，下面两种对肚脐截然不同的描写值得我们详细引述。首先，汤姆·罗宾斯在其小说《蓝调牛仔妹》中用绮丽的修辞手法，不厌其烦地对肚脐进行了细致入微的描写：

> 肚脐如忠仆，先殷勤地服务，后悄然退出，在曾驻足之处，一抹足迹独留。啊，肚脐，你褶皱横生，凹如空杯；你状如涡旋，仿如穹顶；你似闭合的盲目，又如眨动的明眸；你有时单调光秃，有时生满绒毛；你有时大汗淋漓，有时粉香脂细；有时被亲吻，有时被轻咬；有时光滑似蜡，有时柔软如绒；既被精心装扮、光芒璀璨，又被无视不睬、素朴暗淡。你被刻画成酥胸、种子或神明，象征着丰饶无比和强大的生命力，大自然也为之惊叹不已。你居于人体中央，像被堵塞的钥匙孔，这一点确切无疑。虽然我们歌颂你永恒的母性、赞颂你藏在绒毛中的梦想，但是，肚脐，你终究只是一块疤痕……

下面一段长长的颂词则是照应了弗洛伊德在《梦的解析》中所用的类比："每个梦中，都有一个不可测的圆点——肚脐，它正是连接梦境与未知的那个圆点。"当代批评理论家肖珊娜·费尔曼在分析弗洛伊德的作品时，对此观点进行了深入讨论，她不遗余力地强调：肚脐和大脑之间存在某种共鸣，尽管这种联系尚待确认。

> 弗洛伊德为什么非要把肚脐看作“梦与未知世界的纽带”呢？肚脐所在之处，是脐带连接母体的地方，在生产过程中，脐带被剪掉，婴儿与母体分离。换句话说，肚脐象征着母体与婴儿的瞬时分离与瞬时相关……因此，梦的肚脐这一说法，向我们展示了梦境是怎样瞬间与未知相连、与已知脱离、与自身的起源脱离的。
>
> 不过，这种脱离本身就呈现为一个“结”：“肚脐”与梦境理论相互交织，构成一种根本性的矛盾，即“打结式”脱离。这一悖论永远无解。

不可否认，肚脐既标志着我们同先人的血肉相连，又标志着我们脱离他们而独立存在。我们与母亲，与母亲的父母，甚至与原始人先祖及类人猿远祖都有着血肉联系。对于母亲而言，肚脐也是通往未来的桥梁，是人类进化的完美体现。同“戈尔迪之结”（Gordian knot，意为难题）一样，脐带悖论根本无解，所以快刀斩乱麻才是上上策。“悖论”意味着“难以置信”。古斯塔夫·埃克施泰因在其作品《身体也有思想》中谈到了肚脐的秘密。他指出，肚脐是人类降临人世的入口，肚脐作为一种标识，神秘至极，时刻提醒我们不要忘记一个久远而冰冷的事实：“我们在洗澡时，经常坐在浴缸里，望着肚脐，陷入沉思。肚脐是我们降生在这个世界的明证，已无路返回。对此，我们自己都有些难以置信……我们对生的信仰不比对死亡的信仰多。”

毕竟，汤姆·罗宾斯所言非虚：肚脐只是一块疤痕。这块疤痕与生俱来，伴随我们终生。但是，我们很难只将肚脐视作一块疤痕。通常，肚脐还有更多的象征意义。波士顿灵媒师米娜·克兰顿（又名玛乔茜）的宣传材料中有许多全裸或半裸的照片。照片中，她的“灵气”正从她身体的各个洞孔中涌出——包括肚脐。20世纪20年代，她的把戏被哈利·胡迪尼拆穿，随后被公之于世。20世纪70年代，《神奇女郎》系列电视剧播出，当黛安娜从公主摇身一变，成为打击罪恶的女侠后，露脐装似乎也为其形象增光添彩。

事实上，肚脐带给我们的只有肚脐绒毛，并且这些绒毛来自体内，而非体外。腹部的中央凹陷区有堆积服装纤维、死皮及灰尘的作用。这种毫不起眼的绒毛甚至引起了科学家的注意。2002年，美国幽默科学杂志《不可能研究年鉴》授予悉尼大学科学教师、物理学教授卡尔·科鲁兹尼奇搞笑诺贝尔奖。该奖项系《不可能研究年鉴》专门为看似微不足道的学术研究而设的。

同年，该奖项还被授予其他需要研究的紧迫问题。比如，印度人研究出了测量大象身体表面积的方法，德国人研究出了如何用指数衰减规律解释啤酒泡沫的减少过程。科鲁兹尼奇博士如同其他获奖者一样鞠躬尽瘁，终于成为一代肚脐绒毛研究的权威。他自费研究一年，调查了大约5 000人。其中，三分之二的受试者发现，自己的肚脐里的确存在绒毛，而三分之一的受试者则发现，他们的肚脐绒毛颜色特殊，以蓝色居多。

科鲁兹尼奇表示，肤色与衣服颜色都会影响肚脐绒毛的毛色。并且，绒毛与体毛成比增长。他认为，腹毛起着“传送带”的作用，负责将内裤纤维传送到肚脐里，并阻止纤维逃跑。为了证实这一猜想，科鲁兹尼奇要求受试者刮掉腹毛，并向他提交报告。

大多数人表示，刮掉腹毛后，肚脐绒毛相对减少，但腹毛长出来后，肚脐绒毛也相对增加。脐钉多见于毛量相对较少的年轻女性，且她们的肚脐一般露在外面，因此她们的肚脐绒毛比其他人的少。此外，这项研究还表明，肚脐绒毛与年龄和体重成正比。科鲁兹尼奇表示，“略微发福、人到中年、腹毛旺盛的成年男子是典型的肚脐绒毛‘制造者’”。正如第四章中提到的关于耳蜡的研究一样，研究肚脐绒毛可能会有意外收获，但科学家似乎对此不感兴趣。

尽管肚脐不是一个真正的孔眼，但有两个古英文单词却反映了它与孔眼的相似性。Nafu 是指车轮的中心，车轴以其为中心转动，辐条从该处向外呈放射状。Nafu 是 nafela(即“navel”，肚脐) 一词的近亲。在漫长的演化过程中，nafu 依次演变为 nafogar、a nauger 和 an auger，auger 指的是凿洞的工具。脐橙之所以叫这个名字，不是因为其果实顶部连接茎干处有脐状疤痕，而是因为其瘤状副果形似肚脐，个头虽小却引人注目。

1939 年，苏格兰外科医生詹姆斯 · 布里迪向格拉斯哥南部医学协会提交了一篇论文。他从词源学的角度提出“我们以肚脐为中心旋转，既向心又离心”。布里迪与很多人的想法如出一辙，认为肚脐是我们的身体曾与母体连接的唯一证明，它时刻提醒着我们已被“摘了下来”，因此我们迟早会枯萎、衰亡。

对于生物学家而言，肚脐是我们身为胎盘哺乳动物一员的象征。哺乳动物包括我们日常所见的大部分生物，比如我们的姻亲、我们的宠物、田里的奶牛，乃至动物园的大象。这种亲族关系可以从骨骼、牙齿和头发等诸多方面反映出来。从定义上来说，这种亲族关系体现在新生儿对脐带的依赖上，脐带将婴儿与母亲子宫中的胎盘连接。胎盘是薄薄的细胞层，它由母体组织和胚胎组织构成，附着在子宫壁上。

在孕期里，胎盘将母体血液中的氧气和养分输送到胚胎的血液之中，并将排泄物与二氧化碳输送回母体。这一过程存在一个问题：脐带会同时输送其他物质，包括尼古丁和咖啡因等精神类药物。母体之所以需要注意饮食，对胎儿负责，正是因为如此。孕期的头几周，新生儿似乎没有什么变化，甚至有少数人根本没有意识到自己已经怀孕。但是，胎盘组织早已同母体血液供应相连。怀孕 4 周时，脐带成形，胎儿心脏开始经由脐带在卵黄巢与胚胎间泵血。临盆之后，子宫会将胎盘排出。

单孔目动物与有袋类动物的特性，也强有力地证明了人类的胎盘是独一无二的。在胎盘繁殖出现以前，单孔目动物已经存在，其存活率极低，比如针鼹鼠和鸭嘴兽。Monotreme 意为“单孔”，即生殖道与消化道相同。这些生物的血脉可以追溯到多久之前呢？有一个事实足以回答这一问题：单孔目动物均为卵生。

相反，有袋类动物通过产仔繁衍后代，但幼仔发育不完整，不能独自存活。他们是在妈妈肚子上的育儿袋里慢慢长大的。有袋类动物的足迹曾遍布世界各地，但其子孙后代大多生活在澳洲。有袋类动物没有乳头，乳汁是由皮肤分泌出来的，因此幼仔可以轻松吸食。

怀孕期间，脐带起着维持生命的作用，连接母体与胎儿。如同连接宇航员与母船的通道一样，脐带从母体胎盘中延伸出来，与即将成形的胎儿肚脐连接在一起。脐带由一条大静脉和两条缠绕着它的小动脉构成，它们的作用是输送新、旧血液。脐带发育成熟后，长度可达 55 厘米，宽度可达 1 厘米。难怪胎儿出生后必须剪掉脐带。若不剪脐带，新生儿就会像“懦弱的狮子”（《绿野仙踪》中的角色）一样，总是夹着自己的尾巴，终生为脐带所累。简·古多尔等科学家表示，他们亲眼见过这样的情形：在黑猩猩幼崽出生的几天之内，脐带仍然跟胎盘黏附在一起。黑猩猩母亲很少会自己弄断脐带，过些时候，脐带会自行脱落。我们的脐带也是如此。脐带脱落后会留下一个复杂的印记，它提醒我们不要忘记自己同大千世界的紧密联系。

如同对待其他事物一样，人们对于肚脐的态度始终在变化。在塞西尔·德米尔执导的电影《参孙和大利拉》中，男演员维克多·迈彻可以露出肚脐，显示其直冲云霄的英雄气概，而扮演“狐狸精”的女演员海蒂·拉玛却被迫用围巾和珠宝遮掩自己的肚脐。在1939年出品的《公元前一百万年》中，演员卡罗尔·兰迪斯身着一件连体皮革泳装，露出一部分肚脐。20世纪60年代，负责审查美国电视情景喜剧《太空仙女恋》的审查员担心巴尔巴拉·伊登（美国演员）外露的肚脐会不自觉地激起观众的肉欲，因此在前两季里，她不得不将肚脐遮住。直到最近，摄影师迪恩·布朗才彻底改变了这一切。他在给一个芭比娃娃拍照时，将其塑造成米洛的维纳斯，为其添加了肚脐。

1971年，戴斯蒙德·莫里斯在《亲密行为》一书中发表了通过日常自省所获的心得。他提出了一个别人根本不屑于问的问题：好莱坞遮挡肚脐的理据究竟是什么？

20世纪中叶，官方审查指南规定禁止露出肚脐。莫里斯表示，“正因如此，战前电影中的舞女必须佩戴饰品遮掩肚脐”。对此，官方给出了一个牵强的理由：孩子们若瞥见肚脐，就可能提出有关性的问题，那就太令人尴尬了。好像孩子们没见过肚脐一样，事实上，他们一天不知看过自己的肚脐多少次。随后，莫里斯对某些奇特的现象进行了深入的探讨。他发现，在西方的视觉表达中，肚脐的形状似乎一直在变化。据他判断，当代女演员和模特喜欢竖长形肚脐的概率是过去的6倍，以前她们更偏爱圆形肚脐。

莫里斯做了一项简单的调查：他从艺术史上所

有艺术品中随机挑选出一些女性裸体画作或雕塑作品，共计 200 幅 / 座。他发现，在这些作品中，圆形肚脐占比 92%，而竖长形肚脐占比约为 9%。随后，他对当代女模特和女电影演员的照片进行了类似的分析，结果令人惊叹：现在，竖长形肚脐的比例上升到了 46%。

莫里斯认为，可能是体形与姿态的变化导致了这一结果。但是，单凭这两点仍然无法解释肚脐外观的变化。显然，这一课题还未引起关注，研究者还没有一拥而上，哄抢这块“科研沃土”。

好莱坞对肚脐的小心翼翼折射出一部悠长而充满矛盾的历史，这种矛盾情绪与犹太基督教民间传说中的两个重要人物——亚当与夏娃有着特殊的联系。由于肚脐具有强烈的象征意义，数个世纪以来，许多人都发表过对亚当和夏娃的肚脐的见解，或至少不经意地想过这个问题，这些不足为奇。17 世纪中叶，英国作家托马斯 · 布朗在其作品《医生的宗教》中写道：“没有肚脐的人，竟住在我的身体里。”《尤利西斯》中的一个人物认为：“夏娃，赤身的夏娃，她没有肚脐啊。”1504 年，阿尔布雷特 · 丢勒创作了一幅铜版画，画面上亚当、夏娃的肚脐十分显眼，甚至成为整幅作品的焦点。三个世纪之后，威廉 · 布莱克在其作品《天使与夏娃、亚当》中，将夏娃刻画得体态丰满，一头与戈黛娃夫人[①]相仿的长发遮掩着她的身体，长及臀部，但却没有肚脐，十分引人注目。亚当则背对着观赏者，因此观赏者看不到他的腹部。

当然，对于这一貌似毫不起眼的神学争议，维多利亚时期的一名科学作家给出的回应最惹人发笑。这名作家名叫菲利普·亨利·戈斯[②]，他聪明睿智，充满宗教热情，同时也是科学论文和通俗读物的资深作者。在他身处的那个时代，人们热衷于研究博物学，他本人是一名深受欢迎的讲师。但是，尽管他成就颇丰，最后却沦为了笑柄。现在，他最为人熟知的作品是一本研究亚当腹部形状的书。要知道，他有那么多题材可以选择，却偏偏选择对亚当肚子的形状作长篇大论。这本书的题目中有 Omphalos 一词，它来自希腊语，表示“肚脐”，书名为《肚脐：努力解开地质结》(*Omphalos: An Attempt to Untie the Geological Knot*)，于 1857 年出版。两年后，达尔文出版了《物种起源》。半个世纪之后，戈斯的儿子艾德蒙谈到了戈斯对这一巨作的钟爱，描述了世人对它的反应：“我的父亲将它毫无保留地献给无神论者和基督徒们。然而，天哪！他们竟然无一例外地看完之后便嘲笑它，然后丢掉它！”

在这部古怪的巨作中，戈斯立场鲜明地反对自然进化的概念。他表示，自然循环往复，我们所观察到的每一个进程都会

---

① 戈黛娃夫人是 11 世纪考文垂的伯爵夫人，为减免百姓赋税，裸身骑马走上街头，仅用长发遮身。——译者注

② 菲利普·亨利·戈斯（1810—1888），英国博物学家。——译者注

无可避免地回到原点。“无论身处这一进程的哪一个阶段，我们始终都在一条循环轨道中行进，就像磨坊中的盲马一样，永不停息。”对于自己提出的循环推理，他概括道：“奶牛最终会发展为胚胎，而胚胎最终也会变为奶牛，这是无可避免的。”

> 假定我们可以随心所欲地在循环轨道的任何一处侵入它、打破它，恣意且不断地做出改变，那么，我们将无可避免地得出这样一个结论：每种生物从诞生开始都刻有前一生物形态的印记。但是，由于创造和历史彼此相悖，由于新的生物形态不包括该生物的前形态（或前形态的任何一部分），因此，有关生物进化的记录都是谬误，终将被时间推翻。

此外，戈斯还对上述观点进一步加以阐述：

> 认为世界诞生于地壳中的生物化石骨骼，且那些生物从未真实存在过，无异于认为上帝造物只是为了欺骗众生。这种论断不会得到大家的认同。难道树生年轮只是为了欺骗众生？难道人长肚脐只是用来欺骗自己、说服自己是有父母的吗？答案显而易见。

像他之前和之后的那些“科学怪人”一样，戈斯创造了新术语为自己的论断归类。他将真实世界发生的真实事件叫作

“历时”事件，将虚幻的造物前时代定义为“先时”。斯蒂芬·古尔德写过一篇关于戈斯的文章，他说：“戈斯的观点，以其无可匹敌的荒谬，成为人们‘最重要’‘最珍贵’的推理例证。”

古尔德从现代人的视角归纳出这一论断的错误：“如果生物确实由上帝创造，那么戈斯的先时溯源是值得赞同的。但是，万物是通过进化发展到现在的状态的，因此，他的作品根本就是无稽之谈。”豪尔赫·路易斯·博尔赫斯[①]表示，戈斯的观点有两处值得表扬：一是“荒诞的优雅”，二是“不知不觉地将创世说变成一派胡言，间接证明了宇宙是永恒的。印度的吠檀多派和古希腊哲学家赫拉克利特，以及荷兰唯物主义哲学家斯宾诺莎和原子论者也持宇宙永恒观”。随后，博尔赫斯指出，20世纪20年代，伯特兰·罗素[②]曾提出一个冷酷的观点：宇宙可能是几分钟之前才诞生的，我们的个人记忆和集体记忆可能全部都是幻觉。罗素并不是我们最后的笑料。线上宗教讽刺站点虚拟浸礼会（Landover Baptist Church）在模拟布道中嘲讽了亚当的肚脐这一论题的矛盾性和复杂性。

作者从神学层面分别研究了前肚脐主义、中肚脐主义与后肚脐主义三种不同的观点。前肚脐主义者认为，亚当从尘土中诞生，其形象取自其塑造者的形象，在诞生的过程中就有了肚脐。中肚脐主义者认为，肚脐是上帝将亚当的肋骨从

---

① 豪尔赫·路易斯·博尔赫斯（1899—1986），阿根廷作家、诗人、翻译家。——译者注

② 伯特兰·罗素（1872—1970），英国哲学家、数学家和逻辑学家。——译者注

其腹部抽出时所留下的疤痕。然而，后肚脐主义者对此提出反对意见，他们认为，肚脐存在的意义，是为了记录人类的堕落。

许多人觉得此类讽刺并不好笑。然而，1944年发生的一件事却让人们忍俊不禁。当时，美国国会议员卡尔·T. 达勒姆向他执管的众议院军事委员会大发牢骚，原因是他们认为，若出版发行一本名为《人类种族》的公共事务宣传手册，便会冒犯信仰宗教激进主义的士兵们。引起达勒姆不快的，是艾德·莱因哈特[①]绘制的卡通插图（艾德后来凭借其抽象表现主义与单色极简主义画风而闻名于世）。在这幅插图中，亚当以无花果叶蔽体，夏娃则身着分体式比基尼式样的纱笼，两人都被画上了肚脐，以小黑点表示。有人不接受达勒姆反对这本小册子的官方说辞。怀疑论者指出，奉行极端保守主义的达勒姆之所以不喜欢这本小册子，极有可能是因为一张图表。这张图表清楚地记录了在军方的智力测验中，北方的黑人士兵得分远高于南方的白人士兵。

可以想见，在宗教激进主义盛行的美国，对亚当、夏娃肚脐的执念仍然存在。1989年，一个名叫福勒斯特·米姆斯的人前去应聘《科学美国人》专栏作者岗位。米姆斯是一名南方浸礼会宗教激进主义者。尽管进化论已被充分论证，成为生物学的根本信条，但米姆斯仍然反对进化论。由于米姆斯对于宗教

① 艾德·莱因哈特（1913—1967），美国艺术家。——译者注

的偏见，面试人员对是否录用他持保留意见，《科学美国人》毕竟是世界前沿的科普杂志之一。

在接受科学记者兼全能天才马丁·加德纳的采访时，米姆斯一口咬定亚当和夏娃没有肚脐，因为他们没有父母。随后，加德纳表示：

> 米姆斯不确定夏娃究竟有没有头发，并且不知道头发同肚脐一样，是历史的有力证明。（头发是由根部长出的坏死组织，像牙齿和指甲一样，生长速度缓慢。如果上帝给予亚当、夏娃之前不曾存在的头发、牙齿和指甲，他大可以同时给予他们之前不曾存在的肚脐。）米姆斯坦言，他也弄不清世界上第一棵树是否长有年轮。

最后这则消息来源可靠。1997 年，在超市小报《世界新闻周报》的一期封面上，赫然写着大字标题：《亚当、夏娃育有一女！》

由此推测，此女一定长着肚脐。

自省简史

1857 年，一个名叫菲茨·休·拉德洛的英国人匿名出版了一本书《食大麻者》。拉德洛的这部作品，模仿了德·昆西[①]的《英国鸦片吸食者的忏悔录》，当时这本书已经出版几十年了。拉德洛在书中对吸食大麻时的自我麻醉感进行了亦真亦幻的描写，与电影《大麻狂热》夸张的表现手法如出一辙。一位评论家指责说，拉德洛想象夸张、用词浮夸。在书的第十八章里，拉德洛使用了一个词语，其用法值得推敲。他这样描写一个男人："他浑身圆滚滚、肉乎乎的，不得不变为'观脐者'（静修士观看自己的肚脐处守意修炼），因为他发现，如果不将视线集中在与背心下摆成切线的身体部位，就根本无法往下看。"其实，拉德洛想表达的是这个男人因为太胖，根本无法看到腹部以下的部分。

拉德洛提到的"观脐者"，要追溯到基督教的历史。东正教会有一项叫作静修（Hesychasm）的传统，是拜占庭教会最重要的神秘活动。静修一词来自希腊词 hesychia，意为"神圣、寂静"。为达到这一境界，教徒应该不断地祷告，心中只有上帝。静修的根本奥义在于严苛的修行生活——艰苦朴素、服从长老、持续祷告。

静修主义的兴起充满争议，引发了狂热的神学之战，比如，争论一体与三位一体的细微差别是什么。热衷于这些哲学细节纷争的双方，是拜占庭教的忠实拥护者和渴望再次融入罗马文化的拉丁语学者。中世纪晚期，一种体系逐渐成形。这种体系

---

① 德·昆西（1785—1859），英国散文家。——译者注

倡导信徒将祷告与呼吸协调起来，并将眼睛集中在“身体的中央”。静修的这一特性也很好地“服务”了它的敌人。14 世纪上半叶，希腊的卡拉布里亚僧人巴拉阿姆痛斥了这一观点。他表示，任何合理的概念都能准确甚至隐喻地表达祷告的神秘内涵。巴拉阿姆激愤地发表了讽刺性长篇演说，嘲笑那些静修者是灵魂住在肚脐里的人。这种诋毁并不能让双方的“斗士”冷静下来。

如今，“观脐”常指任何消磨时间或自我陶醉的行为。《美国传统英语字典》将其定义为“过度自省、聚精会神或心无二致”。有些当代用法十分有趣。1998 年，澳大利亚散文家彼得·戈兹沃西出版了作品集《纸上谈兵：散文、半真半假与谜事》。次年，网络杂志《沙龙》登载了美国小说家安·比蒂的文章——《观脐上升为一种艺术》。作者指出，这个时代的忏悔录汗牛充栋。2000 年，英国保守党教育部前部长吉利安·谢法德指责保守党不关心如何赢得下次竞选，而是在浪费时间“观脐”。她表示，“我只能说，‘观脐’是有闲暇、有精力的人才会做的事”。一个网络杂志专家甚至把自己叫作“常驻观脐者”。“观脐者”已经不再需要被强调了，巴拉阿姆如果知道了，一定会很欣慰。

第三部分

傲然挺立

第十一章 私密部位

不要让隐私部位暴露在外，这是最无耻、最讨嫌、最可恶和最粗俗的行为。

——理查德·韦斯特《举止行为指南》（约 1619 年）

骚动之源

生殖器是外在的生殖器官和性器官，是生殖系统的组成部分。然而与子宫、性腺和储精囊不同的是，它们长在体外，可以直观地看到。关于外阴，存在三种不同的观点，这说明人们对于普遍关注的话题，看法不一致。幽默作家戴夫·巴里将自己的一本书的副标题定为《如何使用唾手可得的工具，在短短九个月内造出小人儿》，以此说明生殖器在生物进化层面的作用。众所周知，生殖器似乎并不仅仅是一个身体部位。黛安娜·施安伯兰在她的图文故事集《奉献的形式》中写道，“这里是生殖器，这一部位历来就是骚动之源”。美国诗人沃尔特·惠特曼简明地解释了，为什么生殖器在人类精神中所占比重要比其在身体中所占比重大得多：

> 欲望、欲望和欲望，
> 这个世界亘古不变的生殖欲望。

与变形虫这种无性繁殖的生物不同，有性繁殖的种群必须通过器官来完成繁衍的任务。大多数种群的器官都是建立在“将A物插入B槽口”这种我们人类自己也遵循的基本模式上。动物求偶交配方式如此多样，同时也意味着生殖器的类型非常广泛。动物世界的性学研究可以说是最令人大开眼界的生物学领域了。许多无脊椎动物，特别是昆虫类，拥有构造极为精密的生殖器，可以防止产生血统不纯正的后代，于是分类学家将这一物种特异性作为分类的依据。不过在本书中，我们要克制一下蠢蠢欲动的好奇心，只讲一讲我们自身以及人类近亲的生殖器。

人类胚胎进入孕育过程6~8周后，胎儿的性别才在生物系统的高速运转下开始进行分化。我们很难想象无性别的状态到底是什么样的，然而，初始的肌体确实是在这种混沌状态下悠然存在着。所有的基因记忆已经写好，胚胎慢慢地生长出手指、眼睛、双脚、心脏和肺——人类所有最主要的性状都在逐渐形成。然而此时，胚胎仍然没有在男性和女性之间做出选择。这个知识点让我们了解到两性之间的差异有多么微小。

两性对立、男女有别，这种思维定式被牢牢地印刻在我们的大脑中，从同性恋恐惧症到女性奥秘，再到权力话语，在许多领域里都能看到这种思维定式的存在。而自然规律则要求人类胚胎要等到身体各部分发育成形之后，再进行相对“轻松”的性别分化工作，这样一想就令人恢复了信心。实际上，控制身体性征发育的各类激素的特点之一，就是浓度不同。睾酮、雌激素和其他同类物质同时存在于男性和女性的身体中，它们不同浓度的配比决定了性征如何发育。某种物质稍微多一点儿或稍微少一点儿，都会使个体偏离“正常”性别特征的范围，导致有的女性拥有胡须浓密的下巴，而有的男性则有丰满隆起的胸部。其他的基因或发育紊乱可以导致各种形式的雌雄同体，原本属于两性各自独有的性征，会表现在同一个人身上。

近年的研究进一步证明，发生在子宫内的性别分化过程非常复杂。性别分化不是突然发生的，而是众多因素共同影响产生的结果。所有雌性哺乳动物都拥有两条大染色体。科学家们将它们命名为X和X，原因是它们形似字母X；男性则拥有一条大染色体和一条小染色体，分别被称为X和Y。1905年，一位助理研究员妮蒂·史蒂文斯发现了这种明显的基因定子分布差异（很少有人会记得妮蒂·史蒂文斯的名字，由于罹患乳腺癌，她很早就结束了自己的科研生涯）。胎儿会长出卵巢还是睾丸，是由Y染色体上的一个基因决定的。为了方便起见，科学家们将Y染色体上这一决定胎儿性别的单基因称为“Y染色体性别决定基因”，即SRY（Sex-determining Region of the Y chromosome），新闻媒体喜欢称之为“男性基因”。如果这个

SRY 的开关没有被打开（基因学家用“开关”来比喻性别决定过程），那么胎儿就默认为女性，反之则成为男性。美国灵长类动物学家和进化生物学家艾利森·乔利在《露西的遗产：人类进化中的性和智慧》中称：“从本质上讲，这个开关基因把大批原本是女性的胚胎变成了男性，还不影响人类的生存和繁衍，能做到这一点的只有它。在男性胚胎发育的过程中，在体貌和行为上，与本应是女性的胚胎有着明显的差异。”

如乔利所言：女性的 XX 染色体和男性的 XY 染色体结构上的差异意味着，“哺乳动物的默认设置就是雌性”。她接着补充道，哺乳动物的这种默认模式就是赤裸裸的现实，说明雌性身体才是“理想形式”。

> 这是否意味着，女性真的是乌拉诺斯（希腊神话中的第一代神王）的母亲，是大地之母？或许，女性的身体是人类最初的形态，也是最终的形态。夏娃进化得很完美，不需要亚当的那根肋骨，只需要自身的一段基因扭一扭，就能生出后代（此处言外之意应是：女性完美到可无性繁衍后代）。又或者是这样，我们能否把女性看作未成形的惰性黏土，只有经过陶艺大师，即 Y 染色体的揉捏造型，才会变成一位理想的男性？

乔利这样回答了自己提出的问题，她指出，这种被默认为雌性的进化现象只出现在哺乳动物中。而在其他一些种群，比如鸟类中，则存在截然相反的机制。自从与哺乳动物共同的祖先分离出来，鸟类便沿着自己的路径发展，进化出了不同的系统。雄性鸟类拥有一对相似的基因，被称为Z和Z；而雌性鸟类则拥有一个大基因和一个小基因，被称为Z和W。在昆虫和其他物种身上还有许多独立衍生的基因类型。而我们成年人类身上最直接的证据，就是男性的乳头——默认的胚胎形态长有乳头，只不过它们从未接到过需要发育成乳房的指令。

在早期，胚胎拥有一对性腺和一对尚未分化的雌/雄性生殖道系统，它们分别被称为缪勒氏管和吴氏管。如果胚胎后期选择发育成女性，那么缪勒氏管就会慢慢长成女性生殖道；如果胚胎发育成男性，那么吴氏管则取而代之。在这对组织中，被遗弃的那一方的残骸会留在体内，成为人类胚胎早期雌雄同体的证据。过去，父母必须同时想好两个名字，然后等到宝宝出生那一刻才能够知道到底应该用男名还是女名，近些年，父母不用这么费事了。如今，激素测试能在胎儿出生前很久就检测出其性别，超声波影像甚至可以检测出胎儿是否长有小小的阴茎。直到近几十年，人们才开始探索子宫内的秘密，以了解两性之间的相似之处。带给人类终生性骚动的正是两性共有的那些特征。

阴道对话

20世纪40年代晚期，法国女哲学家西蒙娜·德·波伏娃在

《第二性》中写道，“男性的性器官像手指一样简单而灵巧，而女性的性器官，即便是对于女性自身来说，也充满了神秘感：它隐蔽、黏腻、潮湿，每个月都会来一次月经，分泌脏兮兮的体液。它有自己的秘密和危机”。波伏娃还出人意料地用“湿”的意象表达了对它的厌恶感。她说，“男性‘变硬’，而女性会‘变湿’，这和童年记忆中尿床的体验相似，和羞羞的、憋不住尿的感觉相似……如果身体像古墙或死尸一样‘渗漏’，那它不是在‘流出液体’，而更像‘溶解’——一种令人恐怖的衰败式分解”。她还列出了很多词语，说许多女性都把这些词和女性器官联系起来，比如：吸力、腐殖土、沥青、胶水、黏糊糊。

波伏娃这样的女权主义者在讨论女性生殖器的时候也会出现矛盾心理，这种现象长期存在，不免令人悲哀。在写到自己童年生活的时候，美国女权主义者格洛丽亚·斯泰纳姆回忆道，虽然她的母亲接受过良好的教育，开明通达（也是一名杰出的女权主义者），但是她从不提及女性生殖器——什么与之相关的词都没用过，包括俚语。

> 因此，当我开始学说话、学拼写，知道保护自己身体的时候，周围的人都会告诉我身体那些令人惊奇的部位叫什么——除了那个令人难以启齿的部位。所以在学校里听到那些令人难堪的字眼和下流的段子时，我会不知所措，也会对下面这种流行的说法无以反驳：

男人，无论是作为情侣还是医生，都比女人更了解女人。

正是这种对私处“攻守同盟”式的缄默不语，让美国剧作家伊芙·恩斯勒在创作《阴道独白》时纠结挣扎。该剧在1996年首演，由作者本人主演。它被译成多种语言，在20多个国家上演了数千场。著名女演员们争相参加义务演出，演出甚至为当地妇女带来很多庇护。在剧中，恩斯勒把真实的阴道描写成一个不断受到暴力侵害的部位，同时，又把阴道当作一种隐喻，形容女性被否定、被隐藏的那部分生活状态。该剧依据她对200多位女性的采访创作而成。剧中，有的人激昂澎湃，对阴毛进行吟咏赞美；有人歌颂分娩的神奇和神秘；有人想象，如果阴道会说话将会如何发声，如果会穿衣将会如何打扮；还有人细细叙说遭遇过的性侵害、外阴割除，以及波斯尼亚妇女遭受的大规模强奸。恩斯勒本人在儿童时期曾遭性侵，在一场演出结束时，她呼吁所有的受害者都站出来。于是，观众中的许多人都站了起来。

恩斯勒解释为何在剧中反复出现“阴道”一词：“我把它说出来，是因为我相信，只有把事物说出来，它才能受到关注、得到认可、被人铭记；如果不说出来，它就会成为秘密，秘密会产生羞耻、恐惧和迷思。我选用这个词，是因为想不出概括性比它更强的词了，

> 它既能描述"阴道"这一身体部位，又能涵盖与此相关的一切……我担心人们对阴道的看法，更担心人们对它没有看法。我为自己的阴道担忧，它需要其他阴道的支持，需要一种阴道语境、阴道社会，乃至阴道文化的支持。"

许多人都迫不及待地想要验证恩斯勒的观点。当她把过半人口都拥有的身体部位名称大声说出来的时候，遭遇了激烈的反对。报社和电台广告部的负责人，甚至连负责剧院电话应答机和剧院门口招牌的人，都要审查该剧的剧名，想把剧名淡化为《V 词独白》或者《独白》。Fuck 这一日常词常被模糊成"以 f 开头的词"，cunt 一词被弱化为"以 c 开头的词"[①]，但是一个堂堂正正出现在字典里的词 vagina（阴道）突然也要变成"以 V 开头的词"了。小心翼翼地使用这些"以某字母为开头的词"还算不了什么，美国安特卡姆传媒公司（Entercom Communications）甚至禁止电台在新奥尔良地区播放该剧广告，想用"社会标准"来保护该城的"四旬斋前狂欢节"不受"污染"。一家天主教教会通信公开抨击该剧，认为它下流、肮脏，是"假装在'提高人们觉悟'，实则是马戏团的情色表演"，并且宣称："我们这个社会明显在堕落，道德沦丧和腐败之症已经到了晚期，这种低俗的东西大大加重了这一病症。"该剧在得克

---

① Fuck 和 cunt 两个词都是脏话。——编者注

萨斯州农工大学上演的消息一经发布，该校一名主修政治学的男生以及一名“得州青年保守团”团员便宣称，《独白》一剧低俗、淫秽、激进，是“女权主义的污秽之物”，也必然是“左派的政治宣传”。

所有的喧嚣都源于剧作者说出了一个词，也源于围绕该词所进行的讨论。面对如此巨大的阻力，恩斯勒乐观地表示，“越来越多的女人说出了这个词，这个词也不再那么忌讳了，它已经成为我们语言和生活的一部分”。

阴道在人类性活动和生殖活动中都起到关键作用，因此它是我们身体和心灵不可或缺的一部分。至少对于人类而言，性和生殖不再是同一个话题。阴道是一个长约 4 英寸的管状肌肉组织器官，在性交时具有超强的抓握力，在分娩时则极富伸缩性和舒展性。阴道的生态系统是人类与其他生物共生关系的最好范例。波伏娃用水的意象来描写阴道，因为阴道环境确实是潮湿的，它的内部组织类似我们的口腔黏膜。像口腔一样，阴道要保持健康，也需要达到菌种的平衡（虽然有医生认为阴道比口腔干净得多），尤其是乳酸杆菌，它和酸奶里的细菌是同一种。显然，打破这一平衡最快的方式就是冲洗阴道，这样会毁掉有益细菌，助长有害微生物的滋生。精液也会在一定程度上破坏阴道的酸碱值平衡。为了在阴道的强酸环境中存活下来，精子外面必须包裹上一层由自身分泌的碱性极强的“外衣”。但是健康的阴道会快速恢复它的自然平衡。像温热、潮湿的阴茎一样，潮湿的阴道也是传播性疾病的理想温床，这使得阴道雪上加霜，麻烦多多。直言不讳的生物学家可能会说：某些通过性交传染的病菌为人类所独有，且可能是在人类进化之后才开始进化的，所以这些病菌才是巅峰创造力的代表，而非人类。

就我们这次身体之旅而言，最引人注目的阴道生物特征，就是它的角度和入口的位置。与猿猴等人类近亲不一样，人类可以很容易地用前入式和后入式进行性交。在很长一段时期内，我们认为相向性交只为人类所独有。但令人沮丧的是，科学家经过多年观察，发现倭黑猩猩也用相向的姿势性交。美国人类学家海伦·费希尔在《爱的解剖学》《性合约》等书中写道，“人类阴道向下倾斜的特点很可能是性选择的结果”，假如我们的母系祖先有“一条向下倾斜的阴道，就容易采取相向的姿势性交，伴侣就会看到她的脸，和她耳语，与她凝视，捕捉到她任何细微的表情变化”。费希尔撰写这些著作时还没有意识到倭黑猩猩的性交姿势和人类似，她在书中对南方古猿的代表——露西的性交姿势进行了探寻，她写道：

> 露西也与伴侣相对性交吗？……现代女性的阴道都是向下倾斜的，而其他灵长类动物的则向后倾斜。阴道向下倾斜使性交姿势非常舒服。实际上，这种姿势使得男性的骨盆能够摩擦到阴蒂，使性交变成十分刺激、愉悦的行为。

虽然人们关注更多的是阴道在性交和分娩中所起的作用，但是不要忘了，在阴道附近、阴蒂的下方，还有一个要塞——尿道口。因其位置独特，要想准确地小便，女性就得坐下或蹲下。有些男人努力提升撒尿的能力，想把它变为代表优越感的标志。至少有一个女人赞同这一男性优越观——社会批评家卡米尔·帕利亚在《性角色》一书中说，“男性撒尿实际上是一种功绩，是一种超越一切的弧形标记”，然后她对这一荒谬的观点展开了详细论述：

> 女人只是把她脚底下的那块地浇湿……而一只公狗在每一丛灌木中都留下印记，是个十足的涂鸦艺术大师，每抬一下腿，都留下一个朴拙的签名。女人则像母狗，是蹲伏蜷缩着的动物。

帕利亚把小便的方式分出高下并将其象征化，再次说明大脑渴望给身体的每种自然功能都赋予意义。

“阴道”一词源于拉丁语，原意为剑鞘或剑套，在英语中也存在已久。该词词源与一部剧作和其中的趣语有关。生活在公元前 3 世纪和公元前 2 世纪之间的古罗马剧作家普鲁图斯写了一个剧本《伪装者》，剧中人打趣地问一个女人：“士兵的剑能恰好装进你的剑鞘吗？”到 17 世纪末，该用法在英语中已经固定下来。

格洛丽亚·斯泰纳姆说，她听到过一群9~16岁的女孩之间的讨论，她们试图寻找一个理想的集合名词来涵盖女性生殖系统的所有相关器官，最后确定下来的说法是“力量束”（power bundle）。由这个“非正式的命名委员会”选出的“束”（bundle）一词提醒我们，除了“阴道”，还有其他相关器官。正像伊芙·恩斯勒坦陈的那样：她用“阴道”一词，不仅仅指连接子宫和外部世界的雌性动物产道。“阴道”只是所谓“私处”的“一处”而已。

最突出的一处就是阴阜，也被称为“爱神维纳斯之丘”，它是隆起的丘状脂肪层，表面覆盖着阴毛，下面是耻骨。现在，Vulva（女阴）一词指整个女性性器官，它源于拉丁词volva或vulva，原指子宫。琼·埃利森·罗杰斯在她的《性的自然史》一书中写道：“有些性欲研究表明，女性性器官越丰满、突出，对于男性越有吸引力，因为这预示着女性健康状况良好……”不是所有的生物学家都接受这一理论。外侧起保护作用的部分叫大阴唇，里面更敏感的部分叫作小阴唇。阴蒂位于两侧小阴唇之间的顶端，是在结构和敏感度上类似阴茎的小器官，只不过比阴茎低调得多。Pudenda一词至少从14世纪时就在英语中出现了，它有时通指男女的生殖器，但是更常被用于指女性外阴。它源于拉丁词，原意是“羞耻”，与pudency（腼腆和谦逊）一词相关，impudent的意思实际等同于shameless（无耻的）。

用来形容女性性器官的俚语有各种来源。Beaver（海狸）还有“下流的、黄色的、暴露女阴的”的意思，至于为什么会有这种词义，词典学家的看法各不相同。到 19 世纪中叶，beaver 成为一个俚语，意为“胡子”，于是有一种看法认为，因为三角形的阴毛形状与胡子的形状相似，因此从 beaver 的“胡子”之意衍生出“下流的”词义。还有男性甚至认为，从上面看，女性的阴毛像一只游动的海狸。到 16 世纪 60 年代，人们开始用 pusse 一词来描述“阴道”，它与古英语中的 pusa 或 posa 有关，意为“袋子”，也与古斯堪的纳维亚语 puss 有关，意为“小袋子、育儿袋、烟草袋”。所以 pussy 的俚语用法来源可能和规范词 vagina 的来源类似，都是指“一个可以插入和容纳的空间”。巧合的是，邦德系列小说和邦德电影《金手指》中的普斯 · 格劳尔（Pussy Galore）是一个令观众不能忘记的性感邦德女郎，她的名字后来被一支乐队借用。

澳大利亚作家、女权运动家杰梅茵 · 格里尔在《女阉人》中写道：“最难听的脏话就是说某人是 cunt（女阴、淫妇、讨厌的人）。”这个词和 pussy（猫咪、女阴）一样是骂人的话，许多女人肯定不喜欢使用。如果把某个男人或女人叫作 cunt，无异于在从“语言军火库”中调用最低档的武器。在过去的几百年间，这个词的社会地位一路下滑，现在已经坠落到了社会底层（在 14 世纪，它还是一个广受认可、指称女性性器官的标准词）。此后，便产生了一批与该词相关的粗俗、恶毒的说法。

简 · 米尔斯在包罗万象的《女人的话》一书中，探索了 cunt 这个禁词的历史。米尔斯说，历史上曾经有三个世纪，禁止该词出现在印刷品上，否则会遭人起诉，该词再次活跃起来的时间并不长。她还指出，直到1965年，才有字典敢于给它下定义。偶尔有作者不得不承认它的存在。更有甚者，1811年版的官方文献《土语词典》在解释该词时，迷信地抹去了其完整拼写，只用星号将其标注为四字母词：

> C**T：希腊词 xovvos，拉丁词 cunnus，意为“外阴”，都是形容肮脏之物的脏词。

米尔斯解释道：“可是我推测，并不是所有的男人都觉得这个词肮脏。《土语词典》是这样给单词 Nickumpoop 或 Nincumpoop 下定义的，指‘一个从没见过自己老婆 **** 的傻男人’。”并不是人人都觉得这个词脏，包括一些妇女，她们拒绝把它藏在装模作样的星号背后。一些妇女运动中的积极分子会自豪地穿上 T 恤衫，上面赫然写着：女性力量！（Cunt power!）这令很多男人感到畏惧。在《阴道独白》的其中一场演出中，恩斯勒将 cunt 一词用于贬义，招致了一名女性观众的反感，她不厌其烦地教训恩斯勒，滔滔不绝地讲起了该词的种种美好。

还有许多其他的俚语也指女性生殖器，但是，这些俚语的数量和与之相关的绰号、昵称相比，着实是小巫见大巫。比如，恩斯勒就列出了一大组深情款款又没头没脑的昵称——粉盒、劈开的馅饼、尊严、伙伴等。人们将这些绰号用于描述自己或他人的外阴。美国小说家约翰·厄普代克在散文《一次性火箭》

中宣称，“男人身体里住着两个人”的感觉只有在色情作品中才能表现出来，因为在这种作品中，“人们会顽皮地给男人的阴茎也起个名字，无论如何，人们也不会将这种做法用于女性生殖器”。显然，厄普代克错了，他根本不了解形容女性生殖器的昵称，所以在小说《向着时间尽头》一书中表现出的无知也就不足为奇了。在该小说中，叙述人公然表示了对女性的厌恶。

在《阴道独白》中，恩斯勒对孙子的出生做出了细致的描述，她观察了儿媳在分娩时阴道中发生的变化。她说，它从一个“害羞的生殖孔”变为“一个神圣的所在”，当然它也像很多别的东西。“女性生殖器是神圣的”这一观念对于当代人来说可能是革命性的，但是正像厄普代克在上文提到的，这其实不是什么新观点。生殖器的话题让人难以启齿，恩斯勒、斯泰纳姆和格里尔都讨论过这种现象，但它并不是古已有之，也不是普遍现象。相反，大部分神话都赞颂过人类生殖器。

早期表现女阴的典型形象包括1864年在法国出土的“不知羞臊的维纳斯”。它是一个3英寸高的、由猛犸象牙做成的女像，显然，这件雕刻作品大约完成于公元前14000年。它如今的状况是：无头、无臂、无脚，除了一条象征女阴的裂缝，再没有任何其他具体特征可以用来判断是否为女体。在法国朗格兰河畔朗格勒的一个山洞里，有三座真人大小的雕像，通过雕像的女性身体特征，可以识别其身上的开孔即女阴，其雕刻年代与上述的维纳斯雕像近似。同样是在法国，人们发现了一幅几乎与雕像同年代的素描壁画——《加比卢妇女》。这幅洞穴壁画无头无手，描绘了一个仰面躺着的女性躯体，躯体本身就是一幅风景画：乳房是远山，大腿是向内弯曲的海岸线，而女阴则像海岸线上的一处小水湾。

1972年，美国在肯尼迪角发射了先驱者10号无人宇宙飞船。它的任务是探测小行星带，收集和发回有关木星环境的信息，并按既定的轨道飞向更遥远的太空。飞船携带了一块铝制镀金的金属板，上面有来自人类的问候和地球文明的信息，因为冲力可能会将飞船带到太空深处，远离地球家园，彼时可能有来自其他星球的探险者遇见飞船。天文学家卡尔·萨根和弗兰克·德雷克指导了金属板的设计。金属板上除了用脉冲量频率表和氢原子特征图标识了地球在太阳系中的位置和年代，还有一男一女两个裸体人的轮廓图。该图是萨根夫人参照达·芬奇和古希腊人的作品所作的，她有意让裸体人带上“泛种族”特征。女人的眼睛有内眦赘皮（亚洲人特征），男人有短短的圆蓬式发型、突出的双唇、宽大的鼻子（非洲人特征），还有金发白肤（欧美人特征），这些细节保留到终稿，唯一的改动是把男人的直发变成了鬈发。

萨尔兹曼把两人画成了裸体。由于媒体的大肆宣传和未经授权的疯狂盗印，金属板因此吸引了各方关注。大部分评价都是负面的，甚至连男性公众都对这一堕落的做法满心抱怨。当年《洛杉矶时报》把金属板的照片发表后，一位读者给编辑来信，在信中写道：“航天局官员竟然觉得有必要把人类这种污秽的东西传播到太阳系，还有比这更糟糕的事吗？”而一位给

《洛杉矶时报》写信的读者也对“把污秽的裸体照片发送到太空”这件事满腹牢骚，他提议，画中的生殖器部位应该画上一只鹳鸟，用来遮住它、取代它。“如果真的希望我们的太空邻居了解人类文明发展的程度，也应该带上圣诞老人、复活节兔子或牙仙子之类的图片。”

还有一部分人认为金属板上的图案表现了男女之间的不平等：画中的男人有阴茎和睾丸，而女人就连一道标识女阴的竖线都没有。卡尔·萨根后来写道：“之所以省略了那一条竖线，原因之一是遵循希腊雕像不标识女阴的传统做法，原因之二是我们热切盼望着先驱者10号能成功发射，把信息传播出去。”他承认，他和同事们为此小心翼翼，现在看可能是多虑了，因为美国宇航局从未拒绝过裸体图。

但是，除非遇到流星或者被外星人捕获，先驱者10号此刻仍在星际飞行，向宇宙发射着虚假的信号——地球上的人类女性没有阴道。

达·芬奇的智能器官

> 阴茎并非身披铠甲、坚不可摧的武士，事实上，它脆弱敏感、直白外露。
>
> ——苏珊·鲍德，女性研究学者

西蒙娜·波伏娃认为，男性生殖器天生就不如女性生殖器那么神秘，并且无须很多的精力去照料，但估计很多男人都不认同她的观点。在人无意识时，阴茎的状态很难被掌控，也会被小病痛折磨，并且像女性阴道一样忙着分泌体液。它很尴尬地直接暴露在外，无论是激动万分还是兴趣索然，所有情绪都无法被隐藏。然而，正是由于它长在体外，并且能够给出直观的反应，男性对阴茎的熟悉程度可能更甚于女性对阴道深处的了解。

18 世纪的文学评论家、诗人塞缪尔·约翰逊如果看到我们的时代如此不知避讳，也许会很不满。在他那本于 1755 年出版的伟大的作品《词典》中，有关人类生殖器的词条明显地被忽略了。在这位大学者看来，这一招惹是非的人体器官让人一会儿想起污秽的欲望，一会儿想起神圣的复仇，而对于词典学家（约翰逊称他们为无害的苦工）来说，这是一个不合时宜的主题。在这本词典中，约翰逊列出“peninsulated”（使……形成半岛）这一词条后，直接就跳到了“penitence”（忏悔，而“阴茎”的英文词条为“penis”，顺序应排在“忏悔”之前），巧妙地绕过了男性生殖器官的存在。而在以 vul- 为词根的词条列表中，“vulgarity”（粗俗）是最后一个词，本应跟在其后的“vulva”不见踪影，编纂者拒绝触碰这个词，也不愿为其编写例句。

不过，所有的雄性生物都有某种类型的阴茎。任何发育健全的雄性哺乳动物都长有这一器官，只是，其形态差别之大，不亚于身体其他部位。与盲目拜物的动物不同，人类的阴茎并不像某些动物那样长得花里胡哨，我们应该为此感到庆幸。某些雄性的生殖器官上甚至还长有“洗刷装置”，目的是把竞争对手的精液清除出去——这听起来冷酷无情，但证明了大自然对于繁衍有多么狂热。相比之下，人类的阴茎则要简单、直白得多。龟头即 acorn，在拉丁语中意为橡子，而阴蒂头的学名也是这个。龟头上密布着神经末梢，有些神经是这一部位独有的。龟头的边缘被称为阴茎冠，同样也分布着独有的神经线。而龟头之下皱起的部分——系带——也是一样。尿道的开口位于龟头顶端，尿液和精液都从这里排出。由于精液需要低温环境，因此睾丸被置于体外的阴囊里。

有时，阴茎本身就是男性自我身份的代表。当然，仅仅会撒尿并不代表具有男子气概。美国作家、社会批评家卡米尔·帕利亚似乎对这条体外“输水管”很感兴趣。但是阴茎的样子本身与人的自我意识并没什么关系，只有勃起功能启动时才具有这种影响。如果一个男人无法勃起，即便是暂时性的，我们都会用这样一个术语来描述：阳痿，即无能。阳痿的主体并非阴茎，而是人。

阴茎的象征性在我们的生活中显而易见。勃起即力量，这一意象甚至也频频出现在一些看起来与性无关的话题中。19 世纪末，当伯顿爵士出版他翻译的《一千零一夜》时，他向维多利亚时代的读者们保证这是“未经阉割的完整翻译”（实际上，该译本把女主人公谢赫拉莎德的故事美化得面目全非，就如爱德华·菲茨杰拉德翻译奥马尔·海亚姆的《鲁拜集》一样）。美国情色刊物《阁楼》的创办人鲍伯·古乔内意识到性别平等言论会影响他的生意，于是宣称，“女权主义阉割了美国男人”，这显示出他对于阉割这一意象的恐惧。

显然，女权主义者并未意识到，他们要求平权的呼吁竟然还具有这样“让阴茎变软”的杀伤力。女权主义文化批评家苏珊·鲍德赞叹道：“还有什么身体器官能够明明白白地让另一个人知道，自己的欲望正在上涨、正在把自己吞没呢！”同时，她从一个异性恋女性的视角，表达了对于勃起的看法：“阴茎有这么一个独特的功能——它能够在伴侣面前直白、明确地显现性欲，在挑起它欲望的伴侣看来，这种完全不加遮掩的反应会进一步激发自己的性活力和性动力。”

列奥纳多·达·芬奇不会赞同鲍德对于阴茎的评价。500年前，他就在私下里表达了对生殖器的厌烦。他在笔记中抱怨道：“人类的繁殖行为以及牵涉其中的身体部位，想想就令人厌恶，要不是因为美丽的脸蛋、精心打扮的外表，以及需要释放的性冲动，我们这个物种早就延续不下去了。”据我们目前所知，达·芬奇本人从未生育。他描绘过无数次男性生殖器，而对于女性的外阴，如果不算解剖图的话，他就只画过两次——其中一次把它画成一个可怕的洞，甚至可以让弗洛伊德派的探险家（西格蒙德·弗洛伊德被称作人类灵魂的探险家）进去勘察一番了。研究达·芬奇的法国学者布朗利说道，“看起来，他对于女性身体的兴趣仅限于脸部、双手，以及上半身的动作；相反，他对于年轻男性的兴趣更多地集中于大腿、臀部，总的来说就是肚脐以下的所有部位”。

达·芬奇本人也有阴茎，而且他的观察力惊人，自然对这一器官的特性再熟悉不过。在一篇长篇演讲稿的末尾，他用一种略显不情愿的口气对阴茎称赞了一番。

关于阴茎：它有时听从主人大脑的指令，有时又可以独立思考。主人想通过刺激让它苏醒的时候，它却不急不躁地保持自己的节奏；它也会在不经意间，未经意志的允许任性而动，无论主人是在沉睡还是清醒状态。通常情况是，主人睡着而它醒着；而主人醒着时，它却睡着了。多少次主人需要它工作的时候，它却拒绝；主人需要它安分守己的时候，它却性起。这东西的生活和思维似乎总是与主人的不同。那么或许，男人们不应该羞于提起它、露出它，不应该竭力遮盖它、掩藏它，反而应该隆重地装扮它、展示它。

在1990年的一篇论文《原始人类的直立行走及性别选择理论》中，当代人类学家玛克辛·希茨·约翰斯通提出，人类直立行走的最初动因之一，可能就是这个姿势便于展示雄性的阴茎。这种习性在我们的灵长类近亲中极为常见。她指出，大多数的灵长类动物只有在展示阴茎时才会用双足站起来一小会儿。然而，当代心理学家杰弗里·米勒在他于2000年出版的著作《求偶思维》中反驳了这一展示论。他认为：其一，我们的一些灵长类近亲时常炫耀艳丽多彩的生殖器，相比之下，人类的阴茎显得平淡无奇（除了尺寸更大）；其二，人类男性坐着时喜欢打开双腿，这与黑猩猩张开腿展示阴茎的动作有相似之处。米勒补充道，即使这个展示论多少有点儿道理，但是在当今世界，“如果人类向陌生人随便展示生殖器，与其说是灵长类求偶仪式的遗留，更有可能被认为是犯罪行为”。

在法国拉斯科洞窟的岩画中，人们可以辨认出一头野牛正在攻击一名男子，他长着鸟类的头，阴茎勃起，尺寸惊人。1940 年，纳粹占领法国期间，人们发现了洞窟中的岩画，随后便有人抨击这些画是后人伪造的，并指出，在媒体公开的岩画照片中，画中男子的阴茎竟消失了，这些人由此认为岩画不仅是假的，同时伪造者还不断地在修改“作品”。而事实上，由于公布岩画照片的杂志是当时的官方媒体，于是编辑们不得不在照片上擦除了鸟头男子夸张的阴茎。

显然，雄性对于阴茎的关注古已有之。斯坦福大学的神经科学家、灵长类动物学家罗伯特·M. 萨珀斯凯在他那本直白且极具想象力的《灵长类回忆录》中写道，“当两只关系很好的雄性狒狒相遇打招呼时，它们会使劲拽一下对方的阴茎”。他同时把犬类的习性拿来做类比：“两只狗相遇后会仰面卧倒，以便让对方嗅闻自己的裆部。在雄性灵长类的世界里，拉、拽、拍、打等行为可以表示信任，任何一对死党之间都会有这种动作。”人类起源于非洲热带大草原，离现在好像并不遥远。现在，男性伙伴之间亲密的小打小闹还是免不了抓一下胯部、拍一下屁股。在欧洲，人们多次在旧石器时代的雕刻画中发现有着勃起阴茎的巨型人像。这些人像是在向谁致敬？是性欲勃发的天神，还是好色的外星人？又或许，这只是新石器时代某个睾丸素飙升的青春期男孩耀武扬威的涂鸦之作？其中一个人物的睾丸被刻画成两个圆圈，分布在犀牛角形状的阴茎两侧，乍一看，就像把“二战”期间的“吉佬儿”涂鸦人脸倒转过来一样。Kilroy was here，即“吉佬儿到此一游”，是美国“二战”期间流行的一种街头涂鸦形象，表现为一个双手攀墙、向前窥探的大鼻子光头男，眼睛是两个圆圈。这是一个风格独特的形象。

事实上，“迷人的”（fascinating）一词指的就是阴茎。这个词最初源自拉丁词 fascinare，意为使某人着迷。而它本身的词源为 fascinum，表示阴茎，同时也是一句咒语。而一个词之所以要承载两个意味深重的含义，是因为它和法瑟勒斯神（Fascinus）有关。法瑟勒斯神不太为人所知，人们猜测它掌管的是魔法巫术，而它的标志就是阴茎。在驱魔仪式（apotropaism）中常常可见阳具的意象。驱魔结合了礼俗仪式和巫术，是对恶魔的控制、主动打击的行为。罗马人会佩戴阳具形状的辟邪护身符，它可以保护人不受恶魔目光的伤害。普里阿波斯（酒神和爱神之子，掌管男性生殖的神）的信众会向他祈祷，以求得到更强的勃起功能和更完美的性交体验。相反，印度人并不一味追求性体验，而是追寻与生殖力的愉悦联系，故此，印度人崇拜林伽，它是造物主湿婆神和生殖能力的象征。

在基督教的宗教艺术作品中，可见许多阴茎的标志，令人大开眼界。无数的油画和纸稿中都画着婴儿耶稣裸露的生殖器，但许多作品并不满足于只是被动地呈现这一器官。从14世纪到16世纪晚期，大批欧洲艺术家和其同时代的其他艺术家一样虔诚地绘制圣母子像，画中圣母都在爱抚小耶稣的生殖器。这个动作出现在许多作品里——从委罗内塞的油画到汉斯·巴尔东的蚀刻版画，再到若干版本《祈祷书》里的插画。艺术史学家利奥·斯坦伯格在他的《文艺复兴和现代艺术中的耶稣之性》中提到，在这些艺术作品里，幼年耶稣的生殖器"是被重点着墨的部分，以至于人们必须承认，艺术创作中这种'圣阳具夸示'（ostentatio genitalium）可与'圣痕夸示'（ostentatio vulnerum）相媲美"。"圣痕夸示"是指耶稣向世人展示自己遭受酷刑时的伤痕。

神圣的生殖器也出没于基督教的其他各处历史中。为了适应尺寸大小的变化，阴茎表面覆盖了一层松软、有弹性的皮肤。这层被称为包皮的结构就如眼睑皮肤一样薄而敏感，却又非常宽松，可以向后拉，使得龟头露出来。包皮（toreskin）也被称作 prepuce（包皮），这个名字在宗教故事中更常用。割礼（circumcision），即切除一部分包皮的外科手术，其史前起源已不可考。这个名词衍生于拉丁语中的两个词，意为"环绕切除"。这个词应用在男人和男孩身上时，指代包皮环切，相比于女性的生殖器切除，这是一个相对简单的手术，且在术后不会影响性快感。甚至在接受包皮环切术之后，由于没有了皮层的保护，龟头能够暴露更多的敏感区域。

喜剧演员罗宾·威廉姆斯曾经开玩笑说男芭蕾舞者的裤子都太紧了，紧到观众都能由此识别他们的宗教信仰。但事实上，除了犹太人，其他很多人也会接受割礼，即包皮环切术。然而，根据评论家雷勒斯[1]和马蒂亚尔[2]的描述，希伯来人和割礼的联系极为紧密。在古代地中海地区，很多追求融入希腊文化的希伯来男性其实都接受过这种痛苦的包皮手术（当时还没有麻药）。

在当今的时代，我们依然十分关注阴茎。比如有一个网站，其内容专注于列举所有指代阴茎的俗称。网站帖子的标题是《在这里写下你对小兄弟的称呼吧！》，下面是上百个词条。自然，那些约定俗成的俚语赫然在列，还有很多人用工具来称呼阴茎，如打桩机、活塞、螺丝刀，以及小玩意儿。美国著名作家、小说家诺曼·金斯利·梅勒在他那篇好笑又带有厌女倾向的《性的囚徒》中，称他的阴茎为“复仇者”。有些动物爱好者用其他动物的身体部位来称呼自己的阴茎——不过奇怪的是，他们从不借用动物的生殖器来命名，这种称呼法包括“秃头老鼠”“鸡翅膀”“驴耳朵”“象鼻子”，还有些动物被人类借用了完整的身体名称来指代阴茎，包括“鳕鱼”“蜥蜴”“猴子”，还

---

① 雷勒斯（前65—前8），与维吉尔、奥维德并称为“古罗马三大诗人”。——译者注

② 马蒂亚尔（约40—103/104），罗马帝国诗人。——译者注

有传奇的挪威海怪“克拉肯”。

很显然，几乎没有父母会把生殖器的正式名称教给小孩子，所以我们会听到小男孩咿咿呀呀地用拟声方式说着“嘘嘘”“尿尿”“小鸡鸡”。还有一些迂回的说法常常出现在最意想不到的场景中。1945 年夏，正值《动物庄园》出版，乔治·奥威尔——这位头脑敏锐的现实政治讽刺作家，看到育婴嫂在替他收养的小儿子洗澡，焦急地问她：“你会让他玩儿那东西，对吗？”

乔治·奥威尔用了“那东西”这个词，显现，他脑子乱了，想不起确切的说法了。

鲍斯威尔的《约翰逊传》.

> 我在维也纳和弗洛伊德一起共过事。我们对“阳具嫉妒情结”百思不得其解。弗洛伊德觉得，它应该只限于女性。
>
> ——齐利格，出自伍迪·艾伦的电影《变色龙》

虽然塞缪尔·约翰逊拒绝在他编纂的《词典》中给“阴茎”下定义，但他的传记作者詹姆斯·鲍斯威尔却在日记中实实在在地记述了它。当时，年轻的鲍斯威尔很可能会成为一个浪荡子，继承家业后当个地主，但是他最后像华生医生[1]一样，成了英国文学史上最负盛名的文学大家塞缪尔·约翰逊的好友和传记作者。尽管约翰逊去世时已是名满天下，但是将这位性格乖戾的大师的智慧、焦虑和怪癖永久记录保存下来的正是鲍斯威尔，他撰写了世界上最伟大的传记之一——《约翰逊传》。他在日记中除了详述有关约翰逊的生活，还记述了他自己赴酒宴、玩斗鸡，以及和各种女人的多次艳遇。比如，1762 年 11 月 25 日，星期四，他在这一天写道："我在城里已经好久没碰女人了，我决心要和妓女们绝缘，因为健康对于我来说至关重要。"实际上，鲍斯威尔似乎一直认为，战胜诱惑最快的方法就是屈服于它，这样诱惑才能离他而去，让他归于平静。数年间，他在罗马和都柏林等地，多次感染淋病。

在那个夜晚，鲍斯威尔开始寻找老情人，但是很快发现她们都偃旗息鼓了。最后，他还是违背了自己的誓愿，找了一个职业妓女。他写道："我在斯特兰德街搭上了一个姑娘，我们达成交易后，我准备戴着'铠甲'享用她。可是她却没带'铠甲'。"他指的是避孕套。那时候，这一辅助技术工具很可能是用羊肠做的，用丝带封口。研究这一时期的历史学家记载道：丝带颜色可以按客户所属军团的团旗颜色来定制，这预示着后来的避孕套颜色缤纷、口味众多。避孕套有不同的绰号，它们让英国人和法国人针锋相对，隔着英吉利海峡相互嘲讽。法

① 华生是柯南·道尔推理小说中的人物，是主人公夏洛克·福尔摩斯的搭档和传记作者。——译者注

国人把避孕套叫作“英式帽子”，而英国人把它们称为“法语字母”。

鲍斯威尔和那个姑娘调情，但他控制自己没有再纵欲，以免花柳病再次发作。然后这个日记狂还是匆匆记录下了一个细节：“她对我的‘尺寸’吃惊不已。然后我给了她一先令。”姑娘的恭维在极短的时间内得到了回报。没人能断定她的话是否真诚，也许那个晚上她已经说过好几次了。

纵观历史，放眼世界，无数的男人都担心自己的阳具尺寸不够大，不足以完成既定的任务。这种忧虑给艺术创作带来了灵感，也由此衍生了一系列相关事物：宗教典仪、手术治疗，以及放在裆下的类似阳具的垫子；它还让男人们躲开衣帽间，避免开各种有关‘疲软’的玩笑；又让男人们喝下用偷来的动物阴茎制造的有毒药水；它还启发人们设计了一大堆器具和调配物，不遗余力地增大这个身体小成员的尺寸。

近年来，男人们的这种焦虑不安使得阴茎增大外科成为热门专业。虽然美国整形和再造外科协会以及美国泌尿协会，都不愿意为流行的阴茎增大外科手术背书，但是专家们在逐步提高手术水平。玛吉·佩利在《阴茎之书》中提到：“如果拿不出患有小阴茎畸形症的证明，那么这类手术都会被认定为整形手术。假如勃起的阴茎不是 3.67 英寸长，周长不足 3.5 英寸，就可以实施阴茎增大外科手术，而且保险公司也很可能给报销。”

显然，许多男人确信，尺寸较大的阴茎是性和爱的保证，能提升生活满意度。这种观点非常普遍。印度的《爱经》中用男人阴茎的尺寸将他们归入不同等级，以不同体形的动物，比如野兔、公牛、马作为等级标签。《爱经》还用女阴的大小来给女人分类，用鹿、母马、大象来形容每类女人，还不无道理地提到：生殖器尺寸相当的男女得到性满足的概率更大。

在高等灵长类动物里，现代人的阴茎最大。不管是士兵还是皇帝，男人们在了解这一点后可能会感到欣慰。相关研究表明，在过去的几十年中，大约 80% 的研究对象的阴茎勃起长度在 5~7 英寸，大多数在 6 英寸左右。未勃起的阴茎只有勃起的一半长，但是阴茎越小，勃起时的伸展性可能越强，所以松弛状态的阴茎长度和完全勃起的阴茎长度之间没有必然联系。性学研究者马斯特斯和约翰逊把阴茎勃起叫作“伟大的均衡器”。一般的人类阴茎即便处于疲软状态，与猩猩或大猩猩 1.5 英寸长的阴茎相比，也是触目惊心且强大无比的。然而，生物学家杰拉德·戴蒙德曾指出，尽管人类和其他灵长类动物的阴茎大小存在差异，但是它们的功能却是相同的。猩猩可以在树上进行各种体位的性交。戴蒙德补充说：“至于大尺寸阴茎是否和性交时长成正比，猩猩的表现说明了一切——它们的时长远超人类（猩猩的平均持续时长是 15 分钟，而美国男性只有 4 分钟）。”

不管阴茎的种族背景如何，其长度和粗细通常不影响小便，除了极端情况，也不影响繁衍。小便是由尿道和膀胱的功能决定的，而繁衍的条件首先是阴茎持续的勃起能力，然后插入阴道，再射出精液和精子。因为太迷恋、太在乎阴茎尺寸，男人唯一的问题似乎是能否再次和性伙伴进行性行为。无论如何，大尺寸的阴茎对于男人的象征意义，远远超越了他们取悦性伙伴的愿望。

不过，正如乔安·罗杰斯在《性的自然史》中写的那样：

> 尺寸通常并不重要。白人男性对他们阴茎的尺寸小题大做，事实上，女人们不会去测量和比较。虽然有许多女人强调说她们确实在乎尺寸，但女人无须在乎它，因为有研究确证女性的快感与阴茎的长短和粗细无关。总之，成年男性的性器官，虽然有大有小，但在女性看来，它们都相差无几。

用一位女权主义文化批评家的话说，“情色电影中的阴茎和女性毫无关联”。或者说，男性幻想的阴茎与真实的阴茎是两回事。玛吉·佩利大胆地概括了男人的野心：“假如男人可以随心所欲地改变阴茎尺寸，他们会把它变成弯刀、棒球棒，甚至大炮，因为用这些‘武器’可以实实在在地恐吓、威胁别人。”

她下面的话说得更好：“幸运的是，自然的‘反选择机制’把男性的阴茎尺寸限定在一定范围内。从进化的观点看，假如阴茎不能放入阴道，它就失去了存在的理由。”

参议员的体毛

我们在谈到性器官时，不能不谈与性器官紧密相连的身体标记——阴毛，它是男女共有的成年标志。我们先来探究几个词的词源。在拉丁语中，pubes 指的是腹股沟，又指长在这个身体部位的体毛，还泛指成年期。在动物学中，pubescent 一词与性无关，仅指覆盖于昆虫和其他动物身上的细毛；在植物学中，该词指叶子和茎干表面的绒毛。形容词 pubic 则用于描述任何靠近耻骨联合（pubis symphysis）的部位，耻骨联合处指的是形成骨盆前部的两块耻骨的接合处，是腹部的最低处，也是两条大腿的交汇处。

Puberty（青春期）是人类初具性繁殖能力的时期。值得注意的是，不管是从词源还是从生理的角度讲，它标志着体毛开始大量生长。正如本书其他各章所记，唤醒人类性意识的激素还会带来其他变化。女孩的臀部和乳房开始发育，初潮来临；男孩的声音变得低沉，肩膀变宽。当男女两性的性征差异越来越大的时候，既欣喜又困惑的男孩和女孩都有了一个私密的发育里程碑：体毛，特别是腋下、腿部和阴部的体毛开始肆意生长。这些体毛的具体生长时间具有个体差异。因为体毛出现的时间不一，所以日本的小町毛发公司适时推出了一种叫作“夜花”的假阴毛。它由回收的真发做成。在“千禧年”来临之际，公司的老板报告说，该商品的销售旺季是6月，因为6月是“婚礼季”。该商品在春天和初秋也卖得好，因为此时“学生结伴旅行，女孩们不得不一起沐浴”。他还强调，小町毛发公司提供有益的服务，帮助年轻人度过尴尬的青春初期。

像其他部位的体毛一样，阴毛不仅在初长的时间上因人而异，在质地、密度、长度和颜色上也有个体差异。美国作家、政治批评家戈尔·维达尔记录了“二战”期间他接受美军培训时的一些内容，其中包括这样的问题：“怎样区别优雅的中国盟友和粗野的日本敌人呢？”一位情报官给出了武断但实用的回答：“最大的区别是阴毛不同。日本人的浓密、坚硬，中国人的平直、柔滑。”维达尔说，只有他举手回应：“那我们有什么妙招来判断是敌是友呢？”

经过漫长的演化，覆盖在我们祖先身上的浓密毛发渐渐变得稀疏。现在，人类体毛只剩下“几座孤岛”，这也带来一些有趣的现象。大自然想得很周到：她给每种哺乳动物都“分派”了只寄生于该种动物的虱子。人类身上可寄生三种虱子，它们已经适应了人体这块场地。体虱和寄生在人类灵长类近亲身上的虱子种类相似。但是由于人类祖先生出的后代毛发越来越少，体虱不得不适应缩小了的栖息地。像所有生物一样，体虱也需要寻求保护。为了牢牢抓住它们的“流动餐厅”，毛发根与根之间的距离不超过1毫米。美国生物学家、作家罗杰·M. 克努森描写了体虱的窘境：“人体原本有一片片茂密的毛发森林，后来变得越来越稀疏、寥落，现在变成了一丛丛分散于身体各处的杂树林，体虱不得不幽禁在这些狭小的杂树林里，可能永远看不到来自隔壁树林的同类。”如今，体虱寄居在脏衣服的角落和褶皱中，离开宿主几天便无法生存。另外一种体虱亚种叫作头虱。它们有时寄居在人类高贵脑袋的毛茸茸的斜坡上。头虱是学龄儿童的苦恼事之一。以色列的一些药房售卖一种电梳子，专门用来对付头虱。令人类的“租客”——畏畏缩缩的虱子吃惊的是，它们竟然成了苏格兰诗人罗伯特·彭斯诗歌中的“主角”，彭斯写道：“致虱子，看到教堂里一位淑女软帽上的一只虱子有感。”英国诗人丁尼生曾把一位作家轻蔑地形容为“寄生在文学发绺中的虱子”。

寄生于阴部的阴虱显然非常适应毛发丛林中的生活。这些声名狼藉的六条腿生物也叫“螃蟹”。阴虱比住在人类头部的“高地亲戚”聪明。它们能生长在眉毛、睫毛和腋毛中，但主要寄居在阴毛里。克努森在谈到阴虱时说：“它们固守领地的能力看上去比其他虱子更强，至于为什么如此还需探究。”它们并不总是固守“家园”。如果两个人的阴毛有充分的接触，阴虱就可能“跳槽”，在一个新的环境中迅速繁殖。

2001 年，英国导演斯蒂芬·弗里尔斯发行了一部新片《利亚姆》，它探讨了大萧条时期一个七岁的利物浦男孩，如何为宗教和贫穷所困。其中一个场景是：主人公利亚姆向牧师忏悔，说他看见了妈妈的裸体，它和古画中的那些女人裸体不一样；他说阴毛破坏了妈妈的形象，这令他困扰。

利亚姆的烦恼让人想起一桩历史悬案，现在人们对此已形成一种僵化认识。约翰·拉斯金[①]和艾菲·格蕾结婚六年后离婚，

① 约翰·拉斯金（1819—1900），英国作家、艺术家、艺术评论家、哲学家，维多利亚时代艺术趣味代言人。——译者注

从未圆房。人们对个中原因进行了各种猜测。有关这一著名艺术评论家的一个黄色笑话是：拉斯金第一次看到艾菲的阴毛时就吓坏了，他从没想到女性会有阴毛。英国传记作家玛丽·勒琴斯和一些学者提出了这种解释，尽管证明有些模糊，但看上去仍有道理。毫无疑问，拉斯金害怕女性的性特征。文学培育了他有关女性的天马行空的神秘想象，绘画和雕塑给他提供了一个理想化的概念——女性的身体光滑无毛。那时候，拉斯金和艾菲都是处男和处女，对性懵懂无知。两个人都是性压抑的牺牲品，压抑程度之深在现在看起来简直不可思议。多年后，对于他们无性的新婚之夜，拉斯金告诉一位朋友，当他脱下新娘的衣服时，发现新娘的身体“长得激不起他的欲望”。1854 年，艾菲在写给父母的信中坦率地说：拉斯金向她坦陈了拒绝和她性交的原因，他说他之前想象的女人和他看到的太不一样了，他不把我变成他妻子的原因是，第一晚看到我的身体就觉得恶心……”《阴道独白》中有个人物，其台词是对拉斯金观点的概括：“假如你厌恶阴毛，你也不会喜欢阴道。”

美国作家、评论家、传记作者菲利斯·罗斯认为，看一眼艾菲的乳房就可能让拉斯金失去了和她做爱的愿望（或能力）。乳房——那些理想化的乳房，在古典和新古典的艺术作品中比比皆是，然而阴毛却难见其踪。法国画家让·奥古斯特·多米尼克·安格尔[①]创作作品时会小心地避开画阴毛，以免降低其

① 让·奥古斯特·多米尼克·安格尔（1780—1867），新古典主义代表画家。——译者注

画作的高雅程度。这一天生的装饰物本应出现在其名作《土耳其宫女与女奴》中宫女的肚脐下面，但宫女的皮肤是光洁无瑕的，一块褶皱的遮布几乎盖不住她的外阴。法国画家欧根·德拉克洛瓦在注重线条还是注重色彩的艺术争辩中，站在安格尔的对立面，他主张色彩的运用。他画裸体时不避开阴毛，而是通过巧妙安排模特的体位（或用模特的影子），在终稿中将其隐藏起来。法国写实主义大师居斯塔夫·库尔贝竟然描绘了一个女人不太完美的大腿，接着他继续“犯罪”，和当时的艺术潮流对抗。他最具代表性的作品是《世界之源》，它用情人之眼观察一个女人的下体，她分开双腿，不仅露出阴毛，甚至在纠缠的阴毛间还令人惊奇地隐约露出阴户。该作品是为一个土耳其的收藏家而作的，许多年都不能公开展出。它代表着现实主义的飞跃，也意味着又有一个女人沦为了生殖器，因为画中女人的头被布盖住了。（在这一点上，该画特别像比利时超现实主义画家雷尼·玛格利特后期的作品《强奸》：一个女人的脸被她的躯干替代——乳房是眼睛，肚脐是鼻子，阴毛是嘴。）值得注意的是，2001 年，泰特不列颠美术馆举办了一场题为“维多利亚时代的裸体”的艺术展，参展作品中没有一幅表现阴毛的画作。然而，虽然拉斯金本人在许多方面具有我们今天意义上的维多利亚时代的特点——因循守旧，但他确实是一个知识渊博的艺术批评家，所以他怎么可能没见过德国艺术家汉斯·巴尔东于 1517 年创作的《死神与少女》呢？该画中的阴毛清晰可见。

艺术家可不是关注阴毛的唯一群体。弗洛伊德就对希腊神话中的蛇发女妖戈耳工·美杜莎的渊源进行了猜测和推想。美杜莎没有头发，只有数条恶蛇盘绕于脑际，谁看她一眼都会变为石头。弗洛伊德一直为自己麻烦多多的生殖器所烦扰，不得片刻宁静。他判断，美杜莎神话代表着男性第一次瞥见女人阴户和阴毛时所感受到的恐惧，这种恐惧让人懦弱无力，男人会想：不会吧，她竟然没有阴茎！在弗洛伊德描述的场景中，阴毛鲜明可见、引人注目，甚至成为焦点。头发变幻成蛇，象征着对性的恐惧。弗洛伊德想把他的个人经历变为永久的普遍规律，这种抱负充其量会遭人质疑。但是，菲利斯·罗斯竟公然将此与拉斯金相关联，她说："可能存在一种值得注意的情形——晚年的拉斯金总是提到美杜莎，并为有关蛇的梦境所困扰。"

在经历11年精神病的折磨后，约翰·拉斯金于1900年病逝。这位饱受压抑的艺术批评家最后赶上了视觉艺术可以有更多表达自由的时代。在奥布里·比尔兹利[①]去世两年后，拉斯金去世了。在比尔兹利饱受结核病折磨的短暂一生中，他为阿里斯托芬[②]和王尔德的作品画插画，他画阴毛的方法让一代人既愤慨至极，又激动不已。彼时，奥地利象征主义画家古斯塔夫·克里姆特已经完成了《贝多芬饰带》的创作，《贝多芬饰带》是克里

① 奥布里·比尔兹利（1872—1898），英国最伟大的插画艺术家。——译者注

② 阿里斯托芬（约前448—前385），古希腊早期喜剧代表作家、诗人。——译者注

姆特为 1902 年第十四届“维也纳分离派”[①]展览而创作的壁画。该壁画的主题是“艺术和爱的救赎力量”。此外，它还表现了这样的观点：女人的性感是一种狂野的力量，男人要想得到拯救，必须禁得住这种性感的诱惑。从“维也纳分离派”产生的政治背景来看，该作品也是个人对抗社会的一种隐喻。但是，正如拉斯金所惧怕的和弗洛伊德所预见的那样，画作中有着清晰可见的阴毛的人物，正是戈耳工蛇发三女妖。

并不是每个人都觉得阴毛令人恐惧。在一般情况下，它润泽、美丽，忠于职守，是生殖器耀眼、芳香的装饰物。它还可能成为爱的信物。小说家卡罗琳·兰姆和诗人拜伦发生婚外恋情，当时，卡罗琳已经和墨尔本子爵威廉·兰姆结婚，子爵后来成了英国首相。卡罗琳曾将一绺毛发寄给拜伦。假如那是一绺头发，历史学家也不会窃笑了。

如今，阴毛已经不再是避讳之物。许多艺术家的作品都描绘了男女阴毛，比如西尔维娅·斯莱、德尔马斯·豪、爱丽丝·尼尔、菲利普·佩尔斯坦等。尽管如此，早前的画家，如 19 世纪的象征主义大师古斯塔夫·克里姆特和英国插画名家奥布里·比尔兹利，其画作仍具震撼力。1970 年，澳大利亚一家法院判定，比尔兹利为古希腊阿里斯托芬的《吕西斯特拉忒》所

---

① “维也纳分离派”，存在时间为 1897—1915 年。当时一批艺术家、建筑家和设计师声称要与传统的美学观决裂、与正统的学院派艺术分道扬镳，故自称“分离派”。——译者注

作的插画淫秽下流，因为插画中画了女性的阴毛。根据对剧本的研读和一处翻译注释，法官哈特抗议说，比尔兹利的画不仅淫秽，而且与历史严重不符。他坚称，那时候的妇女会用脱毛剂除掉阴毛。这一奇特的论点还需进一步证实。

如果古希腊女性确实修剪过她们的天然体毛，估计她们不是最先这么做，也不是最后这么做的。公元 79 年 8 月 24 日，长期休眠的维苏威火山突然爆发，附近庞贝城的两千名居民被永远埋在了火山灰、泥土、岩浆、落石和尘埃之下。几个世纪以来，人们以为这个城市永远消失了，它几乎要被人完全遗忘在历史当中了。尽管一个半世纪之前，人们又重新发现了这座古城的遗迹，不过直到 1860 年，系统性发掘工作才正式开始。策划和主持发掘工作的是意大利考古学家朱塞佩·菲奥勒利。当一位工人的鹤嘴锄碰到土壤中的一处空洞时，史上最离奇的死亡真相才徐徐展现在世人眼前。实际上，这个空洞是一位死于火山爆发的亡者造成的。在火山爆发时，他被落下的火山岩和灰烬掩埋了，他的肉身在这种包裹中逐渐消弭，周遭的土壤随之变为中空，形成了一个完整保留死者形态的空洞。菲奥勒利意识到这是一个重大发现，于是用石膏灌入这个空洞，制作了一个倒模模型。他决意要找到更多这样保留身体形态的空洞，于是开始了小心谨慎的发掘，并最终得以制作了上百件这样的石膏模型，这些模型将当时的居民逃亡的形态永恒地凝固在了时间里——有的在护着自己的孩子，有的在忙着带上金银细软，还有的正在街上奋力狂奔。

这些石膏模型记录下来的最为惊人的细节是阴毛。灾难来临时，一个男人显然正在脱衣服，这也让如今的我们可以亲眼得见古人追求的一种时尚。菲奥勒利写道："一个清晰可辨的特征，就是男人的阴毛被剃成了半圆形。这种造型在雕像艺术中普遍存在，所以我认为，这只是一种雕塑的习惯而已。"

这种古雅的风尚可不仅仅是历史中的一个片段而已。如今，人类这一物种已经学会了给狗织毛衣，学会了用假花放在墓碑前为亡者祭奠，而我们中的有些人依然会修剪自己的阴毛。有些女人使用蜜蜡去除阴毛，是为了避免穿比基尼时露出的毛发让人尴尬。

在电视中播放有关阴毛的笑话是最近才有的，也并不常见。然而，虽然阴毛在几乎所有的文化中都是不宜公开谈论的话题，但它却是色情书画及影视作品中不可或缺的部分。《花花公子》杂志致力于向读者展示无数的裸女照片，而在其创刊的头几十年当中，都会避免露出她们的阴毛。因此模特在摆姿势时需要特别的技巧，照片在暗房中冲洗时也常常要被修改、润色。该杂志一直坚持这种不露毛发的原则，直到1971年8月，它的竞争对手《阁楼》杂志首次刊登了一览无余的裸女正面照。《花花公子》当时的图片编辑文斯·塔基里事后表示，他当时很抗拒采用竞争对手刊物的这种风格来和他们打擂台。然而，他补充道，"休·赫夫纳[①]很快就开始对着每一份《阁楼》中的裸照细数阴

① 休·赫夫纳（1926—2017），《花花公子》杂志的创始人。——译者注

毛到底有多少根”。随之而来的，是两份刊物为了抢夺爱好窥阴的读者群体而开展的一系列竞争，这被评论家们称为“阴毛战争”。如历史上的其他先例一样，这场商业竞争同时拓展了一个全新的领域。

在1972年1月刊的《花花公子》内页，裸女骄傲地展示着她的阴毛。拉塞尔·米勒[①]在他的《兔女郎：花花公子的真实故事》一书中写道：

> 赫夫纳在做出这一抉择时痛苦万分，当时他要求大家准备了两版校样作为备选：一版是模特玛丽莲·可儿将一条手臂貌似端庄地横过身体，以挡住她的阴毛；在另一版中，她把手放在了身体两侧。拖延到刊物几乎来不及出版的最后一刻，赫夫纳才决定选择正面无遮挡全裸的那一份校样。

当时，这场现代新闻业遭受的危机，也许不足以与五角大楼文件的公开相提并论，不过它也造成了一系列影响。当被释放的美军战俘从越南回到家乡时，他们惊讶地发现《花花公子》内页的女郎突然长出了阴毛。

鲍勃·古乔内——《阁楼》的创始人——声称《花花公子》拒绝展示阴毛的行为否认了人的天性：“如果那种做法是反自然

① 拉塞尔·米勒，生于1938年，英国传记作家，曾出版休·赫夫纳的传记。——译者注

的，那么我们选择展示阴毛就是顺应自然的。我认为，假如我们因此被起诉了，那我辩词的核心原则就是，阴毛是天赐之物，如果把它遮起来，那就是违反自然规律。”这番言论最多也就是有些虚伪而已。这位著名的性别歧视者创办了著名的具有性别歧视色彩的刊物，但从未因为宣扬天然论被起诉。20 世纪 80 年代，古乔内公开抨击美国摄影大师李·弗里德兰德拍摄的女性照片，照片中的模特除去了浮华的修饰，看起来更加接近天然状态，但她们展示的腋毛和腿毛触动了古乔内敏感的神经，使他无法接受。

到这时，阴毛开始频繁地出现在电影和戏剧中。在其中表现裸体，更像是为打败审查制度而奏出的胜利号角，因此，时不时地给阴毛几个镜头，看起来就好似前卫的艺术追求，尽管它实质上是一种商业手段。有时，阴毛是一个场景中自然的组成部分，但有时并非如此。尽管这样，一览无余的人物正面裸体形象开始无处不在，以至于在 20 世纪 70 年代中期，上了年纪的英国小说家、剧作家 J. B. 普里斯特利如此评论当代的影视和戏剧作品：“阴毛可不能替代智慧。”

有时，相比不剃阴毛，剃光阴毛反而会给人带来更多的困扰。如今的情色文学作家应该无法苟同《阴道独白》中一个剧中人的观点。她直截了当地表示：“毛发覆体，自有它存在的理由——它是托起花朵的绿叶，是环抱屋宇的草坪。”2000 年，百万富翁理查德·戴斯蒙德买下了《每日快报》，英国媒体当时称他为“色情大亨”。英国作家珍妮特·温特森研究了戴斯蒙德麾下的数份刊物，试图从中找出隐藏的社会信息，其中包括《只有十八岁，读者们的裸女妻子》《极度情色》等。她抱怨道：

> "对于我来说，刊物的风格千篇一律，其中最让人反感的地方，就是刊物的照片人物都剃了阴毛。有多少女性真的会剃阴毛？色情杂志传达出的信息是：所有女性都是如此。在现实生活中，唯一没有阴毛的女性就是女童……难道我们私处的形貌就这么不堪，非得把它变成想象中未发育的样子，或是为手术室做准备吗？"

好多人都会认同"无阴毛"的观点。库尔特·冯内古特[①]在他的《上帝保佑你，罗斯沃特先生》一书中，描写了一位印第安纳州参议员利斯特·埃姆斯·罗斯沃特，他是书中主人公的父亲，极度崇尚古典艺术作品中不表现阴毛的传统。如果能听到哈特法官对比尔兹利"艺术之罪恶"的评价，此人应该会击掌叫好。"体毛"的部分最能使罗斯沃特产生共鸣。作为人民公仆，这位参议员最得意的成绩就是起草了"罗斯沃特法"，一劳永逸地敲定了一堆互相矛盾的定义："淫秽，就是一切展示生殖器、身体排出物，以及体毛的图片、录像和文字作品。"他去找儿子的心理医生咨询时，医生详细地询问了他对体毛的反感倾向。

---

① 库尔特·冯内古特（1922—2007），美国作家，著有《第五号屠宰场》等。——译者注

参议员罗斯沃特甚至在回想这段对话时都会感到一阵战栗。

> 我请求他不要再继续这个话题了，我跟他说，至少据我所知，所有的男人都像我一样反感这种东西……这是定义色情的关键。其他人问：“噢，那你怎么分辨呢？怎么把它和艺术，以及其他东西区别开来呢？”我把它写进了法律！色情和艺术的区别，就在于体毛！

第十二章

人的“坐骑”——腿

人类的身体里还留存着低级起源的不可磨灭的印记。

——查尔斯·达尔文

两条腿，是好还是坏

莱托里位于塞伦盖蒂平原的南端，是坦桑尼亚多风的高地。它位于著名的恩戈罗恩戈罗火山口的正西方，在奥杜威峡谷以南仅 20 英里处。在该地区，环保主义者所称的“珍稀的巨型动物”越来越少，尽管如此，大象、牛羚、狒狒、羚羊、长颈鹿等动物仍然存在。如今的伦盖火山不太活跃，但仍定期喷发一种稀奇的火山灰，其中含有大量的碳酸盐岩。古人类学家对这种火山灰有极大的研究兴趣：它喷出时是干燥的粉末，遇水则会形成一种天然水泥，然后变得像岩石一样坚硬，将它周围的一切保存并记录下来。很久以前，伦盖火山的“姐妹山”萨迪曼火山非常活跃，它会定期喷发出大量的碳酸盐火山灰。360 万年前的某一天，萨迪曼火山开始喷发，短短几个小时的喷发对于人类来说意义重大，因为在这几个小时里，多种因素合力将人类始祖的信息保留了下来。

玛丽·利基来自“古人类学研究第一家族——利基家族”。1978年，她找回了人类历史上“丢失的一页”——“莱托里足印”。当时，在非洲同行考古发现的基础上，她发现了两个成年生物留下的脚印，还依稀可见一个幼年生物的足印。甚至可以想见，三人快步行走在萨迪曼火山纷纷飘落的灰烬中。这些足印的主人可能属于灭绝已久的南方古猿阿法种，它们的代表是露西。露西的发现表明，很久以前，人类始祖就能够直立行走在非洲大草原上，他们或并排前行，或排成一列。清晰的足趾形态，以及足跟、足弓和脚趾上重量的分布特征都表明，“莱托里足印”与当代人的足印相比，除了小一些，其他方面已经十分相似了。利基宣布：“莱托里足印可以确证，人科始祖已完全可以两足直立并自如地行走了。”

火山灰遇水形成的灰泥是一种非常可靠的记录介质，玛丽·利基甚至还在其中发现了雨点飞溅的印记。该介质显示，很久以前，在火山喷发的那一天，四处奔逃的不仅有南方古猿，在他们的脚印中还夹杂着已经灭绝的三趾马的蹄印。火山灰甚至将长颈鹿行走时打滑的蹄印痕迹都鲜明地保存了下来，将已灭绝的长有向下弯曲象牙的大象、袖珍长颈鹿、剑齿虎的足印、蹄印和爪印永久地记录了下来。这些散落在原始大地上的动物印记，进一步凸显了“莱托里足印”的独特之处。其他哺乳动物用四足奔逃，而南方古猿则用两足疾走。

乔治·奥威尔在讽喻小说《动物庄园》中，描述了曼纳农场的动物们为了摆脱农场主的奴役，决定群起反抗，赶走农场主，自己当家做主。它们在占领曼纳农场后把名字改为“动物庄园”，领导者是一头名叫“雪球”的猪。由于农场的动物不识字的很多，雪球就将他的农场宪法“七条戒律”浓缩为“四足动物是优等的、两足动物是低劣的”，他认为这是“动物主义”的根本宗旨。

两足动物——人类，肯定不会认同“两足动物比四足动物低劣”这种论调。18 世纪德国物理学家和讽刺作家利希滕贝格的观点是：“人类用两条腿走路也许不那么自然，但的确是一种高贵的发明。”埃克斯坦也说过类似的话，他强调：能直立行走是人类进化最重要的一个阶段。他对人类这一演化成就大加称赞，并用标准的演化语言描述道：“很久以前，人类的先祖第一次用后腿站起来，又摇摇晃晃数千年，终于在某一天的某一刻，终于挺直身躯，并最终拥有了直立行走的姿态。那一天，很可能是个令人伤感的日子，但却是神圣而庄严的。”我们现在迈出的每一步都是对那一刻的重现。芭蕾舞演员的每一次足尖旋转，都使我们确信：虽然每种生物都各有长处，但人类完全有资格给自己颁发“最佳表现奖”。

自从达尔文创立生物进化论后，很多人开始猜想生物进化是如何发生的，尤其是灵长类动物是如何慢慢直身站立、如何走到食物链的上端的。这类故事最引人入胜之处，往往是讲述者本人想象出来的。无论是利希滕贝格的“人类的直立行走是高贵的发明”，还是埃克斯坦的“人类直立行走是神圣庄严的”故事，都不外如此。随着人类对自然认识的不断加深，《创世记》中关于人类起源的“神创论”逐渐走下神坛，但很快就被一些“科学神话”替代，比如亨利·奥斯本[①]在20世纪20年代出版的《人类走上帕纳塞斯山》，他在书中提出了“人猿平行进化论”。事实上，只有人类脑容量的增大和对生拇指的形成，才比得上直立行走这一进化成就，这三者才是人类“白手起家”式的演化进程中最重要的里程碑。

由于人的膝盖周围有肌肉，所以膝盖才能被“锁定”，使我们可以不假思索地直身站起，站立时也不必完全依靠大腿前侧四头肌的力量。尽管大猩猩在必要时可以近乎直立，但是因为它们的膝盖不能“锁定”在一个支撑位置，所以直立会使其四头肌不堪重负。大猩猩在直立时，身体不稳且站立的时间短暂，一看便知它们的站立有多么艰难，很像喜剧演员格鲁乔·马克斯趔趄歪斜的立正姿势。人类则不是这样。如果你仔细观察在银行排长队的人们，就会发现，大家会不时地变换身体的重心，使其从一条腿转至另一条腿，但膝盖却始终保持直立的状态，让我们能长时间稳定地站立，就像小鸟困倦安睡时将爪子紧紧锁扣在树枝上一样。

---

① 亨利·奥斯本（1857—1935），美国古人类学家。——译者注

这种适应性令人着迷，但它是如何产生的呢？关于直立行走的渊源，有很多相关的理论，这些理论有时相互矛盾，有时相互补充。古生物学家和其他领域的科学家认为，人类两足性的进化受多种因素影响，最大的可能性是：人类直立迈出的第一步，是一系列因素影响的结果。这些因素激发着我们雄心勃勃的祖先，去适应和完善直立行走的行为。很多四足动物能够短时直立，是为了探知危险或者获得食物。福尔摩斯提醒华生："在未了解事实真相之前就提出理论是大错特错的。"进化生物学家就应该像做刑事侦查一样，从现有的线索出发，努力寻找确凿的证据，以及证据的来源和证据的特性。

为什么人类能在饭后散步，能跳步态舞和萨尔萨舞，能进行双人三足赛跑呢？稍微想一下就会发觉，这不是一个容易回答的问题，而需要深入的研究才能尝试解答它。我们可以先观察那些在生理结构和行为模式方面与人类相近的生物的行为，这些生物包括大猩猩、倭黑猩猩和其他高等的灵长类动物。我们还需要找到有关人类先祖的强有力的化石证据，这些关键的证据需要不断地累积。科学家们虔诚地测量化石尺寸、称重、拍照、制作电子显微镜相片。他们还做骨结构的切片，测量颅容积，分析 DNA。两足生物需要某种腿部肌肉的参与以承受直立行走时的压力，在保存最完整的化石样本中，此类肌肉的生长痕迹仍清晰可见。现代生物力学也可以将化石中的肌肉与现代人的肌肉进行比较，我们在第七章曾提到，人身上最大的肌肉组织在四肢，我们借助四肢才能行走、举高和搏击。

自从科学家确认了第一块人类祖先化石之后，鸡生蛋还是蛋生鸡的争议便甚嚣尘上。人类的始祖先是脑容量增大，还是先长出对生拇指，或是先拥有了直立行走的能力呢？又或者造就人类独特性的那些特征是同时发展起来的？就像解决其他问题一样，要回答此类问题，还有待证据的不断充实。1924 年，南非汤恩采石厂发现了一个小孩的头骨化石，即“汤恩幼儿”。科学家雷蒙德·达特对这块化石进行了大量的研究，发现汤恩幼儿的脑容量偏小，并认为这是新的物种（现在普遍认为其仍属于南方古猿，也就是与露西是同宗）。随着达特教授的发现，古生物学家们开始意识到，人类最先学会直立行走，很久以后才发育出超大的脑容量。有更多的证据佐证了这一点，特别是在玛丽·利基发现了“莱托里足印”之后，这一观点更是无可辩驳。如今，玛丽·利基发现的人类足印，远比恐龙的行走遗迹更加出名。大多数科学家一致认为，这些足印属于灵长类动物，他们早在 360 万年前就可以直立行走了。现在的人们相信，直立行走是灵长类动物发生的第一个重大改变，从此人类就开始了漫长且曲折的直立行走的旅途，并一路走向世界的舞台和赛场，成为“舞神”巴瑞辛尼科夫[①]，成为“飞人”乔伊纳[②]。

关于人类直立行走的原动力的相关理论可谓汗牛充栋。随

① 米凯亚·巴瑞辛尼科夫，生于 1948 年，拉脱维亚芭蕾舞蹈家、编剧、制片人，主要作品有《天鹅湖》《恋舞》《白夜》《胡桃夹子》等。——编者注

② 弗洛伦斯·格里菲斯·乔伊纳（1959—1998），美国著名田径运动员，在 100 米及 200 米跑中曾破世界纪录。——编者注

便拿出几条理论看一看便知，找到这一神奇“侦探故事”的线索有多难。《动物庄园》里的“独裁者”雪球敌视双足动物，家禽们对此提出抗议。雪球一边抚平家禽们因愤怒而竖起的羽毛，一边解释说：禽类的翅膀是用于驱动而不是用于操控的，相当于有四条腿，因此它们不属于敌对阵营。为了说明他为什么反对两足动物，雪球引用了一句在本书第八章出现过的句子：“人类最明显的标志就是其用来行恶的手。”雪球的这番话表明，他认同人类进化的某些观点。有关人类直立行走的最早的一个假设认为，解放双手的意义在于方便人类使用工具和采集食物。今天，关于这一话题仍然有多种解释。1981 年，美国人类学家欧文·拉夫乔伊提出，两足动物的进化或许促成了南方古猿在社会结构中的雄雌配。在当时，古猿的双手被解放出来，不再用于协助行走，手成了觅食和狩猎的工具。拉夫乔伊说：“如果你的伴侣能直立行走，那他就更擅长携带食物，而且很可能还会给你带回来一些。”拉夫乔伊推测，一夫一妻模式先出现，然后男人成为家庭主宰，也就是说，一夫一妻模式是男人作为养家者的先决条件。一夫一妻模式的要义是男性在家庭中起主导作用，当然这一要义也极具争议性。

1991 年，《人类进化期刊》刊登了英国生理学家和古人类学家彼得·惠勒写的一篇论文。关于人类直立行走的演化动因，他在论文中提出了另外一种可能的解释。惠勒认为，直立行走会减少身体的受热面积，还会使地面上凉爽的风吹拂到直立动物的身体上，加快散热。人体在直立的时候，正午的太阳对身体的照射面积会更小，从而让身体减少水分的蒸发。这种理论也有缺陷：有证据表明，最先适应树木稀少的大草原环境的物种就是人类；而人类先前的始祖，包括露西族群和智人早已可以直立行走，他们生活的环境是树木繁茂、凉爽宜人的。也许人类不断调节自身体温以适应环境的最大作用是，促使我们的身材变得更加高大。

1996 年，美国人类学家凯文·亨特提出了“进食姿势假说”，他认为猿类在进食时，大部分时间都是直立的，随着时间的推移，这一自然选择使得猿类更加依赖于直立的姿势。他指出，猿类 80% 的直立时间都是为了进食，它们用一只手摘果子，用另一只手平衡身体。南方古猿的身体结构显示，其上肢更多地用于悬挂，古人类学家以此推测：南方古猿与黑猩猩的直立进化模式相差无几。

2002 年 10 月，法国古生物学家米歇尔·布吕内发现了名为“图迈”的乍得人猿新化石，乍得人猿在人类谱系中的位置也因此受到了质疑。为了确认脖颈与脊柱的连接是否与人类直立行走有关，人类学家米尔福德·沃尔波夫和他的同事仔细地研究了图迈头盖骨上的伤疤，此处有颈肌附着。沃尔波夫用排除法道出了我们对动物界的普遍看法：“它没有人类的直立行走特征，因此它不是人类。”

显然，在某种程度上，“两腿直立行走”已经成了人类对自己的定义。谈到人类的“直立行走”，科学家们通常会忍不住进行诗意的想象，因为人类这一迷人的“进步”极大地改变了人类身体的面貌。以前，很多人类直立进化图都给出了一个暗示：图片左侧那些满身毛发、笨拙前行的人类始祖，都立志要变成图片最右侧那个手提公文包、直立行走的现代人。但是现在，几乎没有人再这么认为了。

遗憾的是，我们的祖先本是四足动物，似乎并没有完全做好成为直立人的准备，成为直立人就必须承受日常站立带来的压力。而长期站立会引起多种病痛，小到脖子和后背的疼痛，大到分娩时的剧痛。美国神经外科医生弗多西科在《我们为什么会疼》一书中解释了为什么坐骨神经痛那么常见，为什么颈椎间盘切除术那么普遍，是因为作为直立行走的人类，我们的骨骼最初是为爬行而设计的，直立造成了人类的脊神经和椎间盘过于贴近。

> 人体在进化中，体重被水平分配到脊髓轴上，这对于直立行走的人类来说是一个巨变。人类的脊柱结构是水平的，而行走时是直立的，这就如同用螺丝刀去钉钉子，钉子可能会被钉进去，但是螺丝刀也被弄坏了（钉钉子的正确工具应是锤子）。我们为直立付出的代价是什么呢？是疲劳易损的椎间盘。

人的直立行走也会引发许多潜在的问题。因为从出生到学会走路的婴儿期比较漫长，这就意味着在此期间，孩子需要依赖他人的照顾，需要面临各种可能出现的危险。腿部也经常给成年人带来麻烦。眼睛、鼻孔、耳朵、肺叶、双臂，都是双生的，如果一个失去了功能，另一个可以起到代替作用。而人的双腿就缺乏这样的功能。如果一条腿损伤，另一条腿也基本没什么用了。即便是一只脚的脚踝扭伤，伤者也必须拄着双拐才能蹒跚前行，虽然心存抱怨，但也只能如此。如今，社会已经发展到人们无须再为了生存去狩猎，再与其他动物搏杀，越是这样，我们越需要发明一些剧烈的运动以消耗多余的精力，这样就会产生许多运动疾病，从而衍生出一个获利丰厚的领域——运动医学。

有许多卡通动物形象是用两条腿走路的，比如米老鼠，还有漫画家加里·拉尔森《远端》中的母牛，它们在没人的时候模仿人类直立行走；还有贝尔兔和鼹鼠先生，它们像人一样穿戴整齐，外出散步；在迪士尼的《奇幻森林》中，猩猩路易王跳着人类才有的梦幻舞步。而这些毕竟都是艺术形象，人类才是唯一能够完全依赖双腿行动的哺乳动物，我们甚至都用不着关节来辅助行走。由于人类的进化是一步步逐渐完成的，所以从四条腿的生物进化到两条腿的人类绝不像办公室晋升那样简单，它需要人类身体各部分的结构和功能，做出或大或小的全方位改变。鉴于人类用“后肢”行走仍然会引发一些健康问题，所以我们得承认，直立行走并不完美。但可以肯定的是：在其他动物眼里，人类能直立行走这件事，一定让它们感到异常惊奇。

稻草人学跳舞

很久以前，人类的祖先就发现自己是唯一可以直立行走的动物。从那时起，祖先们就开始关注自身这一神奇的能力。19世纪末期，法国生理学家艾蒂安－朱尔·马雷就利用多次曝光照相术拍摄出人体运动的图像。他受到美国具有创新精神的摄影师埃德沃德·迈布里奇的启发，拍摄出了很多科学性很强的艺术作品，将人体运动的不同阶段定格并加以记录。对每一次行走过程的定格，如同交响乐中的一个音符。人类的行走就像音乐会的演出，音乐会需要所有演奏者的合作才能顺利进行，人类的行走也需要骨骼、肌肉、神经、眼睛、大脑，还有稳定的平衡系统的相互协作才能完成。

在关于直立行走起源的争议中，最复杂的莫过于如何区分在进化过程中各种影响因素何为因、何为果了。多种因素共同发挥作用使我们获得了一种遗传能力，它使我们能自如地在超市的过道里逛来逛去，身体无须倚靠着手推车。但颇具讽刺意味的是，当人变老后，直立行走的能力会退化到婴儿期，需要依靠辅助物来行走。直立行走能力的获得是人类进化史上最重要的里程碑，每当一个幼儿学会走路，就意味着这个里程碑被重新竖起一次。电影《绿野仙踪》中稻草人的故事就直观地反映了人类直立行走的进化历程：伟大的歌舞演员雷·博尔格扮演的稻草人一开始是站不起来的，在桃乐思的帮助下才慢慢站起，然后开始蹒跚行走，最后竟能跳舞了。

婴幼儿也会经历这样的成长过程。多数幼儿在一岁生日之际开始尝试走路，这是一个非比寻常的时刻，父母会拍多张照片记录和留念。对此，大多数动物会不屑一顾。当人类幼儿蹒跚学步的时候，动物们早几个月就能奔跑、飞翔或者游泳了，有些动物甚至已经有了下一代。但它们的缺憾在于：不能像人一样长时间地仅靠两肢站立，也不能两肢轮流支撑整个身体并踏步前行。直立行走是一种复合行为，在完成它的同时，人们需要熟练地掌握平衡，取得稳定性，并且拥有足够的力量。对于婴儿来说，每一个条件的成熟都需要时间，因此婴儿需要花费更长的时间才能真正掌握行走的技能。

婴儿想要走路的欲望，早在真正学会走路之前就有了。像下文将要提到的脚趾运动功能紊乱一样，婴儿双腿规律性的运动也是本能行为。婴儿走路的冲动不是来自大脑，而是源自脊椎，源于叫作“中枢模式发生器”（CGP）的中枢神经。神经生物学家丽丝·艾略特指出，无论是行走、跑跳，还是游泳，大多数动物的运动也受到与人类相似的神经中枢的控制，使身体两侧肢体的肌肉收放和伸缩。总的来说，在进化史上，动物的本能反应开始得越早，它便成熟得越早。母体怀孕 6 个月后，子宫里的胎儿就已经发育出了“行走中枢模式发生器”。如果新生儿被抱起，他们的双腿就会左右踢腾着试图接触地板，早产儿也不例外。艾略特提醒道：“虽然这一行为看起来绝不简单，但这其实是一种非自觉的本能行为，即便是出生时大脑皮层还没发育的婴儿，也会有这种反应。动物实验表明，这种最基本的运动反应是不需要大脑皮层参与的。婴儿出生后忙着增加体重，而力量的增长、肌肉控制能力的增强则是缓慢而漫长的，所以，“走”的本能反应在一段时间内会暂时消失。真正意义上的走路还需要等到大脑皮层发育相对完全之后。在适当的时候，孩子只要抓住父母的双手就可以站起来。终于在某一刻，他学会了自己站立，从蹒跚学步到大步流星，奔跑在学校的体育馆里，然后离家而去。

关于行走的复杂性，科普作家菲利普·鲍尔在2001年的《自然》杂志中指出，自行车手、高跷表演者，还有醉酒的人都清楚一种感觉，那就是骑着车、踩着高跷或走着路时都没问题，但只要一停下就会摔倒。对于这种现象，科学家给出解释时用词华丽，认为该现象是摩擦、滑动、平衡、动力等各种力量交互作用的结果。鲍尔写道：传统观点认为，人之所以在行走时能够保持平衡、不摔跤，是人体肌肉努力控制的结果，肌肉控制又是由生理平衡机制和视觉管控的。毫无疑问，人在直立行走时，需要对身体各部位收集到的信息做出复杂的、即刻的神经反应，这些部位包括脚趾、内耳，当然还有眼睛。但最新的研究显示，我们在走路时，并不需要所有的身体网络机制参与其中。

鲍尔还提到了两位机器人工程师，泰德·麦克吉尔和迈克尔·科尔曼的研究。1990年，麦克吉尔认为，机器人走路的动作本身就能让他们保持自身平衡。这也就意味着，不需要模拟复杂的人类神经反馈系统，机器人也是完全可以行走的。实际上，麦克吉尔的原型机器人是能够“站起来”的，至少可以“双腿分开站立”，所以针对“机器人是否能站得稳”的问题就没再深入探讨下去。1997 年，康奈尔大学的科尔曼团队制造了一款机器人，这款机器人如果不移动就无法保持直立。2001 年，该团队模仿万能工匠儿童玩具，终于建立了一套机器人运动的数学模型，这套模型虽然仍需后续验证，但也可谓机器人学的一项进步。1998 年，科尔曼等人发表了论文，标题是《一种失控的、站不住的行走玩具》，描述的是现代人的突出特征，至少是学步阶段儿童的行走特征。

“美臀女神”

我们倾向于把臀部——腿开始生长的地方看作一个独立的身体部位。正如书中的许多例子所示，有时看上去不相干的身体部位，会以意想不到的方式被联系在一起。膝盖、臀部和直身站立的能力之间就存在着一种奇怪的联系。人类进化到双足行走的一个奇怪的副作用，就是人类成为唯一一个会评判同伴臀部的物种，比如我们会将某些人的臀部称为“翘臀”。直立行走使人成为唯一真正“拥有”臀部的灵长类动物，至少我们自己是这么认定的。在我们看来，人类近亲“没有屁股”，这很令人遗憾。假如仔细看一看黑猩猩或大猩猩的身体后部，就会发现它们那里几乎没有弧度。它们的屁股扁平、无肉，且长满老茧，不适合穿丁字裤或比基尼。而人类的臀部曲线优美、圆润丰满，当然，也偶有例外。

人类的臀肌比猩猩的臀肌发达得多，这是直立行走的结果。直立行走需要更完善的运动系统，需要更强壮的（更大的）小腿和大腿肌肉，用以牵动整条腿的前后移步。跨步的时候，臀大肌和周围的肌肉像做苦工一样，用力绷紧，拖动身体和腿向前移动。臀肌包括臀大肌、臀中肌和臀小肌，其中臀大肌几乎分布在整个臀部，它也是身体最重的一块肌肉。无论是从椅子上起身还是走路，都需要用到臀大肌。它协助我们绷直双腿，帮助我们站立、行走和奔跑。正是由于缺乏这种肌肉力量，大猩猩能做到的"直立行走"只不过是一种踉踉跄跄的行进，有时只是凭着自身的冲劲儿疾走几步而已。1967年，罗杰·帕特森声称遭遇了北美野人"沙斯夸支"，并及时用摄影机将它在野外行走的样子拍摄了下来。该自制影片的真实性有众多疑点，其中之一便是：该野人有着典型的人类翘臀，而所知的灵长类动物则没有这一特征（野人还有毛发覆盖的乳房，而所有高等的灵长类动物和大部分哺乳动物的乳房都是无毛的）。

我们会沉迷或惊异于臀部之美，特别是女性的臀部，但这种审美绝不是从如今这个时代才开始的。希腊神话中有很多美丽的女神，包括爱神阿芙罗狄蒂，这个名字的字面意义就是"美丽的臀部"。那不勒斯博物馆中有一尊同名的著名大理石雕塑，是一件现代仿品——其真品来自公元前1世纪，现被放置在意大利锡拉库扎的一座"圣殿"内，用来纪念这位美丽的女神和她的美臀。这是一尊几乎全裸的曲线动人的年轻女子像，因为设计独特，无论从哪个角度看都能体会到同一种美感。因此，多神论比一神论有意思多了（能欣赏到多个女神的雕像比只能欣赏一个女神的雕像有趣多了）。

臀部肌肉大且重要，因此引人注目。男人们（异性恋者）即使不崇拜阿芙罗狄蒂，也会对女性的臀部兴趣盎然。这类人在美国英语里叫 ass men，即“喜欢臀部的男人”，以表明他们不同于那些迷恋女性胸部、腿部或脚部的男人。显然，没有词语可以形容喜欢女人却不对她身体的某一部位感兴趣的男人。

有时，科学家们可用科研基金展开对他们所迷恋之物的研究，所以就有科学家注意到女性走路时的姿态与男性相比有一些特别之处。女性在走动时扭腰摆臀，美不胜收，玛丽莲·梦露则把这种姿态发挥到极致，这种美态应是进化的结果。如今，在瘦骨嶙峋的女演员和女模特身上已难得一见，在我们的周围，具有这种美妙姿态的普通女性倒是并不鲜见。女性在直立行走时身体稍微倾斜，这是因为女性的骨盆更大，足够大的骨盆才能保证头部较大的婴儿顺利娩出。对女性臀部普遍的迷恋虽具有文化差异，但应该都源于自然选择。一般来说，雌性动物的臀部曲线比雄性的臀部曲线更为明显。人类女性与猿类雌性相比，不但乳房更大，而且臀部更大、大腿更粗，因为进化使得这些部位的脂肪越来越多。有许多理论都尝试解释这一进化现象。蒂莫西·泰勒在《史前性史》一书中认为，直立行走使女性的臀部变得更大，这是一种性信号，因为会直立行走后，原先裸露的外阴被隐藏起来了。人类更大、更丰满的臀部像是一个发出性信号的布告牌。这一理论的缺陷在于：女人们同样也会评论男性的臀部，其频率和谈论男性身体其他部位的频率相当，男同性恋者也会仔细研究同性臀部微妙的曲线、臀沟和牛仔裤勾勒出的臀部轮廓等。

有些生物学家认为，这些身体特征只不过是性选择的结果。历经数代，配偶身上吸引人的那些特征，会慢慢影响和改变自己后代的体形，自然演化如同雕塑师，慢慢完成这一“工程”，其方式是将那些特征遗传给求偶成功者的后代。人类男性的胡须与众不同，生殖器也比其他灵长类动物大得多、灵活得多，这很可能是被配偶选择的结果。英国生物学家米勒说：“男女两性都演化出了特征鲜明的性器官，说明两性的选择在人类演化过程中都起着重要作用。”人类不仅与灵长类近亲的体貌差异巨大，人类成年男女之间的体貌差异也是惊人的。相比之下，人类近亲的雌雄之间外表的差异则微乎其微。米勒在2000年出版的《求偶思维：性选择如何影响人性的演化》一书中，详细地论述了男女两性如何改变了彼此的身体外貌。他认为，人脑逐渐增大，获得了惊人的创造力，这部分可归功于两性求偶选择中的协商和互动。我们在第六章中提到，青春期的男孩、女孩需要昭告众人他们能够繁育下一代的时候，他们嘴唇的形状和颜色会呈现明显的差异。米勒说：“性成熟和性唤起时才充分显现的那些特征，可能是通过性选择进化而来的。”

几个世纪以来，许多时尚设计就是为了凸显而不是淡化女性臀部。16世纪时，女性会穿戴或使用各种支撑物、金属丝衣或衬垫，来强调臀部曲线。18世纪末，这些手段则演变成裙撑——一种金属丝笼，能把服装大幅度撑开，从后面看上去，女性的身形甚至会产生一种悚然的漫画效果。20世纪中叶，美国著名内衣品牌“好莱坞的弗雷德里克”在杂志上刊登广告，提醒女人：“不要扁平！”该品牌为女性提供丰臀的活动衬垫，可以让人“看起来年轻、自然、女人味十足”。到20世纪末，时尚风向标开始转向，臀部曲线不明显的瘦弱女性成了宠儿。

人们并不总是艳羡别人的美臀，可能由于希腊神话中那个因迷恋自己英俊面庞而溺水的纳西索斯。大多数人认为美丽的面孔会让他们感到荣耀，但也有不少人认为身体别的部位也会让他们感到自豪。有时，不管男女，都毫不掩饰对自己臀部的欣赏，乐于穿着紧身牛仔裤和贴身衬衫加以展示。在16世纪意大利学派的雕刻作品《虚荣寓言——死亡惊吓女人》中，一个裸女正从镜中欣赏自己的臀部，这时，一个骷髅人拿着沙漏作为拜访名片闯了进来。突然而至的骷髅人吓坏了正沉醉于镜子中的美臀而不能自拔的女人。

许多人常常会欣赏他人离去时的背影。美国摇滚明星埃斯克维多的一句歌词一语双关：“我更喜欢她转身离去时的样子。”在视觉艺术作品中，臀部一直是最受欢迎的描写对象，因为这样的作品不必裸露性器官，还能保持性诱惑力。最著名的“臀画”当属弗朗索瓦·布歇[1]的一幅代表作《沙发上的裸女》了。画中的少女后来通过取悦放荡的法国国王路易十五而成功上位，成为他的一名情妇。她趴在沙发上，身躯微微扭动，臀部的曲线成为作品的绝对焦点。可以想见，当时布歇调色的时候肯定在想：“真是美臀。”正是这一充满性诱惑的场景，招致了法国批评家狄德罗的猛烈谴责，认为布歇的道德水准低下。

与此类似，艺术作品中神话人物的臀部也通常是面对观赏者的。受到希腊罗马式浮雕的影响，文艺复兴时期的许多画家和雕塑家都用这一视角来表现美惠三女神。美惠三女神是美丽和优雅的化身，三女神通常一起出现。在大多数作品中，比如在意大利画家拉斐尔和科雷乔的画作中，三女神的手臂相互放在同伴的肩上和腰上，左右两侧的女神看向观画者，中间的女神则将脸转向别处，背对观画人，露出整个后背。描写三女神的代表作之一，是现存于大英博物馆的意大利雕塑家安东尼奥·卡诺瓦的新古典主义大理石雕塑《美惠三女神》，它创作于 19 世纪初。雕塑的立体性将卡诺瓦从传统的表现手法中解放出来。他的三女神都优雅地面向观众，从同一个方向展示她们完美的臀部。如今，希腊神话中臀部线条优美的三女神仍然令人神往。当代艺术家埃里克森甚至将一部小说的名字《中间那位美惠女神的臀》用于其于 20 世纪 90 年代创作的一首诗中。

① 弗朗索瓦·布歇（1703—1770），洛可可风格的法国画家。——译者注

毫无疑问，对于哪种体形更为流行、臀部的性吸引力如何等问题的看法，全世界各地均有不同，比如对“臀脂过多”现象的看法。这是一个医学术语，由两个希腊词“肥胖的”和“臀部”组成。在保罗·西蒙主演的电影《漂亮马驹》中，他用这个词来戏弄人，对方还以为这是奉承。有些文化很推崇这种肥大而突出的臀部，这些夸张的特征不仅是性诱惑的焦点，还标示着不同的社会阶层。另一个类似的词是“股脂过多”，股脂即大腿脂肪的堆积。许多出土于冰河时代的小雕像都有着比例超大的臀部，这也许可以说明，史前时期动物“臀脂过多”是一种普遍现象，或者像某些评论家所说的，这也许证明这在当时是一种艺术追求。最著名的小雕像有奥地利出土的“维伦多尔夫的维纳斯”像和捷克出土的“下维斯特尼采维纳斯”像，以及法国出土的“莱布格的维纳斯”像，它们的材质分别是白垩、熟黏土和猛犸象牙，三者距今都已有 2.5 万年了。如今，只有两种人还保留着“肥臀”的遗传倾向，一种是印度安达曼群岛的土著人，另一种是南非的科伊人。随着历史上殖民扩散和灭绝政策的实行，南非的部落文化日渐衰落，科伊人的特色文化被慢慢销蚀，因此人们对“肥臀”的推崇也逐渐减退了。一般来说，当地理上的隔绝被打破、种族通婚的限制被解除时，原先少数人所具有的某些与众不同的特征便会被更大的种群“稀释”。这种现象也会出现在其他动物身上。

入侵南非的欧洲人给科伊人起的外号叫作“霍屯督人”，现在的大部分西方人仍然熟知这个词的含义。关于肥臀，最广为人知的是一个令人悲伤的故事，女主人公的艺名叫“霍屯督的维纳斯”。她是科伊人，出生于1789年，出生地在现在的南非，她的真名叫巴特曼。1810年，她受一名叫作威廉·邓洛普的医生的蛊惑而铸下人生大错。邓洛普告诉她欧洲人猎奇心强，她可以通过向欧洲人展示自己丰满肥大的臀部挣到大钱。她的这一决定不但给自己带来了厄运，也使欧洲人对非洲人的成见更深了。她在马戏团和博物馆中像动物一样被展出；满腹学问的博物学者研究她，漫画家嘲讽她。一幅19世纪早期的版画描绘了各色观众正惊奇地看着巴特曼的臀部的场景，一个男人甚至后退着用望远镜仔细观察。他们的言辞暗示着：这个年轻女人经历的一切一定非常不堪。一个观察者小声地说：“啊！大自然是多么滑稽可笑！”另一个则说：“哦！天呐，简直是烤牛肉！”人们的新鲜劲很快就过去了。她像妓女一样忍饥挨饿，于1816年死在巴黎。到20世纪70年代中期，巴黎的人类博物馆展出了她的骨骼，甚至还有她的大脑和生殖器。在后殖民时期的非洲，巴特曼成为科伊人的一个符号性人物，1994年，南非政府和格里夸人委员会（科伊人的一个组织）请求法国让她回归故里。2002年，法国政府最终应允。

如今，整形外科医生会建议给肥大的臀部做抽脂手术。实际上，因为食用过多的垃圾食品，且疏于锻炼，美国人臀部脂肪堆积的现象非常普遍，世界上其他国家和地区也在迅速朝着这个趋势发展。2000年，有一名英国电台评论员猜测过，英国是否会像美国一样成为“胖子之国”。然而，像科伊人一样，仍有许多人认为丰满的臀部非常性感。网上甚至还有“臀迷”俱乐部，一名狂热“臀迷”的电子邮件笔名就是“臀部丰满的霍屯督人”。

股沟将臀分为左右两瓣。一个尽人皆知的比喻是：肥胖的水管工可以把股沟当作工具袋，用来存放扳手。股沟原先叫nock，意为“箭尾搭弦处”。有历史学家推测，人人熟知的中间有缺口的心形图，可能源于对人的臀部轮廓的模仿，因为它中间的凹点和弧度都酷似人的臀形，而与真正心脏的形状相去甚远。有漫画家认可这一观点并依此进行过创作。这种思路赋予了古老的爱情符号以新的联想，巧妙地将心和丘比特的裸臀结合起来，强化了这些元素作为情人节象征的意蕴。

现在我们简短地谈一下“左右臀中间的部位”。人人皆知，肛门是消化道的末端，是输出未能消化的食物的出口，也是释放“废气”的通道。肛门是“造物主”的绝好发明，没有它，人类生活将不可想象。许多像水母一样的无脊椎动物，消化系统相对简单，缺少排泄废物的出口，不得不把未能消化的东西“吐出来”，即：进食和排泄都使用同一个孔。大多数脊椎动物只有泄殖腔（Cloaca），不难看出，这一术语源于专有名词“罗马的大下水道”（Cloaca Maxima），即古罗马时期主要的排污管道。泄殖腔不仅用于排出废物，还用于排卵，甚至娩出后代。作为胎盘哺乳动物，人类排尿和排便各有出口。鸭嘴兽和针鼹鼠是最原始的哺乳动物，它们的泄殖腔既用于下蛋，又用于排便（虽然这使得泄殖腔的使用效率很高，但似乎不太洁净），因此也被称为“单孔目动物”。毋庸置疑，和人类神圣远大的抱负相比，排便这件事看上去简直不值一提，但无论如何，它只是人类日常的一种简单行为，和人类许多其他的行为相比，还不至于那么让人嫌恶。如果考虑到消化行为的完整性，那么蹲姿应该是最自然的排便姿势。但文明会使人类反自然之道而行之。在《人体有脑》一书中，古斯塔夫·埃克斯坦比较了各种动物的排便姿势，最后配上了一幅人的图片，并写道：“人得坐着（排便），因为人需要思考。”

然而，即便是如此深沉的思考行为，我们也很难从中找到人类区别于其他动物的独特性。本书的其他章节提到过简·古多尔和其他灵长类生物学家的研究。他们观察到，黑猩猩也会牵手，见面和分别时也会亲吻、拥抱，也会使用工具和武器，感到害怕时也伸手去触摸同伴。古多尔甚至讲述了这样一个场景：她看到一只雌猩猩拉肚子，然后用树叶擦屁股，过了一会儿，她的孩子并没有排便，却也模仿她的动作，用树叶擦了两次屁股。

肛门及其周围的组织异常敏感，崇尚享乐的人类大脑不想浪费任何一个可以带来快感的神经末梢。所以，最早只用于排便的“出口”，长久以来也用作“入口”。因为肛门恰好能放进一根手指、一根阴茎或其他类似的东西，也因为精子进入直肠不会使人怀孕，更因为肛门方便男男做爱，所以所谓的“后门”就成为繁忙的交通要道。肛交是传染艾滋病病毒最常见的方式之一。在历史上，同性和异性肛交都很普遍。从古希腊的陶器到当代美国艺术家基斯·哈林的街头涂鸦，这一行为随处可见。

达·芬奇在他的笔记簿中画了一根勃起的阴茎，指向一个男人的臀部，中间有墨点相连。他还留下了一组素描，从肛门括约肌的五条肌肉开始描绘，慢慢变幻为一朵五瓣花，最后变成一个五边形的堡垒。这些素描让我们禁不住联想到弗洛伊德。在此我们需要知道的是：由于弗洛伊德长期为便秘所困扰，于是他发明了“留置肛管”这一医学概念。

我可以用力夹紧臀部，但我觉得它还是不能摇动尾巴。

——卡尔文，出自比尔·沃特森的连环画《卡尔文与霍布斯虎》

“屁股向后倒着走”这一短语的意思是，方向不对或顺序颠倒，这个短语有着古老的渊源。今天，我们用 preposterous 一词表示“愚蠢的、荒谬的、反常的”，它源自拉丁语，意为“臀部在前”（preposterior），即“臀部对着你、背对着你走过来”。短语“性感尤物”（piece of ass）与女人的联系紧密，从它的一组同义短语中可见一斑，比如：“性伴侣、女人（贬义）”（piece of tail）、“娘们儿、女人”（piece of flesh）。到 13 世纪，人们通过提喻（部分代指整体或整体代指部分的修辞手法），用 piece（某个整体的一块儿、一部分）一词来指称或嘲讽某个团体里声名狼藉的人。16 世纪时，在很多情形下，该词不可避免地用于指称女人。在过去的几百年间，人们用该词指称女人、女性外阴，或代指与女人发生性关系。俚语 piece of tail 如今仍在使用，“臀部”（tail）也是活跃词汇。我们有时会听到美国妈妈对孩子说：“在车里老实点儿，否则就给你好看！”（Git yer tail in this car before I jerk a knot in it! 其字面意思是：把你的臀部收进车里，否则我就在它上面打个结！）显然，像乳房和生殖器一样，臀部也具有危害性，因此不管是真实含义还是象征意义，臀部都不宜外露。在 20 世纪 40 年代，美国“天主教正派军团”负责审查影视作品内容，要求卡通人物贝蒂娃娃必须停止暴露袜带和大腿，以及臀部曲线。其实，胶片上只不过是用几条黑线勾勒了女性的臀部轮廓而已，但这个线条被认为过于性感，对公众造成了潜在的危害。

“尾巴”（tail）的词源提醒我们，臀部最末端还有一个部位，但它在人类身体上已经退化了。至少 1 000 年来，“尾巴”一词都用于描写从蜥蜴到骏马的最灵活、最显耀的部位。希腊神话中的牧神潘（Pan）是山林之神和乡野之神，“惊恐的”（panic）一词就源自他的名字。他有羊角、羊蹄、毛茸茸的身体和一条山羊尾。罗马神话中的牧神叫福纳斯（Faunus），外貌与潘如出一辙。森林之神萨梯（satyr）和农牧神法翁（faun）都是好色之徒，他们通常都有尾巴，以示他们的兽性犹在。Satyr 这个词源于希伯来语 sa’ir，原意既指“公山羊”，又指“山羊恶魔”。直到今天，“尾巴”和“野蛮”仍然有紧密的联系。匹诺曹（童话人物，因说谎变成了驴子）堕落的第一步就是长出了一条驴尾巴。如今，人类只有模仿动物的时候才会给自己装上尾巴，其中包括歌舞剧《猫》中的舞蹈演员们，还有在《蝙蝠侠归来》

中扮演猫女的演员米歇尔·菲佛。男性幻想的对象——花花公子的兔女郎们，尾巴装扮摇曳生姿，只是穿戴的好像不是兔尾，而更像弗吉尼亚鹿的鹿尾。

人在臀部装上一条尾巴扮演动物，其动因和人给天使安上鸟的翅膀、将马的身躯赋予人首都是一样的，无非是为了扩展人的能力范畴，或表达对那些听命于人、对人俯首帖耳的动物的喜爱，或将它们奉为图腾来崇拜，或为了分享它们的纯真和力量。这些欲望大多是潜意识的。在人脑的某些区域，我们甚至会为自身的"无尾性"而感到自鸣得意。达尔文在《人类起源》中写道："在大多数人看来，无尾是人类显著的特征，但是因为人类的近亲——有些猿类也没有尾巴，因此'无尾性'特征并不为人类所独有。"

在一些老地图的空白处常有这样的标注："这里生活着长尾巴的人。"许多旅行家和作家，包括容易轻信他人的古罗马学者老普林尼和坦承自己喜爱虚构故事的意大利旅行家马可·波罗，都曾断言：长着动物尾巴的人类部落仍然存在于遥远而神秘的地方。都市传闻经常发生在朋友的朋友身上，而这类"传奇"也经常潜藏在未知之地。

神奇的脚趾

深夜，被德古拉伯爵关在城堡里的乔纳森·哈克打开窗户呼吸新鲜空气。此前，哈克就已察觉到，城堡主人德古拉双手冰冷、口气恶臭，而且镜子里照不出他的影像。此刻，窗外所见的一切更使他疑虑重重。他发觉伯爵房间内的窗户旁边有动静，这引起了他的注意，于是哈克使劲探出身子，发现德古拉正从窗子里伸出头来。一开始，哈克只是好奇。布拉姆·斯托克在他的吸血鬼小说《德古拉》第三章的开头，以哈克的视角继续写道：

> 从窗口慢慢浮现出一个人影，他开始爬上城堡的墙壁，而下面就是万丈深渊；他面朝下贴着墙壁，宽大的斗篷像一只巨大的翅膀。看到这一幕，我的好奇心变成了厌恶与惊恐。……我看到他的手指和脚趾紧紧地勾住石块的边角，墙壁上的灰泥因岁月的磨蚀早已剥落，借着石头的凸起处，他快速地往下爬，像一只沿墙爬行的壁虎。

想要暗示坏人的本性低劣，还有比用动物来形容他的行为更有力的方式吗？让德古拉炫耀他超出凡人的、野兽一般善于抓握的手指和脚趾，也许并不是作者的主要意图，但是如此一来，一个四脚疾行、沿峭壁飞速而下的吸血鬼形象，着实令人震撼。

公元1世纪，老普林尼就说过，“有些人身体的某个部位天生就具有特殊功能”。这位百科全书编撰人很容易轻信他人之言，他给出了一个最好的例子："皮拉斯国王通过摸自己的右脚大脚趾，治好了自己发炎的脾脏。传说他被火葬时，那只大脚趾没有像身体其他部位一样被焚化，随后被放在神殿的一只箱子里保存了起来。"虽然其他脚趾的用处比不上这只能"治病"的脚趾，但它们也留下了一些有趣的"遗产"：有文学方面的，包括德古拉和博格斯的故事等；有医学和生物进化学方面的；还涉及连环画、皇家绯闻等方面；甚至在唯灵论的历史上，也有脚趾的影子。

我们大多数人可以用多个或单个脚趾捡起袜子，或者抓挠另一只脚的脚背。但是脚趾的这种小技能，与专家级的脚趾技能相比就黯然失色了。人尽皆知，胡迪尼的身体具有超常的灵活性。描写这位伟大魔术师、脱身术大师的电影《神秘大师》，表现了胡迪尼是如何在众目睽睽之下成功逃脱的，在此之前，逃脱过程都是在暗中进行的，从不示众。根据胡迪尼传记的作者西尔弗曼的记录，胡迪尼的脚趾像他的手指一样灵活："把他铐在墙上，他会脱下鞋子和袜子，神不知鬼不觉地从一名看守的兜里摸出一串钥匙，再从中挑出一把，然后打开对面的门。一系列动作——抓取那串钥匙、选中一把钥匙、开门——都是用脚趾完成的。"

但是，我们几乎没有人去训练脚趾来做手指能做的事，毕竟手指用起来更灵活、更便捷。我们给予脚趾的关注太少了，只有脚趾磕碰到桌子腿时才会想起它们。美国散文家菲利普·洛帕特说："我的脚趾太长，类似猿类。我对它们几乎没什么亲近感，它们的位置太偏远，我觉得它们好像长在别人身上一样。"当然也有很多人并没有这种疏离感。由于脚部的神经末梢组织和手部不同，所以用脚触和用手摸给人带来的感觉也不同。赤脚走路，特别是光脚走在大地上，会给人带来一种坚实的真实感，但这种感觉会被鞋子削弱，就像紧闭的车窗把车里人和外面的世界隔离开来一样。我们剃须、化妆、打字或端咖啡时用的是手而不是脚，看到的是手指甲而不是脚指甲。扫视一下那些穿凉鞋的男人便知，他们的身体感觉还没传达到脚趾就已经消退了，因此脚部感受不到寒冷。至少在西方，涂脚指甲油这件事提醒女人，这一"边远的身体区域"也需要装扮。然而，由于脚离手太远，人在涂脚指甲油时，要么需要在地板上蜷成一个球，要么就得一只脚独立，另一只脚高高翘起。

和身体其他部位一样，人类脚趾也蕴藏着有趣的历史。美国当代古生物学家马丁·洛克利在其于1999年出版的《永恒之路：进化追踪者》一书中，探讨了脚趾对于两足动物的重要性，他指出："在一般情况下，有关进化的专著习惯于谈论动物的崛起，即由低级动物进化到高级动物。"洛克利解释道，这种从低到高的进化隐喻充分体现在从跖行动物到趾行动物的演化进程中。最早出现的是跖行动物，即整只脚紧紧吸附在地面上的动物，如两栖动物，随后演化出的是趾行动物，包括有蹄哺乳动物、鸟类，以及其他用脚趾行走的生物（如第八章所讲，"digit"一词源于拉丁语，指手指、脚趾。用它们计数，虽然原始，但是简便）。洛克利补充道，从紧贴地面爬行的蹠行动物，到最终演化成凌空翱翔的鸟儿和直立奔跑的人等趾行动物，是一个逐步获得自由的漫长过程。但是，他说："尽管人类的双手灵活、自由，但站立和行走的时候，脚后跟和脚趾仍需紧贴地面，因此人类的脚依然是蹠行的。"这种行为具有明显的象征意义。在古希腊神话中，大力神赫拉克勒斯无法战胜大力士安泰，因为安泰稳稳地站在地面上岿然不动。现在我们仍然尊重像安泰那样"站稳脚跟、坚定不移"的人。

人类的手指和脚趾已逐渐演化成不同的工具，用来完成各自的任务。人类灵长类的祖先在不断适应环境的进化中，有幸遗留下来的特征就包括手指甲，它其实就是我们手掌上扁平的爪子，也包括对生的大拇指和相对粗大、用于抓握的大脚趾。五指动物的后肢中最内侧的足趾，专业术语称其为"大脚趾"（hallux），在英语中则被称为"the big toe"或者"the great toe"。英国解剖学家弗雷德里克·伍德·琼斯在20世纪40年代发表的经典医学论文《足的结构与功能》中，对大脚趾大加赞颂。他写道：

> 如果有哪个身体部位让人感到自豪而不炫耀，那便是大脚趾。哲学家们习惯于称赞人类容量不断增大却依旧单纯、近期才得到解放的哺乳动物的大脑，并认为它是完美的。艺术家们膜拜女性的身体曲线，尽管这些优美的线条不过是由皮下脂肪所成就。诗人们

滔滔不绝地赞颂哪怕是最不起眼的生物特征，因为是它们构成了人的身体。然而，大脚趾却无人赞美。

显然，大脚趾确实需要被善待。莎士比亚历来认为物比人好，即便如此，大脚趾在他的笔下还是遭到了蔑视。在莎士比亚的历史剧《科里奥兰纳斯》中，阿格里帕是科里奥兰纳斯铁腕政策的拥护者，他认定一位愤怒的市民是煽动者，将其逐出集会，并称之为“大脚趾”。

“我是大脚趾？”那人一脸茫然，问道，“为什么是大脚趾？”

阿格里帕嘲讽地解释道：“因为你是最低贱、最卑劣、最穷的叛民之一，所以最反动。”

尽管存在这类谣言和中伤，但大脚趾仍是人体大家庭中不可或缺的成员，它勤劳却常常受辱，有时也魅力十足。在比尔·沃特森的连环画《卡尔文和霍布斯虎》中，像哲学家一样的6岁男童卡尔文，思考自己短暂而充满冒险的一生，并告诉他的好友——玩具老虎霍布斯，他唯一的人生缺憾是：“天生就没有对生的大脚趾。”任何一个拥有树屋的孩子都会理解和同情他。除了人类，其他所有灵长类动物都有引人注目、与其他四趾对生的大脚趾，它灵活自如，善于攀爬、抓取树枝。人类的大脚趾无疑是脚趾中的老大，但却不能像松鼠的大脚趾一样自如地弯曲抓握。所以，难怪乔纳森·哈克在看到德古拉贴着城堡峭壁向下疾行时，会感到惊恐不安。

大多数灵长类动物攀爬时灵活敏捷，甚至吸血鬼也能做到这一点，但人类早已失去了这种敏捷性，因为人的脚趾必须用于支撑直立起来的身体，为此它们变成了人类双足的“战士”。它们抓牢地面、使人站稳、助人前行，必要时还起到“刹车”的作用。脚趾非常擅长这一系列工作，它们甚至可以完成用脚尖走路这样的滑稽动作，还能跳那种高雅优美却令人痛苦且极不自然的芭蕾舞。（编舞大师巴兰钦曾建议芭蕾舞演员要“像猫一样轻轻地落地”。）对于穿着高跟鞋蹒跚前行的女士而言，脚趾还可作为保持平衡的支点。相比于黑猩猩，人类的大脚趾更为突出，因为如同身体其他部位一样，大脚趾的进化也是为了适应和承受直立行走时产生的压力。在行走中，人的身体重量由脚的不同部位承担，且承重部位时刻都在变换。脚上的压力始于脚后跟与地面接触的那一刻，随后，压力沿着脚的边缘传递到大脚趾。大脚趾是最后与地面的接触点，它可以稳住脚部并助人前行。科学家们通过对比人类和黑猩猩的脚印发现，除了脚形不同，两者脚部的压力分布也不同。不但跟骨有异，人类的大脚趾和黑猩猩大脚趾的差别也很大，部分原因在于两者承重方式的不同。

不仅灵长类动物的脚有吸附和抓握的功能，负鼠也有像大拇指一样的大脚趾，变色龙和树鼠等许多动物都有类似的演化特征，生活在树上是它们的共同点。人类学家马特·卡特米尔发现，“对比显示，这种特征其实就是适应树栖生活的结果，现存灵长类动物最后的共同祖先肯定是树栖动物，它的大部分后代当然也是树栖的”。

“勤勉工作”的脚趾有时也会出现功能性障碍，这让我们想到了神经系统，它的演化史比树栖哺乳动物的演化史还要悠久。早在上百万年前，分节类生物的神经系统就开始演化。在《生物 101》这门生物学入门课上解剖过蚯蚓的同学都知道，蚯蚓有分节特征，它的身体由肌肉壁分成多个几乎一模一样的节段。每一节不但适时地进化出了独立的肌肉和皮肤，还进化出了与主脊髓相连的独立神经。就像国与国为了共同利益建立起外贸关系一样，节与节之间也彼此联结，相互协作。越来越复杂的神经系统会增加身体生态系统内各部分的合作，这种合作会进一步提高神经系统和大脑的复杂化程度。这一微观生物世界各部分的协作演化进程，与社会系统中各部门的合作发展过程并无二致。

极个别的人体部位还保留了分节特征。腹肌算一个，另一个则是原始分段脊髓，它与脚趾功能异常相关。从本质上说，运动障碍就是神经系统功能失调，这种失调可引发异常的、不由自主的震颤，还可干扰自主运动。有一个相对少见的运动障碍，叫作“脚疼趾动综合征”，这名称平淡无奇却异常准确。神经学家哈罗德·克洛文在他的著作《奇怪的行为：神经演化的故事》中，记录、描写过这样一个病例：一个来找他治疗的患者，左脚有持续的、弥散性的疼痛，同时伴有不间断的脚趾抖动。克洛文写道：

> 她的脚趾一个接一个地依次抖动，按照向上－向下－归位的规律。这种情形就好像观看体育比赛的观众做出的人浪。病人的脚趾就这样在我面前呈波浪形抖动，无法控制。不管她是站立着把身体重量都放在脚上，还是走路的时候，这种抖动一直停不下来。

克洛文不用去查文献也能判断出这是什么病，因为这种病症表现独特。病人自述，她整个脚都疼，但却说不清楚具体哪儿疼，这进一步确定了他的诊断。分节动物最早的演化特征之一，就是将神经系统集中分布在脊椎上。其中一个例子就是：剑龙有前后两个脑子，前脑控制身体的前半部分；后脑即长在剑龙臀部脊椎上的神经球（脊椎的膨大部分），掌管后肢和尾巴的活动。许多恐龙的后裔仍然具有这一遗传特征，比如鸡。鸡在身首分离的情况下，仍然能疾步飞奔，就是因为它的腿部并不受其大脑支配。人的脊髓有两处凸起，第一处叫作“颈膨大”，此处的神经控制双臂；另一处叫作“腰膨大”，此处的神经控制双腿。如同本章前文中提到过的婴儿的“踏步反射”，病人不断抖动脚趾的行为也不受大脑控制，而是由脊神经控制的。由于脚疼是由脊神经引起的，所以大脑判断不出疼痛的具体位置。

脚趾是直立行走的人类不可或缺的身体器官，但它们在历史上很少成为主角。然而，在19世纪中叶风靡英美的“招魂热潮”中，灵活敏捷的手指和脚趾也曾大出风头。对如今电视节目中那些博人同情、骗取他人信任的骗子来说，招魂术算是他们的鼻祖。那个时代的科技进步日新月异，宗教的权威逐渐被削弱，而招魂术似乎给人们提供了“来世”存在的可靠证据。人们通常认为，“招魂热潮”始于1848年的纽约州北部，年轻的福克斯姐妹用恶作剧的方式开启了一个招魂的时代。后来，姐姐玛格丽特这样描写她们历史性的恶作剧，说它是“一个最美妙的发现……而她们所做的一切只是想恶作剧而已”。她们训练自己的大脚趾和脚踝关节发出令人惊异的类似地板的回声。玛格丽特后来写道：“通过控制膝盖以下的脚部肌肉，就可以让脚趾在地板上发出叩击声，从表面上却看不出任何动作，这只是一种障眼法而已。”邻居问她们问题，她们就用脚趾叩击来回答。当时几乎没人质疑，为什么逝去的人要选择使用一套临时的“摩斯密码”交流，并让两个十几岁的孩子做“灵媒”。那些魂灵像神灵一样，腼腆忸怩得让人恼火。

不久，两姐妹的大姐就哄骗她们，要她们将“脚趾的技能”发扬光大，并带着她们到处“巡演”。成年后的两姐妹继续做通灵师，在世界各地举办“降灵会”，她们的“粉丝”包括当时最负盛名的《纽约论坛》报总编霍利斯·格里利和维多利亚时代伟大的诗人之一伊丽莎白·布朗宁。对于“大师”来说，一旦骗取了众人的信任，就很难再承认欺诈，所以当玛格丽特后来对自己和妹妹的所作所为彻底忏悔的时候，追随者和怀疑者们都感到异常惊奇。1888 年，在成千上万的观众面前，姐妹俩演示是如何通过敲击声实施所谓的招魂术的。第二天早晨，《纽约世界》就刊登出一篇有关玛格丽特“超自然的脚趾关节”的报道。一个由三位内科医师组成的委员会认为，“毫无疑问，这些声音是她大脚趾的第一个关节发出来的”（维多利亚时代的英国生物学家托马斯·赫胥黎和博物学家卡尔·萨根都会使用这一招，并且和通灵师做得一样好）。

年老后的玛格丽特承认，几十年的欺骗让她良心不安，但虔诚的唯灵派还是不相信她的忏悔。他们认为她不是真心的，而是受到了那些宣扬邪恶理性主义的怀疑派的胁迫。又过了 40 年，苏格兰医生、作家亚瑟·柯南·道尔（创作了著名的《福尔摩斯探案集》）在他的作品《招魂史》中对福克斯两姐妹大加赞扬，《招魂史》出乎意料地成了一本既有趣又滑稽的书。道尔不相信玛格丽特的忏悔，而是怀着不可救药的迷信指出，也许玛格丽特并没意识到自己有特异功能——为了完成这样的使命，玛格丽特的脚趾一定被赋予了像国王皮鲁斯那样神奇的功能。他写道：“如果两姐妹的行为确实异常，那么我们看一看怎么解释……但是不管怎么说，在一定程度上，这一切至少在她们的掌控之中。”根据道尔引用的一处文献，“叩击声”是由“外皮层质”引起的，对此，道尔含糊地进行了界定：“（外皮层质）是‘灵媒’身上的长杆形凸起，它性质独特，与其他物质都不同……一种可能是心灵力量的中心形成于身体的某个部位，从这个部位伸展出‘外皮层质’杆。”说到这里，道尔的下一句自然就是："那个中心可能在玛格丽特的脚部……"

脚趾在历史上大名鼎鼎，脚趾尖上覆盖的是趾甲，这进一步印证了人和有爪动物的亲缘关系。古希腊哲学家柏拉图把人归为"无羽两足"动物，但这一归类法被很多人诟病。据说，古希腊另一位哲学家第欧根尼曾把一只拔了毛的公鸡拿到讲堂上说："这就是柏拉图所说的人。"学者们因此不得不将柏拉图的"人的定义"进行扩展，加上了一个新的限定条件：长着扁平指/趾甲的动物。柏拉图给"人"下定义时需要顾及"无羽两足、扁平指/趾甲"这两个特征。虽然"直立行走"仍是人区别于其他动物的主要特征，但是"长有扁平指/趾甲"则成为灵长类动物后加的"定义"。我们用"祖传的宝贝"——指甲来搔痒，"祖传"是因为至少在5 500万年前，灵长类就进化出了区别于其他动物的指/趾甲。与其他哺乳动物不同，灵长类的前后肢都有扁平的指甲/趾甲，它们不是用于延长指尖长度，使之如利剑；相反，它们如盾牌，保护着敏感的指尖。

直到最近，许多演化生物学家才把这些特征归因为树栖生活的需要。遗憾的是，树栖演化论解释不了为什么许多其他树栖动物不具备这些特征，而唯独灵长类动物才有。非灵长类哺乳动物的指甲弯曲，用于刨、削工具，它们强化了这些动物（包括攀爬动物）的手指、脚趾的技术功能（在小说和寓言中，作者经常给人安上动物的爪子以增强其恐怖感）。假如扁平指/趾甲的进化与树栖性有关，为什么非灵长类树栖动物特别满足于它们自己的爪子而没有进化呢？普通北美灰松鼠的指头基本是平行的，大拇指并不万能，只是抓握的工具。有些灵长类动物的指甲曾经是扁平的，比如绢毛猴和艾艾狐猴的指甲，但它们已经不合时宜地衍生出了后向的爪子。

阿根廷出生的作家博尔赫斯以有趣的寓言谈论过人类的指甲。他说他对脚趾唯一感兴趣的是："长出趾甲——半透明的、柔韧的角质薄片，好像是一种防卫武器。我的脚指头可能粗野、多疑，但却勤勉劳作，一刻不停地制造着那个'脆弱的武器'……在我出生前90天左右，我的脚趾便开始工作了，生产、制造趾甲这一'武器'。"博尔赫斯将趾甲描写为角质是千真万确的。如同我们的手指甲或牛角一样，指甲的成分完全是角蛋白，它是一种几乎不溶的蛋白质。角蛋白的耐久性不仅解释了头发为什么会堵塞下水道，而且解释了为什么人死后，指甲还在生长：组织腐烂后，露出了柔韧的蛋白。

脚趾和身体其他部位一样，一旦出现问题都会让整个身体饱受折磨。患有小儿麻痹症的富兰克林·罗斯福总统，其晚年的经历便可以说明这一点。在罗斯福去世前的几年里，他的表妹玛格丽特·萨克雷常常陪伴他左右。小儿麻痹症慢慢剥夺了总统站立的能力，即使他用双手紧握栏杆，也很难站起来。萨克雷天真地以为，庸医开出的假药和按摩治疗会像击溃盟军一样击退罗斯福来势汹汹的病情。她在日记中乐观地写道：在一个疗程的按摩之后，罗斯福感到了好转，他说他觉得一根小脚趾可以微微活动了。事实上，无数小儿麻痹症患者的脚趾都拒绝听从大脑的命令：大脑急切地发出指令，但远离大脑的脚趾却无动于衷，他们对此深感绝望！身体折磨人的方式不一而足。在被小儿麻痹症困扰几十年之后，罗斯福的脚趾彻底失去了最重要的功能——活动和支撑的功能——这一功能通常像呼吸一样不可或缺，它默默无闻，却能在必要的时候给予身体以支持。罗斯福的脚趾再也动不了了。

行走

> pedestrian：形容词（拉丁语为 pedester，词源为 pes、pedis，意为脚），用脚行走；行走；亦为用脚做某事，例如：徒步旅行。
>
> pedestrian：名词，行人，用脚走路或旅行的人。
>
> ——《韦氏词典完整版第二版》

“虽然年纪大了，但每当夜幕降临时，我通常要到户外去散步。”狄更斯用这句颇具悬念的开场白来讲述《老古玩店》的故事。那是 1840 年，当时狄更斯正试图拯救他创办不久的周刊《汉弗莱老爷之钟》（《老古玩店》连载于该周刊，汉弗莱老爷是该故事前三章的讲述者）。虽然在小说第三章的末尾，狄更斯终结了“老叙述者汉弗莱老爷”这个角色，但角色设定的目的已经达到了，因为狄更斯通过他顺利地引出了故事的两位主人公——善良美丽的小耐儿和她的外祖父。透过“老叙述者”，我们得以窥见狄更斯本人最喜欢的消遣方式是散步——在城市的街道上漫步游走。不论是白天还是黑夜，狄更斯都酷爱走向户外。1854 年，狄更斯曾一度感到郁闷，他向一位朋友坦言：“若不能快点儿到远处走走，我就要爆炸了。”在短篇集《不做生意的旅行者》中，狄更斯更是夸口说：“我最近一次的壮举是凌晨两点就把自己从床上拽起来，跋涉 30 英里，步行到一个村庄去吃早餐。”实际上，这次“步行马拉松”的起因是和妻子的一次争吵，他对此却只字未提。

狄更斯的写作靠细腻和准确的风格取胜，他把“走”也进行了仔细的分类，“我的行走分为两类：一是目标明确、快速前行，直奔目的地；二是毫无目的地闲逛游荡，就这么流浪”。人类直立行走的文化史基本表现为这两种行走方式。蕾贝卡·索尔尼[①]在描写她自己行走经历的《浪游乐》中写道：“行走源于非洲，源于进化，源于需求。行走者游移到各处，寻找目标物。”所有的动物都在寻找着什么：食物、住所、对手，还有伴侣。人与其他动物的区别在于：人类祖先完全解放了双手，手不再协助脚的行走，人们可以用手拿着东西到处走动。直立行走还使人类可以佩戴饰物。“在非洲，总能发现新的东西。”老普林尼如是说，伊萨克·迪内森[②]也引用过这句话。相关证据都表明，人类最先是在非洲大地上挣扎着站起来的。

---

① 蕾贝卡·索尔尼，生于 1961 年，美国杂志编辑、作家。——译者注

② 伊萨克·迪内森（1885—1962），丹麦女作家，《走出非洲》作者。——译者注

人类从第一次直立行走到现在，已经走过了漫长的岁月。如今在纽约这样的现代大都市的街头，你会看到，现代女性充满自信地大步行走，传递着高贵、自尊和力量。在大多数历史时期，妇女都不被允许如此充分地展示独立自主性。即便是现在，许多文化也是不允许女性宣示独立的。如同言论自由一样，行走自由也极其重要，它标志着社会迈向公平的第一步。在古代中国，女人有裹足的习俗，这一方面满足了男性对女性小脚的畸形迷恋，另一方面也直接限制了她们的行动，使她们无法像男性一样自由行走。美国文化史学家理查德·桑内特[①]在其著作《肉体与石头——西方文明中的身体与城市》中指出，直立行走对男权社会的形成起到了重要作用，一种具有阳刚之气的行走方式凸显了男性的社会地位："身姿挺拔、步伐坚定。在希腊语中，'orthos'一词的意思是'直立'，该词的隐含义是'男性的阳刚气'。"桑内特还指出，在伯利克里时代的雅典，有教养的男人应该阔步前行，显得优雅、大气，而女人则应碎步移动，显得犹疑、谨慎。所以，如果一个男人不是大步流星地走路，就会被别人抨击为"女里女气"。荷马笔下的英雄们，比如赫克托[②]，充满自信地纵横沙场，但是荷马却把女人们甚至女神们走路的样子比作一只只胆小的鸽子，唯唯诺诺地走着小碎步。

---

① 理查德·桑内特，生于1943年，美国社会学家、思想家，善于剖析人性、揭露社会真实的黑暗面。——译者注

② 赫克托，荷马史诗《伊利亚特》中特洛伊的王子，特洛伊战争中特洛伊方的统帅。——译者注

而这种差异化描述甚至持续到现代社会。在当今的白宫宴会中，宾客们走进餐厅的顺序对于等级观念根深蒂固的人类来说极其重要。因为不知疲倦但并不可靠的大脑会把人类迈出的每一步都记录下来，把它变成征服和控制他人的工具。

如同握紧锤子的手和挥舞锤子的手臂一样，腿也切实地改变了人类历史，双腿使我们能够四处行走。类人猿进化出直立的双腿后，双手便得到了解放，可以用手灵活地抓握武器，那些武器的杀伤力远比在对抗中的黑猩猩丢向敌方的树枝大得多。人类历史甚至可以说是士兵们在全世界范围内四处征战，血腥屠戮的历史。将领们带着成群结队的士兵向前走去——恺撒带着他的军团在卢比孔河岸边稍做犹豫，便越过了卢比孔河[①]；帖木儿洗劫了大马士革[②]；拿破仑率兵逼近莫斯科[③]。"军队"(army)一词源于词根"胳膊"(arm)，而"步兵"(infantry)一词指的是徒步行军作战的士兵。在人类的战争史上，狡猾的老兵总会把忠诚无畏的新兵送到战场上拼命，"infantry"的词源就隐藏着此意。"Infantry"源自古法语单词"infanterie"，而它更早的起源是"infante"，该词起初便有"男孩、步兵"这两个含义，而它又源于晚期拉丁语（公元150—700年左右）的单词"infans"，

① 公元前49年，恺撒破除将领不得带兵渡过卢比孔河的禁忌，带兵进军罗马城，成为独裁官。——译者注

② 帖木儿（1336—1405），曾在与蒙古人作战时被打伤了腿，于1369年建立帖木儿帝国，于1401年3月攻破并洗劫了大马士革。——译者注

③ 1812年，拿破仑率领57万大军远征俄罗斯，进入莫斯科，但迎接他的却是莫斯科全城的大火。——译者注

原意是“青年男性”，后逐渐指“参战的男人”。“Walking wounded”（轻伤员，即受伤后仍能走路的伤员）一词是第一次世界大战的产物，但在人类此前的每一场战争中，都有伤员蹒跚前行的身影。

“行走”不但是征战的方式，也是争取和平与正义的途径。在机械化运输系统完备的现代社会，人们集体行进的目的只有一个，就是试图引起注意。人们因为各种原因进行“非暴力群众游行”，希望引起强烈的政治反响，人们甚至借用“行军、进军”一词来形容这种游行。“圣雄”甘地领导的“食盐进军”改变了印度历史。1930年，英国殖民当局制定和颁布了《食盐专营法》，垄断食盐生产，任意抬高盐税和盐价，引起了当地人民的强烈不满。在这种形势下，甘地领导了非暴力的“食盐进军”运动。他带领成千上万的民众向海边进发。他们用海水煮盐，自制食盐，以此抵制当局对食盐的垄断。深受甘地影响的马丁·路德·金于1963年4月12日，在亚拉巴马州的伯明翰（伯明翰曾以白人警方强烈反对种族融合而著称）领导了大规模的群众示威游行。同年8月28日，他又走在了“华盛顿工作与自由游行”队伍的前排，并在林肯纪念堂前发表了题为“我有一个梦想”的著名演讲。两年后的1965年3月，从亚拉巴马州的塞尔玛到蒙哥马利的大游行，是美国黑人争取选择权、反对种族隔离的又一壮举。在如火如荼的民权运动之后，人们争取各种权利的“行走”仍在继续。1992年，成千上万的美国人聚集到华盛顿，呼吁女性应充分享有生殖权（女性生殖权主要包括堕胎权、避孕权、享受性教育和生殖教育的权利，以及自主决定生殖等权利）。1993 年，近百万人参与“向华盛顿进军”的全民游行示威活动，为同性恋及双性恋者争取平等权和自由。美国多个城市还定期举行“重返黑夜”运动，为保护女性不受暴力侵害而发声，使女性可以在夜晚安全地出行，不用担心被骚扰，甚至遭遇性侵害等危险。2002 年，世界各地成千上万的人举行游行，抗议当时的美国总统小布什关于要对伊拉克发动军事打击的言论。1903 年，在宾夕法尼亚州的肯辛顿，为了引起公众对工厂童工境况的重视，“琼斯妈妈”① 引领童工们在市政厅前进行了游行。

甘地和马丁·路德·金都得好好感谢一下梭罗，他的散文《论公民的不服从》启发了两位活动家。如今，这篇文章仍然鼓舞着那些不向道貌岸然的政府妥协的人。在文中，梭罗讲述了后世公民可能会进行的“非暴力抵抗政府”的行为，以及这种行为带来的积极后果。1851 年，梭罗以《行走》为题写了一篇演讲稿，在接下来的几年里，该演讲稿又变为两部分。梭罗去世后，这两篇文章又被组合在一起发表。早在 1843 年，梭罗就发表过抒情散文《冬日漫步》，主要是对所到之处的记录和对所见之物的描写。《行走》描写的是“行走”的行为本身，以及“行走”对个体和社会的道德意义。在《行走》的第一句，梭罗

① “琼斯妈妈”（1837—1930），美国工会组织运动的开路先锋，致力于童工保护。——译者注

便写出了“行走”对于人类深层的精神含义，他写道：“我爱自然，爱她绝对的自由和狂野，而不是所谓的公民自由和文化；应把人看作自然的栖居者，是大自然不可或缺的一部分，而不是所谓的社会中的一员。”

梭罗并不是第一个行走的思想家。亚里士多德和他的学生统称为亚里士多德学派，或“逍遥学派”。他和他的学生们在雅典的吕克昂学园里，一边漫步，一边讨论哲学问题。到19世纪，巴尔扎克①在他的《步态论》中说：“真正离奇的是，自从人会直立行走以来，谁也没想过他为什么走路，如何走路，是否在走路，能否走得更好，走路时做了什么，是否有强制规定来改变和分析他走路的方法？这些问题与世人研究过的一切哲学、心理、政治体系是有着很大的关联性的。”很少有作家对行走本身提过很详细、很特别的问题，但是他们都认为行走会给人带来精神上的给养。卢梭在《一个孤独漫步者的遐想》中就赞扬了漫步，畅谈了自己的所思、所想、所见和所感。

威廉·华兹华斯②将徒步旅行当作他生活和诗歌创作的宣言。“徒步的”一词最早被用作形容词的可考记录，是在1791年华兹华斯的一封信里。1793年，该词的名词形式“行人”出现在他的著作《细心的行人》中。西英格兰大学文学研究院院长罗宾·贾维斯在其著作《浪漫主义文学与徒步旅行》中指

---

① 奥诺雷·德·巴尔扎克（1799—1850），“现代法国小说之父”。——译者注

② 威廉·华兹华斯（1770—1850），英国浪漫主义诗人，“湖畔派”领袖。——译者注

出，浪漫时代的诗人发现徒步旅行和欣赏大自然的关系密不可分。“湖畔派”诗人柯勒律治不只写漫步和漫步过程本身，他所用的一些隐喻也让人感受到他对行走和远足的喜爱，比如，躲开“人满为患的辞藻公路”，选择“人迹罕至的轻柔、绿色的新途”。他独特的语言风格，让海兹利特[①]等众多文学评论家在谈话时也禁不住经常提起。

英国小说家简·奥斯汀笔下的人物常常在散步时交谈、冥思、交友。虽然在一些读者看来，这些片段和狄更斯生动传神的描写相比，少了很多细节，但还是引人入胜。在《傲慢与偏见》中，伊丽莎白·班纳特为了她生病的姐姐奔波行走数英里；在《诺桑觉寺》中，凯瑟琳·莫兰和蒂尔尼在散步的时候饶有趣味地讨论起了美学。北卡罗来纳大学的安妮·华勒斯教授在其著作《行走、文学与英国文化》中曾对奥斯汀小说中对行走的偏爱进行了探讨，并总结道：

> 喜欢行走、尊重行者成了奥斯汀小说中英国乡绅和世袭地产保有人所具有的典型美德。英国的绅士和淑女因其丰富的常识、独立的见解、朴素节俭的生活习惯和对乡村生活的热爱，以及奈特利先生（奥斯汀小说《爱玛》男主人公）所称的“对他人微妙情感的英式体察”而著称于世，也因热爱散步而闻名天下。

① 海兹利特（1778—1830），英国作家、评论家。——译者注

不管是在城市还是在乡村，人们对行人和骑士都有不同的态度，奥斯汀通过对比这些不同的看法，来反映新兴资产阶级不稳定的社会地位。女主人公爱玛就受到了其所处时代的思想的影响：

> 奈特利先生不养马、没有闲钱，但是身体健康、有活力、有主见。在爱玛看来，他喜欢到处走动、四处旅行。虽然他是唐沃尔庄园的主人，但他不怎么用马车，总是习惯步行。

和19世纪的平民一样，爱玛也醉心于乘车旅行，不再认为走路是一种消遣。19世纪末，美国自然主义作家约翰·巴勒斯[①]在他的散文《路的狂欢》中，也对当时人们对待行走的态度大加诟病。像梭罗一样，巴勒斯对大自然赋予人类的“赠礼”——双足，大加礼赞。他坚信：“脚是人类的根基。在鞋跟和泥土进行亲密无间的接触之前，人顶多是房子里或马车中毫无生气的盆栽。”令人意外的是，巴勒斯并没有建议人们像希腊神话巨人安泰（其力量源于大地）一样，通过赤脚行走来保持与大地的紧密联系，他的关注点是，“在时尚感十足的温泉或海滨浴场，没人愿意走路”。像梭罗一样，巴勒斯也对此进行了道德剖析：“人们已经堕落，失去了享受散步的能力，不再优

① 约翰·巴勒斯（1837—1921），被誉为“美国乡村的圣人”。——译者注

雅……我真的认为，如果人们愿意在礼拜天步行去教堂，然后走路回家，那将是一种宗教复兴。”然后巴勒斯又提到了鞋子，不无担忧地说道：“美国人越来越不适合进行阳刚气十足的行走艺术了，他们的脚变小了，没了男子气概……现在，一双小巧精致、穿着漂亮靴子或高帮松紧鞋的脚，变成了一种全民性的虚荣。”

在梭罗撰写《行走》这篇演讲稿整整一个世纪后，人们的出行方式有了翻天覆地的变化。1951 年，雷·布莱伯利[①]发表了短篇小说《行人》。他在小说中预想了一个世纪后行路的人可能遭遇的困境。故事的主人公莱昂纳德·米德在散步时总是“站在十字路口的一角，环顾月光下长长的人行道，犹豫该向哪个方向走。可是，走哪条路又有什么分别呢？在公元 2053 年的街道上，只有他一个行人，冷清寂静、踯躅独行”。米德在夜间漫步时从没见到过别人，人们都躲在家里，被动地享受电子设备带给他们的快乐。布莱伯利写这篇小说时正值 20 世纪中叶，当时电视机已成为每个家庭的“新式壁炉”，人们的家庭生活围绕着它展开。最后，一辆自动巡逻车在米德面前停下来，警察问他：“你一个人在外边晃荡什么？”

“走走。”米德答道。

“走走？”

① 雷·布莱伯利（1920—2012），美国科幻、奇幻、恐怖小说作家。——译者注

“就是随便走走。”

自动巡逻车把米德带到了“精神病退化倾向研究中心”。布莱伯利的这篇小说也许讽刺意味不那么强，但却具有预言性。恰好在他发表这篇小说的时候，官员们开始使用“步行街”这一说法，特指为行人专设的区域。到20世纪60年代初期，人们彼此之间已经被汽车疏离了半个世纪，这时，官员们又发明了“无车辆行驶”这一吓人的字眼，来描述那些试图恢复社区感的地区。伊凡·伊里奇[①]写道：“人类已经接触不到世界了，因为人是被关在车里奔向世界的。”无数的社会学家和城市规划者都证实过行走和社群之间的密切联系。索尔尼在《漫游》中写道：“郊区发展史就是人类疏离史。”卡尔·萨根在进行巡回演讲时深深吸引了大学生听众，他指出：如果外星人从外太空观察地球，他们可能会觉得汽车才是地球上的主要生命形态，它们需要定期检修和保养，需要人们为它们加油、造房子，还得修建公路以方便它们行走。20世纪30年代，英国著名的威士忌制造商杜瓦[②]用生动的警句总结了简·奥斯汀时代之后的汽车时代里行人与汽车的关系：“横冲直撞的车辆旁边，只剩下两种人——闪躲得快的人和被撞死的人。”

不再崇尚行走的社会衍生出一样令人难以置信的东西，它如

① 伊凡·伊里奇（1926—2002），集神学、哲学、社会学、历史学知识于一身的优秀学者。——译者注

② 亚瑟·杜瓦（1860—1917），苏格兰政治家和法官，出身于酿酒世家。——译者注

今却成为整个西方世界健身房里的必备设施，也成了家庭常用的物件——跑步机。它有一条固定的跑道，人们在这条跑道上锻炼双腿，展示祖先留给我们的行走、跑步的才能。在跑步机上，腿脚忙活了半天，人还是原地不动。现代跑步机的雏形是英国工程师威廉·库比特于1818年发明的脚踏机，这一科技发明的想象力不逊于任何文学创作。设计它的初衷，是想用令人厌恶的单调踏步来惩治犯人，并消磨他们的意志。脚踏机通过犯人的来回踏动集聚能量，驱动谷物磨碎机等设备；而现代跑步机能够吸收使用者产生的能量。让库比特意想不到的是，当时的脚踏机给犯人们带来了益处，身体反而变强壮了；在当今的汽车社会，跑步机对于囚禁在车内、室内的人来说也有诸多好处。

布莱伯利的小说情节变成了现实——它不仅仅是一个预言，而且在某种意义上是一个事实。在加利福尼亚，一名叫爱德华·劳森的黑人男子只因喜欢夜晚在家附近散步，就被警察盘查、骚扰、拘捕过15次，为此他在1983年起诉美国警方，质疑“警察可要求任何‘闲逛的人’出示警方认可的身份证明”这条加利福尼亚州的法律是违背宪法的。根据该法规，任何夜晚仍在街上逗留的人均可被警察视为危险分子，在接受盘查时应出具警方认可的身份证件，否则将被视为“违法”（美国最高法院最终判定这条法规无效，2008年，加利福尼亚州立法机构正式废止了该法规）。

女性在夜间外出时遭遇的状况不比黑人好多少，索尔尼一针见血地指出：“种族问题和性别问题不同。某一族群往往集中居住在一个地区，人口数量可占该地区的绝大多数，但女性分散在各族群和各地区，很难出现聚集居住的现象。”在世界上的许多地方，从古至今，女性受到的最原始的约束，就是禁止她们在没有男性陪伴的情况下私自外出。

“行走”（walk）的概念已渗透我们生活的方方面面，“行走”一词也处处可见，被广泛使用。假如你“谨小慎微、缩手缩脚”（walk on eggshells），有人就会对你“随意踩踏、盛气凌人”（walk all over you）；商家会“欢迎你进店”（welcome walk-ins）；罢工者会“举行罢工”（stage walkouts）；新演员会“无奈地接受跑龙套的角色”（settle for walk-ons）。在体育项目中，“走、走掉”常指运动员发挥失常。比如，在棒球比赛中，“球员因投手投出四坏球而移到第一垒，即自由上垒”（walk after four balls）；在篮球比赛中，“走”意味着你“持球移动”，即为犯规；在板球中，“走”意味着你“退出比赛”。人们在出行时需要保持联络，于是在20世纪初，无线电问世后不久，军事上所称的便携式“步话机”（walkie-talkie）便诞生了。直到1981年，索尼公司才发明了集便携式收音机和音乐播放器为一体的“随身听”（Walkman）。在现代生活中，人们像做外科手术一样，切掉了“马拉松”（marathon）的最后一个音节-thon，将它作为一个后缀，嫁接到其他活动上。比如，我们有telethon，指“长时电视节目”。但最早出现的是walkathon一词，该词产生于大萧条时期，原指“竞技性体育活动”。但随着时间的推移，该词的意思变为“募捐集会”：人们承诺按照所走的距离，捐出相应的款项，而到达终点的先后名次则不再重要。

人的天性要么竞争、要么协作，但有时不得不需要辅助才能行走。斯芬克斯[1]问俄狄浦斯："什么动物早晨用四条腿走路，中午用两条腿走路，晚上用三条腿走路？"聪明的俄狄浦斯揭开了谜底——人。婴儿用四肢着地、自由爬行，成年人迈开双腿、大步前行，老年人步履蹒跚、拄杖助行。在美国，walker一词指帮助婴幼儿行走的带有滚轮装置的学步车。该词也指帮助残疾人、病人或行动不便的老年人行走的助行器。这些人从某种程度上说就像婴儿，需要依赖辅助物前行，这恰好与斯芬克斯的谜语相呼应。在英语中，ambulance一词是指将患者快速送到医院的"救护车"，而在法语中，它指的却是一整所野战医院，它源自"巡回的、流动的"一词，而该词又可追溯到拉丁语词源ambulare，意思是"行走"。如今，医院把不用卧床的病人称为ambulatory，意为"能够走动的"。Perambulator（"摇篮车"）或pram（"婴儿车"），指的则是父母或保姆常用的推车，用来推行那些尚不会走路的孩子。

我们的祖先裸猿用天然的双足探索世界，从非洲起步，走到南美洲南端的火地岛，跨过白令海峡和巴拿马地峡，翻过喜马拉雅山和安第斯山脉。人类赤脚走路，又穿鞋前行。起初，人们背着乳齿象的象肉和箭袋长途跋涉；如今，人们手拿公文包和手机大步前行。像祖先一样，我们有时会感到双脚疲惫，

① 斯芬克斯，即狮身人面怪，要过路的人必须先解答谜语，答不出即被吞噬。——译者注

步伐沉重；我们时而漫步，时而远行；时而步履维艰，时而闲庭信步；时而坚定，时而犹疑；时而从容漫步；时而大步流星；时而徘徊不定，时而奋力向前。我们起跑、跳跃；我们亦步亦趋。人类灵活、强韧的双足，曾让南方古猿穿过纷纷扬扬的莱托里火山灰，也使现代人能够用足尖站立，表演斯特拉文斯基的芭蕾舞剧《火鸟》。没错，虽然塞缪尔·约翰逊将人类的行走形容为“用后肢走路的行为”，虽然该行为并非十全十美，但正是这种“行走”，使人能够在地球上来去自如，甚至走出地球，走向太空。第一个登上月球的美国宇航员尼尔·阿姆斯特朗观察到：“在月球上最简单、最自然的移动方式，就是依次使用两只脚向前迈进。”在未来，“直立行走”将进一步把人类这一古老的脊椎动物从地球带向太阳系之外的世界。人类的子孙依然会用哺乳动物的脸孔面对世界，探寻其奥妙；依然会用灵长类动物的双手携带工具，走向更加奇异而遥远的浩渺宇宙。

参考文献选录及延伸阅读

世界即是永无止境的对照参考。

——塞斯·诺特博姆，荷兰小说家

我在写作《亚当的肚脐》时，所参考的著作、文章及其他资料数以百计，下列书目并未列尽所有参考文献。事实上，这是一份主要参考文献选录，这些文献可助读者延伸阅读，找到感兴趣的内容，了解书中引文的出处。我选录的著作比文章多，因为著作对一般读者来说更加易得。由于选录是按照字母顺序排列的，因此显示不出哪些书是我参考得比较多的，但你可以从本书内容中找到答案。

Abrahams, Mark, quoted. "Birds, barking, beer and bellies." *BBC Online,*4 Oct 2002.

Achenbach, Joel. *Captured by Aliens: The Search for Life and Truth in a Very Large Universe*. New York:

Simon & Schuster, 1999.

Achtemeier, Paul J., et al. *Harper Collins Bible Dictionary*. San Francisco, Calif.: HarperCollins, revised edition 1996.

Angier, Natalie. *Woman: An Intimate Geography*. Boston: Houghton Mifflin, 1999.

Armstrong, Louis. *Louis Armstrong in His Own Words: Selected Writings,* edited by Thomas Brothers. Oxford: Oxford U. Pr., 1999.

Ayto, John. *20th Century Words*. Oxford: Oxford U. Pr., 1999.

Ball, Philip. "These Feet Were Made for Walking." *Nature* online, 25 July 2001.

Barrett, Leonard E. *The Rastafarians: Sounds of Cultural Dissonance*. Boston: Beacon Press, 1977.

Beauvoir, Simone de. *The Second Sex,* translated and edited by H. M. Parshley. New York: Knopf, 1993.

Bell, Robert E. *Dictionary of Classical Mythology: Symbols, Attributes & Associations*. Santa Barbara: ABC-Clio, 1982.

Belluck, Pam. "The Night Before: A Mundane Itinerary on the Eve of Terror." *New York Times* (Reuters), 5 October 2001.

Bentley, G. E., Jr. *The Stranger from Paradise: A Biography of William Blake*. New Haven: Yale U. Pr., 2001.

Bergman, Ingmar. *The Seventh Seal (Det Sjunde inseglet),* filmscript translated by Lars Malmström and David Kushner. London: Lorrimer, 1984.

Bergreen, Laurence. *Louis Armstrong: An Extravagant Life*. New York: Broadway, 1997.

Biddle, Wayne. *A Field Guide to Germs*. New York: Henry Holt, 1995.

Blitman, Joe. Interview with author, 1999.

Bondeson, Jan. *A Cabinet of Medical Curiosities: A Compendium of the Odd, the Bizarre, and the Unexpected*. Ithaca, N.Y.: Cornell U. Pr., 1997.

Bordo, Susan. *The Male Body: A New Look at Men in Public and in Private*. New York: Farrar, Straus and Giroux, 1999.

Borges, Jorge Luis. *Collected Fictions,* translated by Andrew Hurley. New York: Viking, 1998.

——. "The Creation and P. H. Gosse," in *Other Inquisitions 1937–1952,* translated by Ruth L. C. Simms. Austin, Tex.: U. of Texas Pr., 1964.

Boston Women's Health Book Collective. *The New Our Bodies, Ourselves: A Book by and for Women*. New York: Simon & Schuster, 1992.

Boswell, James. *Boswell's London Journal 1762–1763,* edited by Frederick A. Pottle. New York: McGraw-Hill, 1950.

Bradbury, Ray. "The Pedestrian," in *The Golden Apples of the Sun*. New York: Doubleday, 1953.

Bramly, Serge. *Leonardo: Discovering the Life of Leonardo da*

Vinci. New York: HarperCollins/Edward Burlingame, 1991.

Bridie, James. "The Umbilicus," reprinted in Gordon, Richard, editor, *The Literary Companion to Medicine*. New York: St. Martin's, 1993.

Broekman, Marcel. *The Complete Encyclopedia of Practical Palmistry*. Englewood Cliffs, N.J.: Prentice-Hall, 1972.

Brown, Slater. *The Heyday of Spiritualism*. New York: Hawthorn Books, 1970.

Browne, Janet. "Darwin and the Expression of the Emotions," in Kohn, David, editor, *The Darwinian Heritage*. Princeton, N.J.: Princeton U. Pr., 1985.

Bruce, Vicki, and Andy Young. *In the Eye of the Beholder:The Science of Face Perception*. Oxford: Oxford U. Pr., 1998.

Burenholt, Göran, general editor. *The First Humans: Human Origins and History to 10,000 B. C.* San Francisco: HarperSanFrancisco, 1993.

Byrd, Ayana D., and Lori L. Tharps. *Hair Story: Untangling the Roots of Black Hair in America*. New York: St. Martin's, 2001.

Caird, Rod. *Ape Man: The Story of Human Evolution*. New York: Macmillan, 1994.

Calvino, Italo. *Mr. Palomar,* translated by William Weaver. New York: Harcourt Brace Jovanovich, 1985.

Campbell, Horace. *Rasta and Resistance: From Marcus Garvey to Walter Rodney*. Trenton, N.J.: Africa World Press, 1987.

Caplan, Frank, general editor. *The First Twelve Months of Life: Your Baby's Growth Month by Month*. New York: Grosset & Dunlap, 1974.

Cartmill, Matt. "Non-human Primates," in *The Cambridge Encyclopedia of Human Evolution,* edited by Jones et al., q.v.

Carus, Paul. *The Story of Samson and Its Place in the Religious Development of Mankind*. Chicago: Open Court, 1907.

Chamberlain, Andrew T., and Michael Parker Pearson. *Earthly Remains: The History and Science of Preserved Human Bodies*. Oxford: Oxford U. Pr., 2001.

Close, Frank. *Lucifer's Legacy: The Meaning of Asymmetry*. Oxford: Oxford U. Pr., 2000.

Cocteau, Jean. *Past Tense: The Cocteau Diaries, Volume One,* translated by Richard Howard, annotated by Pierre Chanel. New York: Harcourt Brace Jovanovich, 1987.

Coleman, M. J., and A. Ruina. "An uncontrolled walking toy that cannot stand still." *Physical Review Letters,* 80, 3658–61 (1998).

Connolly, Peter, and Hazel Dodge. *The Ancient City: Life in Classical Athens and Rome*. Oxford: Oxford U. Pr., 1998.

Cooper, J. C. *An Illustrated Encyclopedia of Traditional Symbols*. London: Thames & Hudson, 1978.

Corson, Richard. *Fashions in Hair: The First Five Thousand Years*. London: Peter Owen, 1971.

Cosio, Robyn, with Cynthia Robins. *The Eyebrow*. New York: ReganBooks/ HarperCollins, 2000.

Cunningham, John D. *Human Biology*. New York: Harper & Row, 1983.

Darwin, Charles. *The Collected Papers of Charles Darwin,* edited by Paul H.Barrett. Chicago: U. of Chicago Pr., 1980. Two volumes in one.

——. *The Descent of Man, and Selection in Relation to Sex*. London: John Murray, 1871.

——. *The Expression of the Emotions in Man and Animals,* edited and annotated by Paul Ekman. New York: HarperCollins, 1998.

——. *On the Origin of Species by Means of Natural Selection*. London: Murray, 1859.

Davenport, Guy. *A Balthus Notebook*. New York: Ecco, 1989.

Davidson, Keay. *Carl Sagan: A Life*. New York: Wiley, 1999.

da Vinci, Leonardo. *The Notebooks of Leonardo da Vinci,* translated and annotated by Edward MacCurdy. New York: Braziller, 1955.

Dawkins, Richard. *The Blind Watchmaker: Why the Evidence of Evolution Reveals a Universe without Design*. New York: Norton, 1986.

——. *Climbing Mount Improbable*. New York: Norton, 1996.

de Grazia, Edward. *Girls Lean Back Everywhere: The Law of*

Obscenity and the Assault on Genius. New York: Random House, 1992.

de Sola Pinto, Vivian, editor. *William Blake*. London: Batsford, 1965.

de Waal, Frans. *The Ape and the Sushi Master: Cultural Reflections by a Primatologist.* New York: Basic, 2001.

Dement, William C., and Christopher Vaughan. *The Promise of Sleep: A Pioneer in Sleep Medicine Explores the Vital Connection Between Health, Happiness, and a Good Night's Sleep*. New York: Dell, 1999.

Dickens, Charles. *The Old Curiosity Shop*. New York: Heritage Press, 1941. Also see introduction by John T. Winterich.

Doyle, Arthur Conan. *The History of Spiritualism*. London: Cassell, 1926.

Eckstein, Gustav. *The Body Has a Head*. New York: Harper & Row, 1970.

Edwards, Anne. *The DeMilles: An American Family*. New York: Abrams, 1988.

Ekman, Paul, editor. *Darwin and Facial Expression: A Century of Research in Review*. New York and London: Academic Press/Harcourt Brace Jovanovich, 1973.

Elias, Norbert. *The History of Manners,* vol. 1, *The Civilizing Process,* translated by Edmund Jephcott. New York: Pantheon, 1982.

Eliot, Lise. *What's Going On in There? How the Brain and Mind Develop in the First Five Years of Life*. New York: Bantam, 1999.

Ensler, Eve. *The Vagina Monologues*. New York: Villard, 1998.

Etcoff, Nancy. *Survival of the Prettiest: The Science of Beauty*. New York: Random House, 1999.

Felman, Shoshana. *What Does a Woman Want? Reading and Sexual Difference*. Baltimore: Johns Hopkins U. Pr., 1993.

Fenton, Sasha, and Malcolm Wright. *Palmistry: How to Discover Sex, Love, and Happiness*. New York: Crescent, 1996.

Fisher, Angela. *Africa Adorned*. New York: Abrams, 1984.

Fisher, Helen. *Anatomy of Love: A Natural History of Monogamy, Adultery, and Divorce*. London: Simon & Schuster, 1992.

Fleagle, John C. "Primate Locomotion and Posture," in *The Cambridge Encyclopedia of Human Evolution,* edited by Jones et al., q.v.

Fliedl, Gottfried. *Gustav Klimt, 1862–1918: The World in Female Form*. Köln: Taschen, 1998.

Forrest, D. W. *Francis Galton: The Life and Work of a Victorian Genius*. New York: Taplinger, 1974.

Fox, Margaret. Her confession quoted, *New York Herald,* 24 September 1888; and in "Spiritualism Exposed: Margaret Fox Kane Confesses Fraud," *New York World*, 21 October 1888.

Fraser, George MacDonald. *The Hollywood History of the World.*

London: Harvill, 1996, revised edition.

Freud, Sigmund. *Three Essays on the Theory of Sexuality,* translated by James Strachey. New York: Basic, 1975.

Friedman, David M. *A Mind of Its Own: A Cultural History of the Penis*. New York: Free Press, 2001.

Galdikas, Biruté. *Reflections of Eden: My Years with the Orangutans of Borneo*. Boston: Little, Brown, 1995.

Gardner, Martin. "Cal Thomas on the Big Bang and Forrest Mims," and "Robert Gentry's Tiny Mystery," in *On the Wild Side*. Buffalo, N.Y.: Prometheus, 1992. Both originally *Skeptical Inquirer* columns.

——. *Did Adam and Eve Have Navels?* New York: Norton, 2000.

——. *The New Age: Notes of a Fringe Watcher*. Buffalo, N.Y.: Prometheus, 1988.

——. *The New Ambidextrous Universe: Symmetry and Asymmetry from Mirror Reflections to Superstrings*. New York: Freeman, third revised edition, 1990.

Gettings, Fred. *The Book of the Hand: An Illustrated History of Palmistry*. London: Paul Hamlyn, 1965.

Gillman, Susan, and Forrest G. Robinson, editors. *Mark Twain's Puddn'head Wilson: Race, Conflict, Culture*. Durham, N.C.: Duke U. Pr., 1990.

Glaser, Gabrielle. *The Nose: A Profile of Sex, Beauty, and Survival*. New York: Atria/Simon & Schuster, 2002.

Goodall, Jane. *The Chimpanzees of Gombe: Patterns of Behavior*. Cambridge, Mass.: Belknap/Harvard, 1986.

——. *In the Shadow of Man*. Boston: Houghton Mifflin, 1971; revised edition, 1988.

Gordon, Richard. *An Alarming History of Famous and Difficult Patients*. New York: St. Martin's, 1997.

——, editor. *The Literary Companion to Medicine*. New York: St. Martin's, 1993.

Gosse, Philip Henry. *Omphalos: An Attempt to Untie the Geological Knot*. London: John Van Voorst, 1857.

Gould, George M. *Anomalies and Curiosities of Medicine: Being an Encyclopedic Collection of Rare and Extraordinary Cases...* Philadelphia: Saunders, 1900.

Gould, Stephen Jay. *The Flamingo's Smile: Reflections in Natural History*. New York: Norton, 1985.

——, general editor. *The Book of Life: An Illustrated History of the Evolution of Life on Earth*. New York: Norton, 2001, revised edition.

Green, Peter. *Ancient Greece: An Illustrated History*. New York: Thames & Hudson, 1979.

Gruber, Howard E. *Darwin on Man: A Psychological Study of Scientific Creativity*. Published in same volume with Barrett, Paul H., editor. *Darwin's Early and Unpublished Notebooks*. New York:

Dutton, 1974.

Haiken, Elizabeth. *Venus Envy: A History of Cosmetic Surgery*. Baltimore: Johns Hopkins U. Pr., 1997.

Haskins, Jim, and Joann Biondi. *From Afar to Zulu: A Dictionary of African Cultures*. New York: Walker, 1995.

Hillman, David, and Carla Mazzio, editors. *The Body in Parts: Fantasies of Corporeality in Early Modern Europe*. New York and London: Routledge, 1997.

Hole, John W., Jr. *Human Anatomy and Physiology*. Dubuque, Iowa: Brown, third edition, 1984.

Hood, Jeffrey. E-mail to author, 2001.

Houdini, Harry. *A Magician Among the Spirits*. New York: Harper, 1924.

Hrdy, Sarah Blaffer. *Mother Nature: Maternal Instincts and How They Shape the Human Species*. New York: Ballantine, 2000.

Hunt, Kevin D. "The pastural feeding hypothesis: An ecological model for the evolution of bipedalism." *South African Journal of Science,* 92 (1996): 77–90.

Jahme, Carole. *Beauty and the Beasts: Woman, Ape and Evolution*. New York: Soho, 2000.

Jarvis, Robin. *Romantic Writing and Pedestrian Travel*. London: Macmillan, 1997.

Johanson, Donald, and Maitland Edey. *Lucy: The Beginnings of*

Humankind. New York: Simon & Schuster, 1981.

Jolly, Alison. *The Evolution of Primate Behavior*. New York: Macmillan, 1972.

——. *Lucy's Legacy: Sex and Intelligence in Human Evolution*. Cambridge, Mass.: Harvard U. Pr., 1999.

Jones, Dylan. *Haircults: Fifty Years of Styles and Cuts*. London: Thames & Hudson, 1990.

Jones, Frederic Wood. *Principles of Anatomy as Seen in the Hand*. London: Baillière, Tindall and Cox, 1919.

——. *Structure and Function As Seen in the Foot*. London: Baillière, Tindall and Cox, 1944.

Jones, Steven; Robert Martin; and David Pilbeam, editors, with Sarah Bunney, executive editor. *The Cambridge Encyclopedia of Human Evolution*. Cambridge: Cambridge U. Pr., 1992.

Joyce, James. *Ulysses: The Corrected Text,* edited by Hans Walter Gabler with Wolfhard Steppe and Claus Melchior. New York: Random House, 1986.

Kasson, John F. *Houdini, Tarzan, and the Perfect Man: The White Male Body and the Challenge of Modernity*. New York: Hill and Wang, 2001.

Kemp, Martin, and Marina Wallace. *Spectacular Bodies: The Art and Science of the Human Body from Leonardo to Now*. Berkeley: U. of California Pr./Hayward Gallery, 2000.

Kimmel, Michael. *Manhood in America: A Cultural History*. New York: Free Press, 1996.

Kingdon, Jonathan. "Facial Patterns as Signals and Masks," in *The Cambridge Encyclopedia of Human Evolution,* edited by Jones et al., q.v.

Klawans, Harold. *Strange Behavior: Tales of Evolutionary Neurology*. New York: Norton, 2001.

Knappert, Jan. *African Mythology: An Encyclopedia of Myth and Legend*. London: Diamond, 1995.

——. *Pacific Mythology: An Encyclopedia of Myth and Legend.* London: Diamond, 1995.

Knutson, Roger M. *Furtive Fauna: A Field Guide to the Creatures Who Live on You*. New York: Penguin, 1992.

Lappé, Marc. *The Body's Edge: Our Cultural Obsession with Skin*. New York: Holt, 1996

Laqueur, Thomas. *Making Sex: Body and Gender from the Greeks to Freud.* Cambridge, Mass.: Harvard U. Pr., 1990.

Lasky, Jesse L., Jr., and Frederic M. Frank, from treatment by Harold Lamb and Vladimir Jabotinsky. *Samson and Delilah* (filmscript). Hollywood: Paramount, 1949.

Latteier, Carolyn. *Breasts: The Women's Perspective on an American Obsession*. New York and London: Haworth, 1998.

Le Guerer, Annick. *Scent: The Mysterious and Essential Powers of Smell.* New York: Turtle Bay/Random House, 1992.

Leakey, Mary. *Disclosing the Past*. Garden City, N.Y.: Doubleday, 1984.

Levy, Mervyn. *The Moons of Paradise: Some Reflections on the Appearance of the Female Breast in Art*. New York: Citadel, 1965.

Lewin, Roger. *In the Age of Mankind: A Smithsonian Book of Human Evolution*. Washington, D.C.: Smithsonian, 1988.

Lockley, Martin. *The Eternal Trail: A Tracker Looks at Evolution*. Reading, Mass.: Perseus, 1999.

Lopate, Phillip. *Portrait of My Body*. New York: Doubleday, 1996.

Lord, M. G. *Forever Barbie: The Unauthorized Biography of a Real Doll*. New York: Morrow, 1994.

Lovejoy, C. Owen. "The Origin of Man." *Science,* 211(1981): 341–48.

Lubell, Winifred Milius. *The Metamorphosis of Baubo: Myths of Woman's Sexual Energy*. Nashville: Vanderbilt U. Pr., 1994.

Lucie-Smith, Edward. *Sexuality in Western Art*. New York: Thames & Hudson, 1972, revised 1991.

Lutyens, Mary. *Millais and the Ruskins*. London: Murray, 1967.

Manguel, Alberto. *Reading Pictures: A History of Love and Hate*. New York: Random House, 2000.

Mazzio, Carla. "Sins of the Tongue," in *The Body in Parts: Fantasies of Corporeality in Early Modern Europe,* edited by Hillman et al., q.v.

McDonough, Yona Zeldis, editor. *The Barbie Chronicles: A Living Doll Turns Forty*. New York: Touchstone/Simon & Schuster, 1999.

McFarland, David, editor. *The Oxford Companion to Animal Behavior*. Oxford: Oxford U. Pr., 1982.

McManus, Chris. *Right Hand Left Hand: The Origins of Asymmetry in Brains, Bodies, Atoms and Cultures*. Cambridge, Mass.: Harvard U. Pr., 2002.

McNeill, Daniel. *The Face: A Natural History*. New York: Little, Brown, 1998.

Meyers, Jeffrey. *Orwell: Wintry Conscience of a Generation*. New York: Norton, 2000.

Miller, Geoffrey. *The Mating Mind: How Sexual Choice Shaped the Evolution of Human Nature*. New York: Doubleday, 2000.

Miller, Jonathan. *The Body in Question*. New York: Random House, 1978.

Miller, Russell. *Bunny: The Real Story of Playboy*. New York: Holt, Rinehart and Winston, 1985.

Mills, Jane. *Womanwords: A Dictionary of Words about Women*. New York: Free Press, 1992.

Milner, Richard. *The Encyclopedia of Evolution: Humanity's Search for Its Origins*. New York: Facts On File, 1991.

Montreynaud, Florence. *Love: A Century of Love and Passion,* translated by Simon Knight, Jean Pitt, and Mark Pallant Tripp. Paris: Editions du Chêne–Hachette Livre, 1997.

Morell, Virginia. *Ancestral Passions: The Leakey Family and the Quest for Humankind's Beginnings.* New York: Simon & Schuster, 1995.

Morgan, Elaine. *The Descent of the Child: Human Evolution from a New Perspective*. New York: Oxford U. Pr., 1995.

——. *The Descent of Woman*. New York: Stein and Day, 1972.

Morris, Desmond. *Intimate Behaviour*. New York: Bantam, 1971.

——. *The Naked Ape*. New York: McGraw-Hill, 1967.

Morrison, Toni. *The Bluest Eye*. New York: Holt, Rinehart and Winston, 1970.

Nabokov, Vladimir. *Speak, Memory: An Autobiography Revisited.* New York: Putnam, 1966.

Napier, John. *Hands*. New York: Pantheon, 1980.

Nekrasova, Ksenya. "The Blind Man," translated by Vera Rich, in *Twentieth Century Russian Poetry: Silver and Steel,* edited by Albert C. Todd and Max Hayward with Daniel Weissbort. New York: Doubleday, 1993.

Nelson, Geoffrey K. *Spiritualism and Society*. London: Routledge & Kegan Paul, 1969.

Nuland, Sherwin B. *Leonardo da Vinci*. New York: Viking, 2000.

Ostwald, Peter. *Schumann: The Inner Voices of a Musical Genius*. Chicago: Northeastern U. Pr., 1985.

Ovid. *Metamorphoses,* translated by A. D. Melville. Oxford: Oxford U. Pr., 1986.

Paglia, Camille. *Sexual Personae: Art and Decadence from Nefertiti to Emily Dickinson*. New Haven: Yale U. Pr., 1990.

Paley, Maggie. *The Book of the Penis*. New York: Grove, 1999.

Paley, William. *Natural Theology, or Evidences of the Existence and Attributes of the Deity Collected from the Appearances of Nature*. Oxford: Oxford U. Pr.: J. Vincent, 1828, second edition.

Palmer, A. Smythe. *The Samson-Saga and Its Place in Comparative Religion*. London: Isaac Pitman & Sons, 1913. Reprint, New York: Arno, 1977.

Partridge, Eric. *Origins: A Short Etymological Dictionary of Modern English*. New York: Macmillan, 1966.

Peck, Stephen Rogers. *Atlas of Facial Expression: An Account of Facial Expression for Artists, Actors, and Writers*. New York: Oxford U. Pr., 1987.

Peiss, Kathy. *Hope in a Jar: The Making of America's Beauty Culture*. New York: Metropolitan, 1998.

Petitto, Laura Ann, et al. "Language rhythms in baby hand movements." *Nature,* 413, 35–36 (2001).

Pinchot, Roy B., editor. *Muscles: The Magic of Motion*. New

York: Torstar, 1985.

Pliny the Elder. *Natural History: A Selection,* translated and edited by John F. Healy. London: Penguin, 1991.

Podolsky, Doug M. *Skin: The Human Fabric*. New York: Torstar, 1984.

Posner, Gary P. "The Face Behind the 'Face' on Mars: A Skeptical Look at Richard C. Hoagland." *Skeptical Inquirer,* November/December 2000.

Proust, Marcel. *In Search of Lost Time,* six volumes, translated by C. K. Scott Moncrieff and Terence Kilmartin, revised by D. J. Enright. New York: Modern Library, 1992.

Pullar, Philippa. *Consuming Passions*. Boston: Little, Brown, 1970.

Purcell, Rosamond. *Special Cases: Natural Anomalies and Historical Monsters*. San Francisco: Chronicle, 1997.

Quammen, David. *Natural Acts: A Sidelong View of Science and Nature*. New York: Nick Lyons, 1985.

Ragas, Meg Cohen, and Karen Kozlowski. *Read My Lips: A Cultural History of Lipstick*. San Francisco: Chronicle, 1998.

Rhodes, Henry T. F. *Alphonse Bertillon: Father of Scientific Detection*. New York: Abelard-Schuman, 1956.

Ridley, Matt. *The Red Queen: Sex and the Evolution of Human Nature*. New York: Macmillan, 1993.

Robbins, Tom. *Even Cowgirls Get the Blues*. Boston: Houghton Mifflin, 1976.

Robinson, Julian. *Body Packaging: A Guide to Human Sexual Display*. Los Angeles: Elysium, 1988.

Rodgers, Joann Ellison. *Sex: A Natural History*. New York: Times, 2002.

Rose, Phyllis. *Parallel Lives: Five Victorian Marriages*. New York: Knopf, 1984.

Rutledge, Leigh W., and Richard Donley. *The Left-Hander's Guide to Life*. New York: Plume, 1992.

Sagan, Carl. *Broca's Brain: Reflections on the Romance of Science*. New York: Random House, 1979.

——. *The Demon-Haunted Universe: Science as a Candle in the Dark*. New York: Random House, 1995.

Sapolsky, Robert. *A Primate's Memoir: A Neuroscientist's Unconventional Life Among the Baboons*. New York: Scribner's, 2001.

Schama, Simon. *The Embarrassment of Riches: An Interpretation of Dutch Culture in the Golden Age*. New York: Knopf, 1987.

Sennett, Richard. *Flesh and Stone: The Body and the City in Western Civilization*. New York: Norton, 1994.

Sheets-Johnstone, Maxine. "Hominid bipedality and sexual selection theory." *Evolutionary Theory, 9* (1), 57–70.

Siegel, J. M., et al. "Monotremes and the Evolution of REM Sleep," in *Philosophical Transactions of the Royal Society,* 353 (1998): 1147–57.

Silverman, Kenneth. *Houdini!!! The Career of Ehrich Weiss*. New York: HarperCollins, 1996.

Simpson, George Eaton. *Religious Cults of the Caribbean: Trinidad, Jamaica, and Haiti*. Rio Piedras, Puerto Rico: Institute of Caribbean Studies, 1980.

Skal, David J. *Screams of Reason: Mad Science and Modern Culture*. New York: Norton, 1998.

Solnit, Rebecca. *Wanderlust: A History of Walking*. New York: Viking, 2000.

Spiegel, Maura, and Lithe Sebesta. *The Breast Book: An Intimate and Curious History*. New York: Workman, 2002.

Steinberg, Leo. *The Sexuality of Christ in Renaissance Art and in Modern Oblivion*. Chicago: U. of Chicago Pr., revised edition, 1983.

Strossen, Nadine. *Defending Pornography: Free Speech, Sex, and the Fight for Women's Rights*. New York: Scribner's, 1995.

Stücker, M., et al. "The cutaneous uptake of oxygen contributes significantly to the oxygen supply of human dermis and epidermis." *Journal of Physiology,* 538 (2002).

Tadié, Jean-Yves. *Marcel Proust: A Life*. New York: Viking, 2000.

Tattersall, Ian. *The Fossil Trail: How We Know What We Think We Know About Human Evolution*. Oxford: Oxford U. Pr., 1995.

——. *The Human Odyssey: Four Million Years of Evolution*. New York: Prentice Hall, 1993.

Taylor, Timothy. *The Prehistory of Sex*. New York: Bantam, 1996.

Thompson, C. J. S. *The Hand of Destiny: The Folk-lore and Superstitions of Everyday Life*. London: Rider, 1932.

Thurer, Shari L. *The Myths of Motherhood: How Culture Reinvents the Good Mother*. Boston: Houghton Mifflin, 1994.

Torbrügg, Walter. *Prehistoric European Art*. New York: Abrams, 1968.

Tudge, Colin. *The Variety of Life: A Survey and a Celebration of All the Creatures That Have Ever Lived*. Oxford: Oxford U. Pr., 2000.

Twain, Mark. *The Tragedy of Pudd'nhead Wilson and the Comedy of Those Extraordinary Twins*. London and New York: Oxford U. Pr., 1996.

Unterman, Alan, editor. *Dictionary of Jewish Lore and Legend*. New York: Thames & Hudson, 1991.

Updike, John. "The Disposable Rocket," reprinted in *The Male Body: Features, Destinies, Exposures,* edited by Laurence Goldstein. Ann Arbor: U. of Michigan Pr., 1994.

——. "Get Thee Behind Me, Suntan," reprinted in *More Matter*. New York: Knopf, 1999.

——. *Toward the End of Time*. New York: Knopf, 1997.

Vaughan, Christopher. *How Life Begins: The Science of Life in the Womb*. New York: Times, 1996.

Vera, Yvonne. *Without a Name* and *Under the Tongue*. New York: Farrar, Straus and Giroux, 2002.

Vertosick, Frank T., Jr. *Why We Hurt: The Natural History of Pain*. New York: Harcourt, 2000.

Vickers, Nancy J. "Members Only: Marot's Anatomical Blazons," in *The Body in Parts: Fantasies of Corporeality in Early Modern Europe,* edited by Hillman et al., q.v.

Vidal, Gore. *Virgin Islands: Essays 1992–1997*. London: André Deutsch, 1997.

Vienne, Véronique, quoted in *Read My Lips,* by Meg Cohen Ragas and Karen Kozlowski, q.v.

Vogel, Steven. *Prime Mover: A Natural History of Muscle*. New York: Norton, 2001.

Vonnegut, Kurt. *God Bless You, Mr. Rosewater; or, Pearls Before Swine*. New York: Delacorte, 1965.

Wallace, Anne D. *Walking, Literature, and English Culture: The Origins and Uses of Peripatetic in the Nineteenth Century*. Oxford: Clarendon, 1993.

Ward, Geoffrey C. *Closest Companion: The Unknown Story of the Intimate Friendship Between Franklin Roosevelt and Margaret*

Suckley. Boston: Houghton Mifflin, 1995.

Warner, Marina. *From the Beast to the Blonde: On Fairy Tales and Their Tellers*. New York: Farrar, Straus and Giroux, 1995.

Waters, Anita M. *Race, Class, and Political Symbols: Rastafari and Reggae in Jamaican Politics*. New Brunswick, N.J.: Transaction, 1985.

Watson, Lyall. *Jacobson's Organ and the Remarkable Nature of Smell*. New York: Norton, 2000.

Watterson, Bill. *The Days Are Just Packed*. Kansas City: Andrews McMeel, 1993.

Wheeler, Peter E. "The thermoregulatory advantages of hominid bipedalism in open equatorial environments: The contribution of increased convective heat loss and cutaneous evaporative cooling." *Journal of Human Evolution*, 21 (1991): 107–15

White, Edmund. *Marcel Proust*. New York: Viking, 1999.

White, Michael. *Leonardo: The First Scientist*. New York: St. Martin's, 2000.

Whitehouse, J. Howard. *Vindication of Ruskin*. London: Allen and Unwin, 1950.

Whitfield, John. "Goldfinger held grain of truth." *Nature* online, 13 February 2002.

Whitford, Frank. *Gustav Klimt*. London: Collins & Brown, 1993.

Willis, Delta. *The Hominid Gang: Behind the Scenes in the*

Search for Human Origins. New York: Viking, 1989.

Willis, Roy, general editor. *World Mythology*. New York: Holt, 1993.

Wilson, Dudley. *Signs and Portents: Monstrous Births from the Middle Ages to the Enlightenment*. London: Routledge, 1993.

Winterson, Jeanette. "A Porn Reader." *Guardian,* 5 December 2000.

X, Malcolm, and Alex Haley. *The Autobiography of Malcolm X*. New York: Grove, 1964.

Yalom, Marilyn. *A History of the Breast*. New York: Knopf, 1997.

Zola, Émile. *The Debacle,* translated by and excerpted in Richard Gordon, *An Alarming History of Famous and Difficult Patients,* q.v.

致　谢

从美国的新奥尔良到加拿大的新斯科舍，文化批评家劳拉·帕特森（Laura Patterson）一直伴随并支持着《亚当的肚脐》的撰写工作。从我们第一天见面起，她就开始向我推荐、提供参考文献，同时针对我的想法和表达给出极具洞见和智慧的反馈。她的智识、天赋和陪伴充实了我的写作和生活。帕特森博士，谢谢你。

我的代理人海德·兰格（Heide Lange），一开始就对这个选题抱有坚定的信心，一直在指导我改进写作方案，还在休假期间主理了与美国方面的交易事宜。她是对我写作生涯影响最大的人。同时，我也要感谢桑福德·J. 格林伯格联合公司其他热心的同事：海德出色的助理埃丝特·宋（Esther Sung）在本项目和其他项目上投入了很多精力，彼得·麦圭根（Peter McGuigan）负责海外的销售。在此，我要再一次纪念已故的黛安娜·克利弗（Diane Cleaver）。

在《亚当的肚脐》的写作过程中，两家出版社给予了我极大的支持。英国企鹅出版社的编辑室主任斯蒂芬·麦格拉思（Stefan McGrath）最先建议我为企鹅出版社写一本书，于是，一切就这样开始了。马丁·托斯兰德（Martin Toseland）顺利地主导了本书在英国的修订和出版工作。我在维京出版社的编辑莫莉·斯特恩（Molly Stern）一直给我鼓励和建议，并且极其认真地和我一起逐行修改初稿。正是得益于她的批评指正，本书的质量才得以不断地提高。她的助理珍妮弗·杰克逊（Jennifer Jackson）也从各个方面给予我帮助。我还要感谢进行英文版书籍内页版面设计的南希·雷斯尼克（Nancy Resnick）、绘制封面并完成插图工作的朱丽叶·博尔达（Juliette Borda），以及设计封面的玛吉·帕耶特（Maggie Payette）。我同样要向文字编辑莫琳·萨格登（Maureen Sugden）和制作编辑布鲁斯·吉福德（Bruce Giffords）致以我的谢意。

进化历史学家理查德·米尔纳（Richard Milner）对整本书的手稿进行了评读，为我推荐和提供了参考文献，帮我联系学者，在大雪纷飞的曼哈顿为我的事情奔走。我写这本书的想法甫一成形，精神病学家、科学历史学家威廉·希恩（William Sheehan）便在本书涉及医学和历史的主题上，基于他掌握的人体知识，开始持续给予我帮助和建议。马丁·加德纳（Martin Gardner）发给我很多关于人体的文章、引文和笑话。本书中有些部分讨论了人类与其体毛旺盛的同源先祖之间的进化相似性，灵长类动物学家弗兰斯·德瓦尔（Frans de Waal）对此进行了评读，并给出了意见。历史学家，同时也是达尔文传记作者的詹姆斯·穆尔（James Moore）则指出了书中的一些错误。劳拉·帕特森针对很多主题，包括毛发的自然史和行走的文化史，都给出了无数的建议。范德堡大学布莱尔音乐学院的院长马克·韦特（Mark Wait）对手稿的很多部分都给出了自己的意见，并且建议加进罗伯特·舒曼的例子，因为它可以很好地解释手部神经的复杂性，以及如何造成损伤。我和最近刚刚成为乔纳森爵士的乔纳森·米勒（Jonathan Miller）在英国和美国曾在一起共餐、漫步交谈，他的作品、他的才智和探寻知识的活力，使我本人和本书都受益匪浅。上面提到的好几位学者，除了他们本人给予我良多的意见和建议，他们的文章和著作，也对本书有着极大的贡献。还有许多其他学者以及他们的文章、著作，会出现在参考文献中。

如果没有范德堡大学赫德图书馆丰富的资源和热心的管理员，我甚至都不清楚该向这些学者请教哪些问题。我要特别感谢范德堡大学中央图书馆的戴尔·曼宁（Dale Manning）、黛西·惠滕（Daisy Whitten）、杜威·詹姆斯（Dewey James）和戴维·卡彭特（David Carpenter），自然科学和工程图书馆的乔恩·埃里克森（Jon Erickson）和德布拉·斯蒂芬斯（Debra Stephens），以及生物医学图书馆的玛丽·特洛（Mary Teloh），感谢她帮我挪移头骨标本。范德堡大学图书馆管理员克里斯·杰米诺（Chris Germino）的早逝令人难以置信，他非常优秀，可见世事是多么无常和荒诞。我必须要赞扬一下纳什维尔公共图书馆的资源和管理员无尽的协助。经科普和奇幻作家安德烈·诺顿（Andre Norton）女士的热情相助，我才得以进入她开办的奇幻作家资源库，她还送给我一些原始资料。我感谢安静舒适的校园环境，感谢纳什维尔斯卡里特－贝内特中心的维吉尼亚·戴维斯·拉斯基图书馆。我要向田纳西州克洛斯维尔的艺术圈公共图书馆致以最长久的谢意，在那里，我学会了享受安静读书、随意浏览的乐趣，后来我才称之为“做研究”；我要特别感谢图书馆馆长黛比·霍尔（Debbie Hall），以及前任馆长玛丽莲·福斯特（Marilyn Foster）。我还要向已故许久的玛丽·贝尔·罗杰斯（Mary Belle Rogers）表达我的感激，20 世纪 60 年代，我在田纳西州克洛斯维尔的哈默斯泰德小学就读，她是那里的图书馆管理员。每当我在图书馆中感到舒适和沉醉的时候，我都会记起她的音容笑貌，以及她对书籍的热爱。

我要借此机会感谢多家优秀的博物馆，它们为本书提供了特别的视角，并充实了我的知识和生活。我能够对人体和人体图像进行研究，得益于以下机构：波士顿美术博物馆、马萨诸塞州坎布里奇的哈佛比较动物学博物馆、纽约大都会艺术博物馆、弗里克收藏馆、美国自然历史博物馆，以及伦敦的国家美术馆、大英博物馆、自然历史博物馆、维多利亚和阿尔伯特博物馆，还有巴黎的中世纪博物馆（前身为克鲁尼博物馆）和海德堡小而精的民俗博物馆。

很多人在我到访上述机构时或者撰写本书时曾给予我帮助。纽约大学医学院的主席马丁·布莱泽（Martin Blaser），以及罗纳·温伯格－布莱泽（Ronna Wineberg-Blaser）都在格林尼治村热情地招待了我，并且协助我去巴黎访问。巴斯德学院的阿格尼丝·拉比涅（Agnès Labigne）开车带我参观了巴黎。我在海德堡时，珍妮·史密斯上校（Captain Jeannine Smith）让我借宿在她温馨的公寓中，并且带领我周游德国、奥地利、意大利和瑞士。哈维·史密斯（Havi Smith）和阿曼德·勒佩奇（Armand LePage）在德国为我提供了餐食和许多建议。安德烈亚·麦奎（Andrea McQuay）和雷·康纳斯（Ray Conners）为我在波士顿提供了住宿。在爱德华王子岛，杰克·彭诺克（Jack Pennock）将他海岸边的房子借给我们使用。在南卡罗来纳州的基瓦耶岛，我们得以住进玛丽莲·马塔西克（Marilyn Matasick）的公寓。我的终生挚友杰夫·胡德（Jeff Hood）一次次地把他田纳西乡间幽静的房子借给我们住。我在纳什维尔最喜欢去的地方就是卡利普索咖啡馆和菲多咖啡馆，这本书的写作常在这两家咖啡馆里进行，在此分别向他们友好的员工表达谢意。我要特别感谢道格（Doug）和布兰迪（Brandi），同时我要对罗伯特（Robert）说一句“先生，谢谢您”。

有几位朋友仔细地阅读了我的书稿，对此我深感幸运，是他们促进了许多章节的修改和完善。其中包括帕梅拉·伯德特（Pamela Burdett）、乔恩·埃里克森、劳里·帕克（Laurie Parker）、萨莉·施洛斯（Sally Schloss）和马克·韦特。米歇尔·弗林（Michele Flynn）和安娜贝斯·黑德里克（Annabeth Headrick）都阅读了其中一节并提出了意见。吉姆·扬（Jim Young）像以往一样，向我推荐和出借了许多参考文献。埃德·彭尼（Ed Penney）跟我分享了波士顿爵士乐巨匠的故事。丹尼斯·怀尔（Dennis Wile）接下了封面和宣传摄影的任务，我们在伦敦度过了一个难忘的、有趣而微醺的午后，他也借给了我很多书。当我离家在外好几周时，薇姬·琼斯（Vicki Jones）替我照看着家，并且只养死了一棵植物。

其他人以不同的方式对本书亦有贡献，在此一并感谢：

丹尼·阿德科克（Denny Adcock）、丽贝卡·贝恩（Rebecca Bain）和纳什维尔公共广播台；罗杰主教（Roger Bishop）、萨莉·比斯尔（Sallie Bissell）、艾伦·博斯蒂克（Alan Bostick）和《田纳西人》报（*Tennessean*）；凯·福利斯·奇塔姆（Kae Follis Cheatham）；埃伦·乔多士（Ellen Chodosh）和牛津大学出版社；贝丝·康克林（Beth Conklin）和《医学人类学季刊》（*Medical Anthropology Quarterly*）；塔玛拉·克拉布特里（Tamara Crabtree）和 Ingram 图书公司（Ingram Book Company）；约翰·埃杰顿（John Egerton）、凯茜·芬纳（Cathy Fenner）、菲莉丝·戈贝尔（Phyllis Gobbel）、Lynn Green（琳恩·格林）、玛莎·惠特莫尔·希克曼（Martha Whitmore Hickman）；包戴斯图书公司（Bodacious Books）的卡罗琳·豪斯霍尔德（Carolyn Householder）和查尔斯·梅（Charles May）；戴维斯 – 基德书店（Davis-Kidd Bookstores）

的多利·凯利（Dolly Kelly）、金杰·奈特（Ginger Knight）和埃琳·科斯顿（Erin Coston）；乔丹·李（Jordan Lee）、埃米·林奇（Amy Lynch），以及“南方图书节”（the Southern Festival of Books）的加林·马丁（Galyn Martin）和凯蒂·霍伊（Katie Hoy）；《纳什维尔场景报》（*Nashville Scene*）的乔纳森·马克斯（Jonathan Marx）和布鲁斯·多比（Bruce Dobie）；桑迪·马塔西克（Sandy Matasick）、休·麦克卢尔（Sue McClure）、马德纳·斯普雷·诺兰（Madeena Spray Nolan）；中田纳西州立大学WMOT广播台的兰迪·奥布赖恩（Randy O'Brien）；朗达和比尔·帕特森（Rhonda and Bill Patterson）、凯西·佩尔蒂埃（Cathie Pelletier）、凯瑟琳·彭尼（Kathleen Penney）；埃默里大学的悉尼·佩尔科维茨（Sidney Perkowitz）、罗布·辛贝克（Rob Simbeck）、布鲁斯·蒂尔尼（Bruce Tierney）、罗恩·沃森（Ron Watson）、阿兰娜·怀特（Alana White）F. 克拉克·威廉姆斯（F. Clark Williams）、书林出版公司（BookMan/BookWoman）的拉里·伍兹（Larry Woods）和萨拉莉·伍兹（Saralee Woods），以及*BookPage*杂志的员工和迈克尔·齐巴特（Michael Zibart）。

家人给了我无尽的鼓励。约瑟夫·兰德尔·尤（Joseph Randall Yow）、格雷格·诺里斯（Greg Norris）和珍妮特·德里克（Janet Derrick）等亲友视角奇特、见解独到，数十年来，我从中得到了无限的乐趣。尊敬的玛丽·安·尤·麦克纳布（Mary Ann Yow McNabb）一直是我与家人联系的纽带。表姐海伦·德里克（Helen Derrick）激发了我的灵感，当我还是一个十几岁的少年时，她就给我买《作家文摘》杂志来看。我永远感激我的弟弟戴维·西姆斯（David Sims），如今，我们两人志趣相投，知识领域相通。我的母亲鲁比·诺里斯·西姆斯（Ruby Norris Sims）从小就把我抱在腿上，读书给我听，最初是她将我引向书籍的世界。40 年过去了，我们仍然会一起在二手书店中流连忘返。谢谢你们。